U0965871

规训与调适

社区服刑人员的社会融入研究

杨彩云 著

華東理工大學出版社
EAST CHINA UNIVERSITY OF SCIENCE AND TECHNOLOGY PRESS
·上海·

图书在版编目(CIP)数据

规训与调适：社区服刑人员的社会融入研究／杨彩云著．—上海：华东理工大学出版社，2018.8

（司法社会工作丛书）

ISBN 978-7-5628-5550-7

Ⅰ.①规… Ⅱ.①杨… Ⅲ.①社区-监督改造-研究-中国 Ⅳ.①D926.7

中国版本图书馆 CIP 数据核字(2018)第 168512 号

内容提要

社区矫正是与传统监禁矫正相对应的非监禁刑罚制度，它将符合法定条件的罪犯从监狱环境转置到社区环境，在司法行政机关、社会组织和民间力量的共同作用下，改造其犯罪心理，改变其行为恶习，促使社区服刑人员更好地融入社会。本书从结构化理论出发，运用定性与定量相结合的方法，根据上海的实证调查，展开对社区服刑人员社会融入的研究。本书重点考察制度空间、市场空间、社会交往空间中多维规训力量对社区服刑人员的规制与约束，以及社区服刑人员通过认知调适和行为选择进行主体性回应的策略，进而剖析这一群体社会融入的状态与机制，促进其顺利回归社会及社区矫正目标的达成。本书可作为社区矫正理论研究者的参考用书，也可作为社区矫正实务工作者的参考读本。

策划编辑／刘　军

责任编辑／刘　军　藕　园

装帧设计／徐　蓉

出版发行／华东理工大学出版社有限公司

地址：上海市梅陇路 130 号，200237

电话：021-64250306

网址：www.ecustpress.cn

邮箱：zongbianban@ecustpress.cn

印　　刷／江苏凤凰数码印务有限公司

开　　本／710 mm×1000 mm　1/16

印　　张／19

字　　数／263 千字

版　　次／2018 年 8 月第 1 版

印　　次／2018 年 8 月第 1 次

定　　价／75.00 元

编委会名单

（以姓氏笔画为序）

丛书序

司法社会工作是司法工作的重要组成部分。这意味着社会工作不是外在于司法工作，而是内生于司法工作，是司法工作发展的必然。其根据在于社会福利本身的普遍性以及社会工作配置社会福利的内在功能。特别是在“我国社会主要矛盾已经转化为人民日益增长的美好生活需要和不平衡不充分的发展之间的矛盾……人民美好生活需要日益广泛，不仅对物质文化生活提出了更高要求，而且在民主、法治、公平、正义、安全、环境等方面的要求日益增长”的中国特色社会主义新时代，司法工作场域公平、正义、安全等方面的配置具有了更为重要的意义。司法社会工作不仅在司法程序中增加了上述要素的可及性，而且在民众对上述要素获得感的配置方面也具有重大功能。因此，司法社会工作在中国特色社会主义新时代必将获得更大的发展。

20 世纪 20 年代左右，在我国社会工作发展初期，就已经有学者在监狱等场域中开展社会工作服务的实践。革命战争时期，我国也开展了一系列犯罪人员的感化工作。20 世纪 80 年代中期，社会工作教育恢复后，国内一些社会工作学者或亲身或带学生进入相关场域开展研究和服务工作。但从服务目标、职能定位、队伍规模、工作理念和工作方法的使用规定等方面看，我国司法社会工作的整体性发展还是基于 2002 年上海市的“预防和减少犯罪工作体系”的建设上的。

2002 年，在上海市委政法委的领导下，在相关专家的参与下，上海采取组建社会组织，由社会组织招聘社会工作者，分别为社区矫正对象、刑释人员、吸毒人员等提供专业服务，政府通过购买社会组织社会工作服务的方式，构建了由政府、社会合作的“预防和减少犯罪工作体系”，并形成了“政府主导推动、社团自主运作、社会多方参与”的运行机制。社会工作者成为司法工作场域中的一支重要力量。之后，社会工作在社区矫正、刑释人员服务、禁毒、涉法涉罪青少年服务等场域蓬勃发展起来。至今，我国司法社会工作仍然沿袭了这样的发展主题。

在一般意义上，司法社会工作服务应贯穿于司法工作的各个场域及环节，为司法工作者和司法对象提供服务，以配置司法场域的社会公平与正义，同时消除司法过程中一些不和谐因素。但从目前我国司法社会工作的发展来看，社区矫正社会工作、刑释人员社会工作、禁毒社会工作、青少年司法社会工作的发展具有前沿性。而从社会工作研究来看，国内社会工作教育界及研究人员在这几个方面的研究也较多。因此，本丛书主要选择了社区矫正社会工作、青少年司法社会工作、禁毒社会工作等几个实务领域开展研究，以期通过这些研究总结我国司法社会工作的发展，探索司法社会工作知识，构建司法社会工作理论，形成司法社会工作话语体系，促进我国司法社会工作实务的发展。

当然，我国司法社会工作还处于发展期，其展开还有一个过程。本丛书还只是初步的总结，其成果也只是我国司法社会工作发展中众多成果中的一部分，即使如此也还不是完全定型的东西。我们希望通过积跬步致千里，积小流成江海，深化研究，同时借鉴国际司法社会工作的研究成果，推进中国的司法社会工作体系建设。

张昱

华东理工大学法学院院长、教授

本书序

习近平总书记在党的十九大报告中指出，“中国特色社会主义进入新时代，要加强和创新社会治理，打造共建共治共享的社会治理格局。尤其是要注重社会治理制度建设，完善党委领导、政府负责、社会协同、公众参与、法治保障的社会治理体制，提高社会治理社会化、法治化、智能化、专业化水平”。从而形成有效的社会治理体系和良好的社会秩序，以“不断满足人民日益增长的美好生活需要，不断促进社会公平正义”，“使人民获得感、幸福感、安全感更加充实，更有保障，更可持续”。

社区矫正是与监狱矫正相对的非监禁刑罚制度，是创新社会治理、推进社会治理现代化的重要实践手段之一。它主要是将符合社区矫正条件的服刑人员从监狱环境转置到社区环境，在相关司法部门、社会组织及其他社会力量的共同作用下，改变社区服刑人员的偏差心理和违法行为，促使其更好地回归正常社会生活。社区矫正具有制度性惩罚、刑罚执行、恢复社会功能、重构社会身份等复合性功能。我国的社区矫正自 2002 年 8 月在上海市徐汇区、普陀区和闸北区开始试点工作以来，不断发展、完善，并于 2009 年起在全国推行。截至 2017 年 3 月，“全国在册社区服刑人员 70 多万人，社区服刑人员在矫正期间重新犯罪率一直处在 0.2%的较低水平，取得了良好的法律效果和社会效果”①。应该说，重新犯罪率低仅涉及其行为表现不违背法律规范这一基本要求，要使其顺利回归社会则包括更为丰富的内涵和外延。

---

① 靳昊、赵雯：“社区矫正：帮特殊人群顺利回归社会”，载《光明日报》2017 年 8 月 4 日。

这就需要把社区服刑人员放到其所处的社会生态中加以系统考察，探讨其中的制度、行为、心态等要素之间的内在关联和作用机制，以更好地实现社区矫正的目标。

本书立足于我国社会治理体系和治理能力现代化的社会背景，根据上海社区矫正的发展实践，从结构化理论出发，运用定性与定量相结合的方法，展开对社区服刑人员社会融入过程与机制的研究。本书在分析社区服刑人员群体镜像及日常生活世界的基础上，重点考察制度空间、市场空间、社会交往空间中的规训力量如何影响和改变了这一群体的心理结构、自我认知及其日常行为；以及社区服刑人员如何对这些结构性规制和约束进行自我阐释、认知调适，并选择相应的行动策略进行主体性回应，以建构他们的社会融入格局。本书还对社区服刑人员社会融入的发展路径做了进一步探讨，这不仅有利于促进社区矫正的理论自觉与本土化发展相结合，也有利于社区矫正机构和矫正社会工作者采取更有针对性的干预模式，促进社区服刑人员顺利回归社会，同时也能更好地激发社会活力，推动社会治理向纵深发展。

本书作者杨彩云博士近年来一直致力于从事与司法社会工作、社会政策等相关的研究和教学工作。作为她的硕士和博士导师，我见证了她一路的成长和发展。她勤勉、坚忍，善于发现问题和分析问题。她从进入华东理工大学社会与公共管理学院进行硕博连读以来，持续关注上海社区矫正的发展，并多次参与矫正社会工作、禁毒社会工作、政府购买服务、人民调解等相关课题研究，以及在上海、南通等地从事社区矫正和社会服务活动。她曾在上海市从事社区矫正服务的专业社会机构——上海市新航社区服务总社及区工作站实习，并多次到相关街镇的社区矫正中心进行实地调研，对矫正社会工作者、社区服刑人员进行了大量的访谈。这些丰富的经历和鲜活的素材成为本书得以形成的重要经验基础。

本书的主要贡献在于两个方面。一是将社区服刑人员的社会融入状态明确概括为“限制性分层融入”。具体而言，即认为社区服刑人员的社会与自我联结的均衡与失衡形塑了他们的社会融入状态，使之呈现出完全融入、边缘融入、滞缓融入和负向融入等层级分化。并且，他们的社会融入不是静态的结果，而是渐进的、动态的、多维的、相互转化的过程。二是将社区服刑人员社会融入的作用机制归结为多维空间中的规训权力与该群体的主体性之间的“互构”。这两者的相互作用，共同影响了社区服刑人员的社会与自我联结的均衡与失衡，进而建构了他们社会融入的分化格局。这不仅有助于我们更好地认识社区服刑人员的社会融入进程，也对矫正社会工作的实践发展具有显著的启示。

当前，随着我国社会主要矛盾的历史性转变，人民不仅对物质文化生活提出了更高的要求，而且在民主、法治、公平、正义、安全、环境等方面的要求日益增长。我国的社会工作教育和社会工作实践正处于快速发展和大有作为的关键时期。本书可以看作作者这一代青年学者对此的探索和努力。希望她能够在既有研究的基础上，不断深入实践，继续潜心研究，深化对社区服刑人员社会融入过程的追踪研究和比较分析，对具有本土适应性的司法社会工作的制度、理论和方法进行更多的探索与思考。

张昱

2018 年 1 月

目　录

第一章 导 论

第一节 研究背景与意义

一、研究背景

社区矫正(community correction)是20世纪70年代以来在欧美国家产生的一种新型的刑罚制度。即将符合社区矫正条件的服刑人员从监狱环境转置到社区环境中,在相关司法部门、社会组织和民间力量共同作用下,改变社区服刑人员的犯罪心理和行为恶习,促使其更好地回归正常社会生活的过程。这是西方刑罚制度的一次重大而深远的变革。它不仅是西方长期以来人本主义思想的具体体现,也是近代以来针对监狱刑罚的缺陷和不足而产生的对罪犯的新的改造手段。尤其是20世纪50年代以来,以法国著名的刑法学家马克·安塞尔(Marc Ancel)为代表的新社会防卫理论旗帜鲜明地批判和反对传统的报复性惩罚制度,主张在尊重人类价值、保护权利的基础上建立一个新的富有人道主义色彩的刑事政策体系,从而更好地促进罪犯重新社会化。[①] 这种注重对犯罪人员进行人格改造和人道教化的积极行动论，对后来世界刑事科学的发展产生了深远的影响，社区矫正思想由此不断发展孕育并走向成熟。

作为与传统监禁刑罚相对应的非监禁刑罚处置手段，社区矫正制度从2003年在我国试点、推广以来，发展迅速，其覆盖面不断扩大，入矫人员不断增多。截至2017年3月，"全国在册社区服刑人员70多万人，社区服刑人员在矫正期间重新犯罪率一直处在0.2%的较低水平"[②]。无疑，我国社区矫正的发展与当今世界各国刑罚制度的发展趋势是一致的，它有利于合理配置行刑资源，充分发挥监禁矫正和社区矫正的各自优势，以增强刑罚的功能和效用，控制行刑成本。同时，通过充分调动和利用社会力量，使罪行较轻的罪犯能够在相对熟悉和温情的环境中接受刑罚，鼓励他们在法律允许范围内的社会参与，减少其在社会生活中的排斥与区隔，促进其社会融入，维护社会和谐稳定，也为建立和完善有中国特色的非监禁刑罚执行制度做出了有益的探索。

但是，社区矫正制度在具体运作过程中的问题与不足也不断显现。其中很重要的一点就在于社区矫正实践更多地注重对社区服刑人员的监管和控制，并将他们所处的社区环境、社会生态视为理所当然的支持性空间，也对他们理解、回应这种环境的社会行动关注不足。社区矫正制度规定服刑人员必须定期向司法行政机关报告相关情况："报告遵纪守法、接受监督管理、参加教育学习、社区服务和社会活动的情况。发生居所变化、工作变动、家庭重大变故以及接触对其矫正产生不利影响人员的，社区矫正人员应当及时报告。"[③]同时，规定社区服刑人员离开其所居住的市、县需审批，进入特定场所需审批，变更居住地需审批。而且，在日常管理中，司法行政机关要根据社区服刑人员个人生活的相关情况，"有针对性地采取实地检查、通信联络、信息化核查等措施，及时掌握社区矫正人员的活动情况。重点时段、

① [法] 安塞尔：《新刑法理论》，卢建平译，香港天地图书有限公司1990年版，第31页。
② 吴宗宪："帮特殊人群回归社会，国内社区矫正水平不断提高"，载《光明日报》2017年8月4日。
③ 最高人民法院最高人民检察院公安部司法部：《社区矫正实施办法》第十一条，2012年1月10日。

重大活动期间或者遇有特殊情况，可以要求社区矫正人员前来报告、说明情况。社区矫正人员脱离监管的，司法所应当及时报告县级司法行政机关组织追查”[①]。这在一定程度上能够有效促使社区服刑人员认罪改过和遵纪守法，但从根本上看，更多只是对他们的强制性监管和控制，并且对他们所处的社会生态及回应性行动缺乏深入分析，不利于其社会融入的推进。

同时，对社区服刑人员的相关研究也关注到这一群体在回归主流社会的进程中面临的劳动就业、社会交往、自我认知、家庭关系、社会支持等各种问题，这些问题甚至相互交织在一起，构成复杂的“问题体系”[②]，影响了他们在融入过程中的心理感受和行为选择。也可以说，社区服刑人员在进入社区矫正后面临的主要问题就是社会融入，不同时限的监狱生活与社会隔离使他们对快速发展的社会常常无所适从，使之在思想观念、自我认知、行为模式、生活方式等方面异于常人，从而难以顺利回归社会，甚至可能产生偏差行为和诱发重新犯罪。[③] 但目前我国比较欠缺的是关于社区服刑人员在社会融入进程中主体性行动的研究。因而，社区服刑人员的社会融入与其重新犯罪率低之间并不能等同。重新犯罪率低仅涉及其行为表现不违背法律规范这一基本要求，他们的社会融入其实具有更为丰富的内涵和外延，既包括其日常行为要符合规范性要求，更包括他们要在与社会成员的持续互动中实现在就业、交往、认知等方面的转变，恢复和发展其已经发生偏离、断裂和失衡的社会功能。

在此基础上，本书研究的问题主要包括如下几个方面：第一，社区服刑人员在社会融入过程中受到怎样的规制和约束？这些规制和约束如何影响他们的认知和行为？第二，社区服刑人员怎样阐释和理解这些规训力量的价值与意义？进而在不同社会情境中如何进行认知调适和行为选择以进行主体性回应？第三，社区服刑人员的社会融入究竟呈现出怎样的状态？他

---

① 最高人民法院最高人民检察院公安部司法部：《社区矫正实施办法》第十九条，2012 年 1 月 10 日。

② 张昱：《矫正社会工作》，高等教育出版社 2008 年版，第 203 页。

③ 陈庆升：“社区矫正对象的偏差行为研究”，华东理工大学 2008 年硕士学位论文，第 5—6 页。

们的社会融入有何特点？前两个问题主要从规训和主体性的维度探讨社区服刑人员社会融入的作用机制，后一个问题则着重剖析在这两种影响机制下社区服刑人员的社会融入呈现出何种图景，从而更好地认识这一群体社会融入的发生路径和现实框架，促进他们顺利回归社会及社区矫正目标的达成。

二、研究意义

1. 理论意义

(1) 促进社区矫正的理论自觉与本土化发展。社区服刑人员是一个社会人，其行为必定受到社会环境的塑造和改变。当他们与社会系统的联结链条——劳动就业、社会交往、社会支持等——受到限制、出现损坏，或他们自我定位、自我认知系统出现偏差，就可能导致他们社会功能的破坏，进而产生违法犯罪行为。当他们与社会系统的联结链条在支持系统的作用下有了一定的恢复与发展，或其自我定位、自我认知不断调适，则会表现出对社会系统的适应性。因而，社区矫正的基本目标就在于恢复和发展社区服刑人员已经受损的社会与自我系统，使他们的社会功能和社会生活恢复正常。[①] 社区服刑人员的社会和自我系统又嵌入于社会结构之中，因而，对这一群体社会融入的理解，不能仅从其生理条件、人格角色或心理失调等角度去看待，更应该从社会结构的角度去考察，剖析这一群体在社会融入中受到的结构性规制与约束，以及他们对这种规制与约束所采取的回应策略。这有利于超越传统的对社区服刑人员进行诊断的生理及心理视角，进而以一种结构、行为视角来建构相应的社区矫正模式，促进社区矫正理论的发展。

(2) 促进社会融入理论的发展。正如亚里士多德所说，人是天生的政治动物。即人的本性是社会性，人必须过社会生活。从这个角度来看，社区服刑人员的社会融入和一般人群的社会融入具有共通性，都需要通过社会和自我系统的通畅来维持正常社会生活。但由于身份的特殊性，社区服刑人

① 张昱、费梅苹：《社区矫正实务过程分析》(第二版)，华东理工大学出版社 2008 年版，第 5—6 页。

员的社会融入又具有一般社会群体所不具有的独特性，即社会环境的排斥性和区隔性倾向。他们所面对的融入环境不再是封闭的监狱环境，而是相对开放的社区环境。社区环境在为社区服刑人员提供社会支持、促进其融入的同时，也可能因其特殊身份产生标签化效应，甚至形成对社区服刑人员的社会区隔和社会排斥，这反而不利于他们的社会融入。当社区服刑人员因受到刑事处罚而被剥夺了部分自由权、行动权的时候，他们原有表象化和正常化的社会交往、社会参与、家庭关系等都可能发生变化。这使得他们的融入程度、融入机制等也会随之发生显著变化，处于不同情境、有着不同需求的个体的社会融入表现、融入策略也可能大相径庭。这些研究能为充实社会融入理论提供众多丰富的经验素材，促进社会融入理论的深度研究和本土化发展。

2. 现实意义

(1) 推动社区矫正实践发展，促进社区服刑人员顺利回归社会。社区矫正是推进社会管理创新、加强社会特殊人员管理的重要手段，是落实宽严相济的刑事政策、改革我国刑罚制度的显著举措，是探索建立和完善中国特色非监禁刑罚执行制度的具体体现，更是推进我国民主法制建设的必然要求。尤其是近年来，社区矫正工作发展迅猛，国家在长期试点所积累的丰富经验的基础上，逐步把社区矫正制度推向全国。截至 2012 年初，“全国已有 97％的地(市、州)、94％的县(市、区)和 89％的乡镇(街道)开展社区矫正工作”[①]。这不仅预示着社区矫正工作迎来了大发展，同时也意味着社区矫正工作将面临更多新的挑战。因而，加强对社区服刑人员所处的社区环境的关注，能更好地认识他们在社会融入中所面对的社会生态，揭示影响这一群体认知转变、行为选择背后的深层原因，也使得司法行政机关在加强对社区服刑人员外在监管和控制的同时，更加注重制度变革，以更有针对性地改善其所处社会生态中的不利因素，发挥其积极作用，避免他们原有犯罪心理和行为恶习的延续。

---

① “依法规范实施社区矫正　加强和创新特殊人群管理——司法部副部长郝赤勇就‘社区矫正实施办法’答记者问”，《中国司法》，2012 年 3 月 15 日。

（2）有利于社区矫正机构和矫正社会工作者采取有针对性的干预模式。通过对社区服刑人员日常生活世界的关注，矫正机构及其人员能够更好地区分并有效干预社区服刑人员在日常生活中的偏差心理、负向互动及行为趋向，通过帮助、教育、培训等多种形式解决他们的现实困难和实际需求，增加其生活技能，提高其重新融入社会的能力和信心。更重要的是，目前人们在实践层面上更多地注重对社区矫正的制度建构、流程设计等，而对如何在社区矫正过程中实现社区服刑人员的“助人自助”“自助助人”，以及通过社区服刑人员改变自身的认知、行为模式以实现“自我约束”“自我管理”“自我教育”和“自我发展”[①]则关注不足，这显然对从根本上减少社区服刑人员的违法犯罪行为、真正达成回归社会的矫正目标是不利的。“只有当社区服刑人员能够对自己的意识、行为进行自我控制时，才会真正减少他们重新犯罪的可能性。”[②]本研究能够在一定程度上促进社区服刑人员更加全面地认识、理解自身的问题所在，通过他们对自身认知与行为的“解构”与“重构”，增强其自我管理、自我约束、自我发展的能力，促进他们更好地实现社会融入。

第二节　研究视角与研究内容

一、研究视角

本书的主要研究视角是吉登斯的结构化理论。这一理论的核心是处理结构与能动的关系。在当代社会学理论中，当美国社会学家更多地着眼于处理一些微观-宏观的关系问题时，欧洲社会学家则更多关注的是结构-能动的整合。但能动并不等同于微观，结构也不等同于宏观，能动和结构都可以同时适用于微观个体、集体及社会组织，也可以适用于宏观的社会结构及人

① 张昱：《矫正社会工作》，高等教育出版社 2008 年版，第 62 页。
② 张昱、费梅苹：《社区矫正实务过程分析》（第二版），华东理工大学出版社 2008 年版，第 4 页。

类社会。[①]

结构与行动关系的要点之一即为社会行动。如何理解社会行动，成为社会学长期以来备受关注的话题。韦伯是社会行动研究的开创者，他认为社会学的研究对象就是社会行动，社会学的目的就是要对社会行动进行解释性的理解和因果性的说明。齐美尔强调对社会互动与交往形式进行分析，构成了他的"形式社会学"，但齐美尔并没有提供关于社会行动的系统性分类。齐美尔的学说通过其学生帕克的传播影响了20世纪初期在美国形成的符号互动论。符号互动论认为社会是具有心理意义的姿态、语言等符号交互作用的产物，人正是这个过程中具有创造性、能动性的行动者。第二次世界大战之前，以米德为代表的传统符号互动论逐渐分裂为由布鲁默领导的芝加哥学派和由库恩领导的衣阿华学派，前者"信守米德的哲学性和解释主义的社会心理学观点"，后者则强调"行为主义心理学和经验主义的严格标准"。戈夫曼则认为人们在日常生活中的社会互动类似于拟剧方式。韦伯的解释社会学在以舒茨为代表的现象学社会学中呈现出他的现代表述。现象学社会学把我们通过经验现象所获得的关于社会生活世界的直接经验作为研究对象。人们借助既存的经验图谱"赋予行动以意义"，形成主体间性的理解。生活世界的类型构造正是建筑在这种意义和理解的基础上。伯格和卢克曼则认为社会现实既是客观事实，也是被人类建构的，知识社会学就在于要对这个客观建构和主观建构过程做出说明。常人方法学继承和发展了舒茨的学说，它关注普通行动者的行动，并对行动的意义进行解释与说明。对传统行动理论的扩展——既关注行动，也不排斥结构——在帕森斯、哈贝马斯、科尔曼、布迪厄、吉登斯等社会学理论家这里获得了丰富与发展。[②]

帕森斯早期关注"唯意志的行动论"，后来则逐渐开始从单位行动向社会系统转化。他认为行动者的行动受到"动机"和"价值观"的影响，同时，这

① 侯钧生：《西方社会学理论教程》(第二版)，南开大学出版社2006年版，第13页。
② [澳]马尔科姆·沃特斯：《现代社会学理论》(第2版)，杨善华译，华夏出版社2000年版，第17—61页。

种行动又是“情境取向”的。随着不同取向行动者的互动，会产生制度化的互动模式，即社会系统。[①] 哈贝马斯的沟通行动理论从韦伯所说的理性化困境开始，试图破解现代社会中形式合理性和实质合理性的矛盾。他将社会行动分为目的（策略）行动、规范调解行动、戏剧行动和交往行动。[②] 其中交往行动即沟通行动，“沟通理性”是沟通行动的基础，相互“理解”是沟通行动的精髓，“语言”是沟通的媒介。哈贝马斯认为，在此情景下“沟通理性”的发展就有可能实现人类社会的合理化目标。科尔曼借鉴经济学的相关理论，从“理性人”而非“社会人”和“组织人”的假设出发，发展出社会学的理性选择理论，用以解释社会行动的逻辑。行动者通过掌控一定的资源来满足自己的利益和需求。为此，就需要与其他行动者进行交换，但事件的价值和行动者的个人实力影响着交换后的资源分配状况。而且，在社会交往过程中，社会规范逐渐产生，宏观的社会系统得以建立和运行。[③] 布迪厄的社会行动理论与日常生活实践紧密相连，因此又称为实践理论。布迪厄试图通过惯习、场域、资本等概念，来理解日常实践中的社会行动。惯习是人们在实践过程中持久潜在的行为倾向系统，是一种“实践感”。场域则是“在各种位置之间存在的客观关系的一个网络或一个构型”。[④] 布迪厄认为，社会行动受到具有结构性特征的惯习、场域的影响，同时这种行动实践又建构了社会结构。

吉登斯批判了帕森斯的结构功能论及解释学传统对行动的理解，认为不能将行动看成分散的实体，行动也不是彼此之间没有联系的单个行动的集合，而是一个持续的行动流，是一个不断被我们加以监控和理性化的过程，是一种能动行为。因为行动者认识能力有限，故而行动可能出现“意外后果”。结构包括规则和资源两部分。其中，规则是制约、影响行动的规范

① [美] 乔纳森·H. 特纳：《社会学理论的结构》（第7版），邱泽奇等译，华夏出版社2006年版，第38—39页。

② [德] 尤尔根·哈贝马斯：《交往行为理论》，曹卫东译，上海人民出版社2004年版，第83—84页。

③ 侯钧生：《西方社会学理论教程》（第二版），南开大学出版社2006年版，第425页。

④ [法] 皮埃尔·布迪厄、[美]华康德：《实践与反思》，李猛、李康译，中央编译出版社1998年版，第133—134页。

制度及表达性符号，前者如政治、经济、文化制度，后者如其他行动者的体态语言。资源由配置性资源和权威性资源构成。具体而言，配置性资源涉及行动过程中的物质性资源，反映的是人与自然的关系。权威性资源涉及行动过程中的非物质性资源，反映的是人与人的关系。构成结构的规则和资源都不仅是对行动的限定，它们均具有能动性和建构性。也就是说，结构既是行动的产物，也是行动的中介和条件，即“结构二重性”。在社会实践中，结构实现了生产和再生产的过程，此即“结构化”。[①] 在个人层面，结构也不是纯粹的外在之物，而是具体体现在各种实践中，内在于人的活动。[②] 这进一步深化和发展了结构-能动的关系。对社区服刑人员社会融入的研究，既要看到不同规训空间中结构性因素的规制与约束，也要看到他们的主体性作用，从而在结构-能动的关系架构中剖析这一群体社会融入的状态和机制。

二、研究内容

本书主要以吉登斯的结构化理论为研究视角，在分析社区服刑人员群体镜像及日常生活世界的基础上，深入剖析制度空间、市场空间、社会交往空间中的规训力量如何影响和改变了这一群体的心理结构、自我认知及其日常行为。社区服刑人员在对这些结构性规制和约束进行空间体验和自我阐释的基础上，选择相应的行动策略进行主体性回应，以建构他们社会融入的格局，并对社区服刑人员社会融入的发展路径做了进一步探讨。

1. 社区服刑人员的群体镜像与日常生活世界

本书在对时序格局中社区矫正制度的发展脉络及其运作逻辑进行梳理与剖析的基础上，从类型学划分和人口学特征两方面阐释社区服刑人员的群体镜像。社区服刑人员的日常生活世界从监狱空间到社区空间的转移，对他们的生存样态产生了显著影响。加之社区服刑人员身份的二重性特

---

① 侯钧生：《西方社会学理论教程》(第二版)，南开大学出版社 2006 年版，第 381 页。

② ［英］安东尼·吉登斯：《社会的构成：结构化理论大纲》，李康、李猛译，三联书店 1998 年版，第 89 页。

征，使得他们的社会融入在两个层面展开：既要回应制度规训，也要在日常生活领域实现再社会化。

2. 国家规制空间的建构与社区服刑人员的制度适应

制度适应是社区服刑人员在社会融入进程中首先要面对的。社区矫正制度具有惩罚性和福利性的二重性，它对社区服刑人员的监督管理、教育矫正和帮困扶助在一定程度上促进了他们的社会融入。但社区矫正执行过程中的合理性冲突以及制度资源供给与社区服刑人员需求之间存在的现实张力削弱了制度效力，使得社区服刑人员时常在制度规定性和现实选择性之间发挥自身的主体性作用，形成遵从性守法逻辑、畏惧性守法逻辑或弱者的反抗等方式，以回应制度的规训要求。

3. 市场空间的过滤效应与社区服刑人员的经济分化

就业是改善社区服刑人员生存境况、促使其顺利回归社会的重要保障。在就业市场中，社区服刑人员的就业行为受到作为法人行动者的企业、单位的雇佣逻辑及国家嵌入性力量的双重规制。他们往往通过职业维持与发展、自雇佣等行动策略提升其经济水平，促进其经济融入。部分社区服刑人员则因定位偏差、人力资本匮乏、社会地位贬损、社会资本不足等原因而难以获得与之相匹配的工作机会，这加剧了他们在市场竞争中的经济分化及弱势地位。

4. 社会交往融入与社区服刑人员的支持获得

社区服刑人员的社会交往体系及交往活动受到社区矫正制度的常态化监管与规制，加之其自身社会经济地位和生活方式的变革、差序交往格局中的面子与人情、个体行动中的选择性亲和与疏离等因素的影响，使得他们在犯罪前和进入社区矫正后的社会交往网络呈现出明显的变化。为解决日常生活中遇到的各种问题，社区服刑人员通过不同的行动策略实现其交往网络的维持与建构，并从这些交往体系中进行资源动员和支持获得。反之，那些没有得到延续和强化的交往网络则会不断萎缩与弱化。

5. 限制性分层融入：社区服刑人员的空间体验与行动选择

指向社区服刑人员的社会区隔机制建构了他们的群体符号边界，并影响了其在场域差异、比较情境和开放性规训空间中的心理体验和身份认同,使得他们在社会融入过程中表现出不同的行动选择。这其实反映出社区服刑人员的社会与自我联结的均衡有利于其自我重塑和社会融入,社会与自我联结的失衡则容易导致其认知失调与行为偏差,从而使得他们的社会融入呈现完全融入、边缘融入、滞缓融入和负向融入等状态。而且,其社会融入不是静态的结果,而是渐进的、动态的、多维的、相互转化的过程。

6. 结论与讨论

多维空间中的规训机制及其推拉作用,以及社区服刑人员的身份认知分化及其主体性回应,这两种力量的相互交织和相互作用,共同影响了这一群体的社会和自我联结。其社会和自我联结的均衡与失衡进一步形塑了他们的社会融入,使之呈现出限制性分层融入的格局。要实现他们的其他融入状态向完全融入的动态转化,则需要从自我增能与抗逆力的培育、社会赋权与社会生态建设、社区矫正制度的发展完善等方面着力,以形成促进社区服刑人员社会融入的长效保障机制和持续动力。如图 1-1 所示。

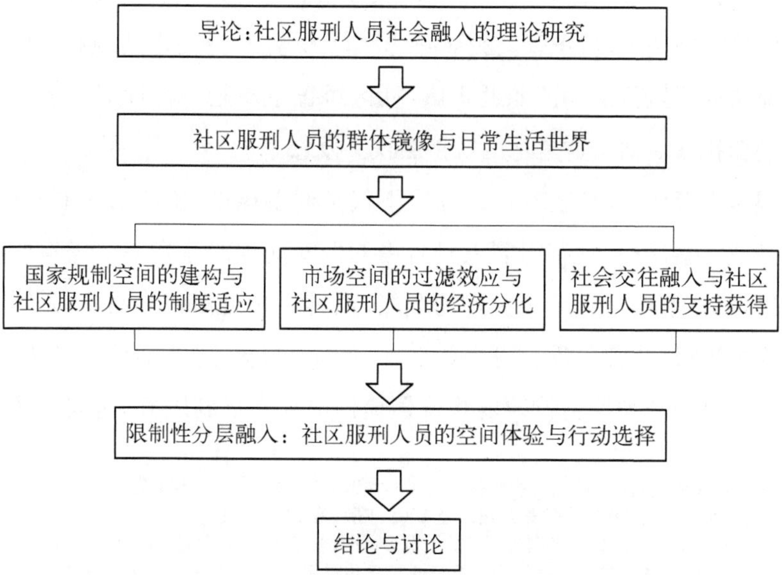

图 1-1 社区服刑人员的社会融入研究思路

第三节 概念界定

一、社区矫正

一般认为，作为现代社会一种主要的非监禁刑罚制度，社区矫正(Community correction)制度主要产生于20世纪中叶的欧美国家，并逐渐在英国、美国、法国、加拿大、澳大利亚、新西兰、俄罗斯等国家被广泛采用。[①]其后，日本、中国香港地区、中国台湾地区相继在吸收英、美等国经验的基础上，建立了本土的社区矫正制度。[②] 对于中国大陆社会而言，社区矫正制度于2003年开始试点并于2009年推向全国。2003年7月10日，最高人民法院、最高人民检察院、公安部、司法部(以下简称“两院两部”)在联合颁布的《关于开展社区矫正试点工作的通知》中明确指出：“社区矫正是与监禁矫正相对的行刑方式，是指将符合社区矫正条件的罪犯置于社区内，由专门的国家机关在相关社会团体和民间组织以及社会志愿者的协助下，在判决、裁定或决定确定的期限内，矫正其犯罪心理和行为恶习，并促进其顺利回归社会的非监禁刑罚执行活动。”照此理解，社区矫正主要是一种针对社区服刑人员的刑罚执行活动。这是社区矫正的狭义概念。

很多学者认为，社区矫正的性质不仅是刑事执法，还包括对罪犯的“管束保护或观察保护，具有限制人身自由的保安处分的性质”[③]。还有学者认为，社区矫正不仅具有刑罚执行的职能，也具有社会福利的性质，是对社区服刑人员进行“监管”“矫治”和“服务”三者的有机统一。[④] 有学者认为，矫正社会工作是一种为社会特殊弱势群体提供的社会福利服务，是司法矫正体

---

① 吴敦：“社区矫正刑：法院的司法定位及法律构建”，载《法律适用》2005年第12期。

② 张昱：《矫正社会工作》，高等教育出版社2008年版，第13—15页。

③ 程应需：“社区矫正的概念及其性质新论”，载《郑州大学学报(哲社版)》2006年第4期。

④ 史柏年：“刑罚执行与社会福利：社区矫正性质定位思辨”，载《华东理工大学学报(社会科学版)》2009年第1期。

系中专业化的福利服务。它包括司法判决前和司法判决后的两部分矫正社会工作，司法判决后的矫正社会工作又包括监禁处遇中和社区中的矫正社会工作。[①] 这是一种较为广义的定义，把社区矫正看作是对社区服刑人员进行监管、矫治、帮助、培训和教育等矫正和服务活动的总称。

本书主要在相对狭义的意义上来使用社区矫正这个概念。所谓社区矫正是指在社区环境中，通过充分调动各种社会资源和支持力量，对缓刑、假释、管制、暂予监外执行、剥夺政治权利等服刑人员进行强制性的监督管理、教育矫正和帮困扶助等一系列改造措施与手段，从而在矫正其偏差行为和认知的过程中使之尽快重新融入社会的非监禁刑罚执行活动与过程。

二、社区服刑人员

本书所指的社区服刑人员，就是社区矫正对象。按照我国现行法律规定，具体是指被判处管制的、被宣告缓刑的、被暂予监外执行的、被裁定假释的和被剥夺政治权利并在社会上服刑的五类人员。2003 年，“两院两部”在《关于开展社区矫正试点工作的通知》中明确指出，对于符合上述条件的罪犯，“尤其是罪行轻微、主观恶性不大的未成年犯和老病残犯，以及罪行较轻的初犯、过失犯等，应当作为重点对象，适用上述非监禁措施，实施社区矫正”，即本书所说的社区服刑人员。

从社区矫正的具体实践来看，根据社区服刑人员的罪刑轻重状况，一般又将其分为三类[②]：一是罪刑较轻微，被审判机关判处具有一定特点的非监禁刑的罪犯。这里所说的“具有一定特点”，即刑罚执行并非判处后一次性执行完毕，而是需要一定执行时间的非监禁刑，管制、缓刑及单独被剥夺政治权利的罪犯均属于此类。二是罪刑较为严重，但已经过社会改造，其社会危害性大大降低，无再犯危险的罪犯，假释及主刑执行完成后在社会上服刑的剥夺政治权利者属于此类。三是其他特殊情况的罪犯，这主要指被暂予

① 张昱：《矫正社会工作》，高等教育出版社 2008 年版，第 7—8 页。
② 吴宗宪：《刑事执行法学》，中国人民大学出版社 2007 年版，第 114 页。

监外执行的对象，具体又包括：(1) 有严重疾病需要保外就医的；(2) 怀孕或者正在哺乳自己婴儿的妇女；(3) 生活不能自理，适用暂予监外执行不致危害社会的。

有学者认为，从严格意义上讲，只有被判处管制、暂予监外执行和剥夺政治权利的才能算是真正意义上的社区服刑，宣告缓刑和裁定假释则不是社区服刑。在社区矫正实践中，理论界和实务界也在不断探索扩大社区矫正对象范围的可能性。如2003年《上海法院参与社区矫正工作的若干意见》就对扩大非监禁刑罚的适用条件做出了详细规定①，众多学者也对此发表了各自的意见，但目前尚无定论，主要还是以国家在社区矫正相关法规中规定的五类罪犯为主。

三、社会融入

社会融入是社会科学研究中长期以来广受关注的议题之一，国内外学者对此形成了不同的理论模式和经验范畴。经典的社会融入理论由芝加哥学派的帕克(Robert E. Park)和伯吉斯(Ernest W. Burgess)提出及发展，他们在20世纪初期通过对美国城市移民的研究认为，融入是群体或个体通过共享历史、记忆、情感、体验等，相互渗透、相互融合，逐渐整合于一个共同的文化、社会生活中的过程。移民经过经济竞争、政治冲突、社会调解和文化融入等主要阶段，最终将以迁入地的主流社会、主流文化为目标实现融入。②其后的新社会融入理论则认为移民融入结果的呈现是多维度的，也是多元化的，如多元文化论、区隔融合论、直线融入论、曲线理论、空间融合论等。③其中，多元文化论认为在具有包容性的社会文化背景中，移民在重塑自我思想观念、价值体系及社会行为以适应迁入地生活的同时，也会在一定程度上

① 张昱：《矫正社会工作》，高等教育出版社2008年版，第174—175页。
② 杨菊华："从隔离、选择融入到融合：流动人口社会融入问题的理论思考"，载《人口研究》2009年第1期。
③ 周皓："流动人口社会融合的测量及理论思考"，载《人口研究》2012年第5期。

维持原有文化、价值体系的影响，从而形成多元而非一元的社会、文化秩序。[①] 自 20 世纪 60 年代以来，基于不同移民群体在经济、文化融入上的异质性，经典融入理论及多元文化论均不断受到挑战，区隔融合论（Segmented Assimilation）认为，移民在融入过程中可能存在经济、文化双融合或双排斥的情况，或采用经济融合而文化排斥的策略，以在流入地实现社会流动。[②] 也有学者将融合论、多元文化论、区隔融合论视为理解社会融入最为重要的三个理论视角，用以理解移民在新的社会环境中在经济、行为、文化、身份等方面的适应过程和结果。[③]

近年来，随着对社会融入更加深入的研究，笔者认为可从三个面向来概括社会融入[④]：一是从社会整合的维度将社会融入视为社会稳定、社会秩序的主要因素和表现之一；二是从人口迁移、流动的角度将社会融入视为移民发展及移民研究的主要内容；三是从社会政策的角度把社会融入与社会排斥联系起来，将社会融入视为社会排斥的对立面和反社会排斥的主要目标。在一般意义上，尤其是对移民的研究中，社会融入常指移民群体与流入地居民之间能动、持续的互动过程，也用以描述处于弱势地位的主体与特定区域中的个体、群体进行反思性、交互性的社会行动过程。[⑤] 对不同社会群体而言，由于融入主体、内涵和外延的复杂性，使得他们的融入过程、机制、路径均呈现多重性和差异性，他们的社会融入理论表达和实践反应也是不尽相同的，但总体而言，这个过程必然是动态的、渐进式的、多维度的、互动的结果。[⑥]

---

① 周敏：《唐人街：深具社会经济潜质的华人社区》，鲍霭斌译，商务印书馆 1995 年版，第 12 页。

② ［美］费尔德曼：《农民工的社会融合研究：现状、影响因素与后果》，社会科学文献出版社 2012 年版，第 38 页。

③ 张文宏、雷开春：“城市新移民社会融合的结构、现状与影响因素分析”，载《社会学研究》2008 年第 5 期。

④ 徐丽敏：“‘社会融入’概念辨析”，载《学术界》2014 年第 7 期。

⑤ 陈成文、孙嘉悦：“社会融入：一个概念的社会学意义”，载《湖南师范大学社会科学学报》2012 年第 6 期。

⑥ 杨菊华：“从隔离、选择融入到融合：流动人口社会融入问题的理论思考”，载《人口研究》2009 年第 1 期。

本书也是在这个意义上来使用社会融入(social reintegration)这一概念的，即社区服刑人员在社区矫正的过程中，通过与矫正机构、社会成员之间的持续交往、互动，在外界帮助下或自身的反思性行动，逐渐改变以往的偏差心理和违法犯罪行为，恢复已经发生偏离、断裂、失衡的社会生活，重新回归正常社会生活的过程。他们的融入过程也是历时性、阶段性的，更是外界环境与个体主体双向协同作用的结果，即外界环境的包容、接纳和个体主体的积极行动，两者缺一不可。这里之所以用社会融入而非社会融合，是因为两者存在一定差异，即社会融入有一种弱势群体融入主流群体的意味，背后隐含着“两者是不平等的关系”之义，社会融合则更强调两个群体之间的相互渗透，相互影响。因而，对社区服刑人员这个特殊的群体而言，社会融入比社会融合更为恰当。

四、规训

规训(discipline)即制度对个体的管制、规范和约束。法国著名哲学家、社会思想家福柯(Michel Foucault)在其《规训与惩罚：监狱的诞生》中将规训视为现代社会的权力技术之一。他认为，在古典时期，权力的运作更多的是通过血腥、暴力，使直接作用于人身体的酷刑得以呈现，这种惩罚机制通过公开展示成为“公共景观”的一部分，但也引起了一些道德、伦理上的争论。18 世纪中期以来，这种残忍的酷刑被带有人道主义色彩的、温和的惩罚所取代，权力以更加温和、精巧的方式渗透到社会中去，它追求的不仅是对人外在的处置，更强调对内在灵魂的征服。19 世纪之后，现代精神病学、犯罪学、犯罪人类学等知识、技术逐渐与司法制度结合在一起，渗透到新的惩罚制度中，通过时间安排、空间配置、活动编码，展开对人持续的、全方位的约束和控制。福柯认为，“能使肉体运作的微妙控制成为可能，使肉体的种种力量永久服从，施于这些力量的一种温驯而有用关系的方法就是我们所谓的规训”[①]，而且，规

① [法] 米歇尔·福柯：《规训与惩罚：监狱的诞生》，刘北成、杨远婴译，三联书店 2003 年，第 155 页。

训是“一种权力类型，一种行使权力的轨道。它包括一系列手段、技术、程序、应用层次、目标。它是一种权力‘物理学’或权力‘解剖学’，是一种技术学”。

本书所说的规训，主要是指社区服刑人员在社会融入的过程中，不断受到社区矫正制度、市场机制、社会交往规则及其他社会性因素的规制和约束，对他们在社区矫正、劳动就业、社会交往等领域中思想和行为的管理、规范、改造和使用的过程，从而创造“驯服而有用”的个体，促进这一群体顺利回归正常的社会生活，推动社区矫正目标的达成。

五、主体性

在哲学中，众多思想家对主体性进行了长期的讨论。最初，主体性问题的提出源于人们对人类自身的关注。在古希腊时期，智者学派的代表人物普罗泰戈拉提出“人是万物的尺度”，凸显了人的主体地位。苏格拉底提出“认识你自己”，强调人的自我意识和理性存在。之后，笛卡尔的“我思故我在”具有划时代的意义，认为人是怀疑、反思的主体。康德的“理性为自然立法”更是确立了人作为主体的中心位置。黑格尔所强调的“绝对精神”其实也就是人的主体性。在传统思想基础上，马克思从实践论而非本体论、认识论的角度论述主体性。马克思在异化理论中关注到人的处境，在《关于费尔巴哈的提纲》中更是指出，人的本质“不是单个固有的抽象物，在其现实性上，他是一切社会关系的总和”①。马克思认为，人是实践的主体，是社会的存在，社会性是人的本质属性，考察人就要考察他存在的物质生活环境及社会关系。

袁贵仁从理论的主体性、活动的主体性和人的主体性三方面来理解主体性。其中，人的主体性是“人作为活动主体的质的规定性，特有的属性”，研究人的主体性就是理解主体性的获得、表现和确证，关注人在实践活动中

① 马克思、恩格斯：《马克思恩格斯选集》(第1卷)，中共中央马克思恩格斯列宁斯大林著作编译局译，人民出版社1995年版，第60页。

形成、发现和实现自己的主体性，从而在活动过程及结果中打上主体的印记。① 有学者则把自在和关系规定结合起来理解主体性，认为“主体性是作为现实活动主体的人为达到为我的目的而在对象性活动中表现出来的把握、再造、规范、支配客体和表现自身的能动性”②。主体性是人的能动性、自主性、选择性和创造性。③

本书不是在哲学意义上探讨主体性，而是具体指社区服刑人员在社会融入过程中，面对生活世界各领域如社区矫正、劳动就业及社会交往活动中的规训机制时，他们所表现的自主性、能动性和创造性，重点关注其如何在自我认知的基础上，选择不同的行动策略以回应规训机制的规制与约束，进而影响他们的社会融入进程。

第四节 研究方法

一、方法论及研究方式

研究者通常根据不同的研究问题、理论和目标选择不同的研究方法。本研究主要以吉登斯的结构化理论为分析视角，目的在于考察社区服刑人员在社会融入过程中面临的结构性约束及主体性回应，并深入阐释主体实践暗含的行动逻辑，以揭示其社会融入的状态和机制。因此，本书主要以理解主义方法论为基础，采用定性研究为主、定量研究为辅的研究策略。

理解主义是社会学三大方法论之一。理解主义认为社会学的基本研究对象是社会行动。社会现象与自然现象不同，它具有不可重复性和独特性。社会行动者具有主体性、意识性和创造性，因此，不能采用实证主义的方法

① 袁贵仁：“主体性与人的主体性”，载《河北学刊》1988 年第 3 期。

② 和学新：“主体性的内涵、结构及其存在形态与主体性教育”，载《西南师范大学学报（人文社会科学版）》2005 年第 1 期。

③ 孙若梅：《主体性思想政治教育及其实现路径》，辽宁大学出版社 2014 年，第 22 页。

来研究社会现象，应该通过解释性的理解和因果性的说明去认识它们，通过移情、感受和社会学想象力的发挥，去发掘社会行动所蕴含的主观意义。本书正是通过理解主义的方法，来研究社区服刑人员在社会融入过程中，在制度结构的支持与约束下个体发挥主体性作用的策略、行为表现及其行动逻辑。定性研究遵循理解主义的路径，“以研究者本人作为工具，在自然情境下采取多种资料收集方法，对社会现象进行整体性探究，主要使用归纳法分析资料和形成理论，通过与研究对象互动对其行为和意义建构获得解释性理解的一种活动”[①]。定性研究能获取社区服刑人员主体实践更多的意义和内涵，这是定量研究所不能达到的。

因此，本研究以定性研究为主，是为了能够更加深入、丰富、动态地理解和解释社区服刑人员的社会融入机制，尤其是对其主体性回应的主观阐释及行动选择如何被具体的文化、情境所塑造等信息的挖掘和获取；但同时为了更准确地描述研究对象的一些整体性特征，对造成行动者差异化回应的影响路径进行更加准确的分析和探讨，而不至于局限于单一的个案，比如不同工作状态的社区服刑人员到底各占多大的比例，影响这一结果形成的因素有哪些，不同矫正类型的服刑人员的社会交往状况有何不同等，都需要借助定量数据加以补充说明。为了便于把握不同分析层次和不同分析单元，一种研究方法可以被嵌构到另一种研究方法之中。[②] 近年来，将定性研究和定量研究结合使用的混合研究方法已经成为一种独立的研究方法。

柏森(Pawson)总结了将定性和定量研究方法进行结合使用的主要原因是社会问题具有多面性(multi-faceted)、多层次性(multi-layered)和多视角性(multi-perspectival)。[③] 同时，布莱曼(Bryman)也发现大多数融合定性与

---

① 陈向明：《质的研究方法与社会科学研究》，教育科学出版社 2000 年版，第 12 页。

② [美] 约翰·W. 克雷斯威尔：《研究设计与写作指导：定性、定量与混合研究的路径》，崔延强译，重庆大学出版社 2007 年版，第 12 页。

③ Pawson, Ray. *Method Mix, Technical Hex, Theory Fix*, In Manfred Max Bergman (ed.), Advances in Mixed Methods Research: Theories and Applications. Los Angeles, London, New Delhi, Singapore: SAGE. 2008, pp. 120.

定量研究方法的目的是要起到“强化”（使用定性或者定量的方法收集更多数据来增强定量或者定性方法的研究发现）、“完整”（既使用定量方法也使用定性方法可能使得研究的解释更为全面）以及“三角测量”（综合定量和定性的研究方法对研究发现进行三角测量，这些发现之间或许可以相互确证）的作用。[①] 无论如何，定量方法和定性方法之间的区别并不会带来两者相结合的研究方法的无效。布莱曼认为，就认识论和本体论来讲，研究方法比研究者通常认为的要更加具有“流动性”。定性研究很有可能与经验主义和现实主义结合，通过可观察的现象并联系内在的结构和机制来解释世界；定量研究也可能与理解主义和建构主义结合，来发现那些为人们的行动提供倾向的意义、动机、解释和规则。[②] 尽管如此，本书还是以定性的理解主义方法论逻辑为主导，同时在必要的描述性情境和检验性情境中运用定量数据进行实证主义的描述和验证。这种策略有利于以较大规模的客观样本为背景来理解研究对象，而且能够在一定程度上减少定量和定性两种方法之间的“本体论鸿沟”所带来的风险，也避免产生“混合”解释的挑战。

二、研究对象及其选取

1. 调查对象及抽样方法

本研究的定性数据调查对象主要是从上海市X区、M区、J区选取的共30名社区服刑人员作为访谈对象，通过深度访谈了解他们的社会融入状况。为了保证研究的科学性，社区服刑人员的选取综合考虑了性别、年龄、所处地域环境（市区、市郊还是郊区）、犯罪类型、刑罚种类、服刑期限等多种因素，以获取更为客观、多样的资料。同时，为了从整体上多角度把握社区服

---

① Bryman. *Why Do Researchers Integrate/Combine/Mesh/Blend/Mix/Merge/Fuse Quantitative and Qualitative Research*, In Manfred Max Bergman (ed.), Advances in Mixed Methods Research: Theories and Applications. Los Angeles, London. New Delhi. Singapore: SAGE, 2008, pp91-92.

② 朱迪：“混合研究方法的方法论、研究策略及应用——以消费模式研究为例”，载《社会学研究》2012年第4期。

刑人员的社会融入，深入访谈的对象还包括 6 名矫正社会工作者。

本研究所使用的定量数据来源于笔者在博士学习阶段参与的“上海市政府购买矫正社会工作服务实践研究”课题收集的①、针对社区服刑人员的问卷调查数据。上海市于 2002 年率先开展社区矫正试点工作，到目前为止已经形成一套较为完整的工作体系，因而选择上海进行调查研究有一定的代表性。该问卷调查对象是运用多阶段分层随机抽样的方法，抽取上海市 8 个区 21 个街道或镇的 630 名社区服刑人员。具体而言，先以抽签的方式随机抽取 8 个区，所选择的区包含了市区、城乡接合区和郊区，之后在抽中的辖区内根据不同区的情况各抽取若干街道，每个街道均以概率原则在社会工作者的服务对象名单中等距抽取 30 个样本，共发放问卷 630 份，有效问卷 601 份，问卷有效回收率为 95.4%。需要特别说明的是，本书在后续章节的论述中所使用的定量数据若无具体标注均来源于此次课题组调查的结果。

2. 研究地点的选择

上海市自 2002 年 8 月进行社区矫正试点以来，社区矫正工作一直走在全国前列。笔者曾在上海市从事社区矫正服务的专业社会机构——上海市新航社区服务总社及 X 区工作站实习。在实习过程中，对上海社区矫正的制度运作、矫正内容和实践效果都有比较深刻的了解。而且，笔者还几次到街道的社区矫正中心、社区内部进行实地调研，参与他们的集中教育、宣告会等活动，走访社区服刑人员家庭，并多次对矫正社会工作者进行访谈，获取了一定的前期资料。同时，这种关系的建立也为后期的研究提供了入场的渠道与便利。在选择研究地点的过程中，笔者充分考虑了不同区的矫正特点，X 区位于上海具体市区，同时其社区矫正工作受到司法所领导的重视，矫正资源较为丰富，矫正效果相对较好；J 区位于上海郊区，矫正资源相对缺乏，矫正内容则更多以规定性的监管任务为主；M 区的情况则介于以上两者之间。

① 需要说明的是，这份调查问卷是研究者本人在读博期间参与“上海市政府购买矫正社会工作服务实践研究”课题时负责设计的，其中的内容主要是为课题研究服务的，但当时本人的博士论文选题已基本确定，因而，在课题组的同意下，研究者本人也有意识地在问卷中设计了一些与博士论文主题相关的问题，以便收集到的数据能够同时为博士论文研究所用。

三、资料收集方法

1. 文献法

文献法是通过运用各种方法，收集、分析各种相关文献资料，从中获取有价值的信息，以达到研究目的的方法。本研究一是收集与社区矫正相关的学术文献、法律法规、政策文件及新闻媒体报道等相关文献，了解社区矫正的相关规定及研究现状；二是查阅社区服刑人员的有关档案材料及相关案例，尤其重点关注他们在社区服刑期间的思想汇报资料，从中了解他们的社会融入与思想动态。

2. 访谈法

访谈法有利于理解“真实的生活”，能够获得丰富、翔实的文本资料，所以对于理解潜在的和深层次的问题尤为有效。[①] 本研究采用非结构式访谈和半结构式访谈相结合的方法，对上海社区服刑人员和部分矫正社会工作者进行深度访谈。按照扎根理论的要求，先进行非结构式访谈，获取社区服刑人员遵守社区矫正规定、就业、社会交往等行为表现及其自身对此所赋予的意义；然后根据第一阶段的访谈资料重新聚焦他们在某一具体空间中的主要行为表现进行深度访谈；最后再根据研究的需要选取部分社区服刑人员进行补充性访谈，每次访谈时长近 2 小时。同时，本研究还选择部分矫正社会工作者进行深度访谈，从另一个侧面深入了解社区服刑人员的日常行为表现。按照理论饱和（Theoretical saturation）的准则，本研究最终共访谈社区服刑人员 30 名，矫正社会工作者 6 名。访谈结束后对访谈资料进行了整理、分类和编码。

3. 观察法

观察法是指研究者根据特定的研究需要，用自己的感官或专业工具去直接或间接地观察被研究对象，以获取相关资料的一种研究方法。本研究对社区服刑人员的日常生活、集中教育、公益劳动等集体活动进行了实地观

① Miles, Matthew B, Huberman & A Michael. *Qualitative Data Analysis: An Expanded Sourcebook* (*2nd ed*), Thousand Oaks, CA: Sage publications, Inc, 1994.

察，以尽可能地理解他们的现实处境和内心感受。

4. 问卷法

如前所述，本次问卷调查是依托研究者参与的“上海市政府购买矫正社会工作服务实践研究”课题开展的，运用多阶段分层随机抽样的方法，于2012年12月至2013年1月在上海市8个区21个街道或镇对社区服刑人员所进行的样本规模为630份的问卷调查，有效问卷601份，有效回收率为95.4%。基于课题研究的需要，问卷的具体内容涉及被访者基本情况、成长经历、犯罪过程、环境适应、就业生计、家庭生活、规范适应、心理适应、社会交往与社会支持、个人发展等方面。而本书根据具体研究的需要有针对性地使用了部分数据，以对定性资料给予补充和拓展。

四、资料分析方法

定性资料和定量资料需要采取不同的分析策略。定性资料分析主要采用比较分析、过程-事件分析的方法。现以对访谈资料的分析为例来呈现定性资料的分析过程。首先，要把深度访谈的录音转为文本资料。在这个过程中，结合访谈记录和备忘录对访谈资料形成初步的分类想法。其次，对资料进行编码和分类。在编码的同时，将资料按照不同类别进行重新归类整理和比较。第一步，进行结构分类，根据研究框架，按照“制度”“就业”“社会交往”和“其他”的分类标准将资料分为四类；第二步，进行内容分类，在上一层次主题的分类框架下进行次级分类，主要对不同受访者在同一主题下的不同行为表现和看法进行归类整理，提炼出在同一空间下社区服刑人员不同回应的类型和原因；第三步，进行理论分类，在以上描述性资料的分类基础上，对其进行更高层次的归纳和解读，从而尝试提出理论。最后，进行联结分析，寻找资料中不同维度之间的联系，进一步对社区服刑人员的社会融入机制展开研究。这一整个过程需要反复进行、逐步细化，同时将比较分析的方法渗透其中。比较分析法注重对不同类型社区服刑人员行为表现的横向比较和同一类型社区服刑人员不同时期的纵向比较，从中获取社区服刑人员在日常生活世界中的融入图景，提炼出其内在的融入机制。过程-事件分析主要应用于社区服刑人员在不同社会融入维度下的行为选择的论证，揭示其在规训空间中的主体性回应。

对于定量资料的分析，主要是根据具体研究问题或为补充定性分析的需要对有效问卷的数据进行如下分析：第一，通过描述统计分析来整体性了解这一群体的特征及融入状态；第二，通过列联表、方差分析等具体方法考察不同类型社区服刑人员的融入状况有何不同，如不同类型的社区服刑人员的社会交往状况有何不同等；第三，通过构建回归模型来进一步深入探讨某一问题，如探讨在社区服刑人员中哪些因素会影响其自雇佣就业行为的选择等；第四，通过配对 T 检验的方法来分析社区服刑人员在犯罪前和进入社区矫正以后的两个时期中，其社会交往联结状况有何不同等，用以弥补个案访谈资料分析的不足。

五、信度、效度分析

本书通过以下方式提高研究的信度和效度：一是持久观察，在资料收集时，通过参与社区矫正机构组织的相关活动，进行持久观察，详细地记录观察所得，以获取更多的信息；二是多方访谈验证，通过对社区服刑人员、矫正社会工作者等多方人员进行访谈，来辨别社区服刑人员所提供的相关信息的真实性；三是回访受访者，在整个调研过程中，可以多次回访访谈对象，与他们交流访谈心得，并与其确认访谈资料的准确性和完整性；四是结合定量资料对定性分析进行验证和拓展，以检验由个案分析得到的某些结论是否具有普遍性。

第五节　研究创新与不足

一、研究创新

本研究基于吉登斯的结构化理论框架来透视社区服刑人员在规训与主

体性双重效应影响下的社会融入状态和机制，丰富了国内有关社区服刑人员的研究视野，而且研究发现社区服刑人员的社会融入呈现的是限制性分层融入格局，不同的融入状态是不断发展和转化的，这是对社会融入理论的发展，具有理论上的创新意义。

（1）社区服刑人员的社会融入呈现出限制性分层融入的格局。一方面，社区服刑人员的身份具有二重性，他们既是“社区成员”更是“服刑人员”，这使得他们在制度空间、市场空间和社会交往空间中的制度适应、劳动就业和社会交往等方面的认知和行为均受到普遍性的规制和约束。另一方面，社区服刑人员社会与自我联结的均衡与失衡形塑了他们的社会融入状态，使之呈现出完全融入、边缘融入、滞缓融入和负向融入等层级分化。并且，他们的社会融入不是静态的结果，而是渐进的、动态的、多维的、相互转化的过程。

（2）多维空间中的规训力量与主体性回应之间的相互交织和相互作用，是社区服刑人员社会融入的根本机制。一方面，规训机制具有推拉双重效应，它们在促进社区服刑人员社会融入的同时，也建构了这一群体的类别分化和社会区隔，这反映出制度本身存在形式合理性与实质合理性的矛盾与冲突。另一方面，社区服刑人员身份认知的二元化状态，导致其对不同规训力量的主体性回应存在差异化表现。这两者相互作用，共同影响了社区服刑人员社会联结与自我联结的均衡与失衡，进而建构了他们社会融入的分化格局。

二、研究不足

本研究是对社区服刑人员这一特殊人群社会融入的探索性研究，在国内相对较少，相关数据资料获得和对话空间较为有限，加之笔者研究能力和时间的限制，本研究尚存在一些不足之处。

（1）研究对象的选取和敏感信息的获得存在一定的局限性。由于研究群体的特殊性，访谈对象的选取尽管整体上综合考量了性别、年龄、犯罪类型、矫正类型、融入状况等多种变量个体所占的比重，以尽可能获取更为多样而有代表性的资料，但具体受访对象的确定及访谈的开展还是根据矫正社会工作者的推荐及对象的受访意愿而进行的。这一过程使得调查对象可能具有一定的同质性，即访谈到的更多的是那些与矫正社会工作者关系较好、表现较好的对象。同时，在访谈过程中部分研究问题的敏感性也会造成信息获取存在一定的局限，如关于社区矫正的一些规定和矫正社会工作者的服务是否有助于他们更好地融入社会是一个相对敏感的话题，鉴于仍然处于矫正期，部分社区服刑人员在回答时还是有顾虑的。这势必在一定程度上对研究结果有所影响，今后在研究中需要更加注重与受访对象良好关系的建立及长时期的跟踪调查，以获得更加真实、深度的信息。

(2) 研究中对社区服刑人员的内部分化及比较研究相对不足。在我国，社区服刑人员是指被判处管制的、被宣告缓刑的、被暂予监外执行的、被裁定假释的和被剥夺政治权利并在社会上服刑的五类人员。其中，缓刑人员与假释人员在所有社区服刑人员中约占90%。因此，本项研究的对象也主要是缓刑、假释人员，对其他三类人员的研究相对较少，同时，从性别视角出发对不同性别社区服刑人员的社会融入比较研究也有待加强。

第二章　文献综述

在社会研究领域，社会融入是长期以来广受关注的议题。国内外学者在对社会融入的研究中形成了不同的理论模式与经验范畴。本书首先回顾社会融入的经典研究即流动人口的社会融入研究，继而展开对社区服刑人员社会融入研究的剖析与反思。

第一节　社会融入理论回顾

有学者认为，融合论、多元文化论、区隔融合论是社会融入最为重要的三个理论，用以理解移民在新的社会环境中经济、行为、文化、身份等方面的适应过程和结果[①]，或将社会融入理论划分为一个基础和三个层次。[②] 其实，

① 杨菊华："从隔离、选择融入到融合：流动人口社会融入问题的理论思考"，载《人口研究》2009年第1期。

② 黄匡时、嘎日达："社会融合理论研究综述"，载《新视野》2010年第6期。

将社会融入理论归结为三种路径和面向[①]可能更为妥当：一是将社会融入视为社会稳定、社会秩序的主要因素之一。在这方面，社会融入更多地表现为社会整合（Social Integration），以孔德（August Comte）、斯宾塞（Herbert Spencer）、涂尔干（Emile Durkheim）、帕森斯（Talcott Parsons）、默顿（Robert K. Merton）等人的理论为代表。二是将社会融入视为移民发展及移民研究的主要内容。这主要受到20世纪初以帕克等为代表的芝加哥学派对美国移民研究的影响，并逐步形成了“同化论”（assimilation）和“多元文化论”（Pluralism or Multiculturalism）两种流派。三是把社会融入与社会排斥（social exclusion）联系起来，将社会融入视为社会排斥的对立面和反社会排斥的主要目标。这主要缘于20世纪后期欧洲社会出现日益严重的社会分化，并在反贫困、反分化的社会政策研究与实践中发展起社会融入的相关理论。本书将主要从这三个维度来具体阐述社会融入理论。

一、社会系统的秩序整合、均衡维持的维度

社会整合是指制度、规范、文化等对社会系统各要素进行调试，使之结合成一个有机整体，发挥相应功能，以维护社会系统的稳定，保持社会秩序的规范、有序。无疑，这和社会融入的关注点是一致的。社会学创始人孔德认为，高度发达的劳动分工造成了个体之间的相互依赖及经济合作，使得现代复杂社会的秩序稳定得到保障。斯宾塞在其“社会超有机体”论中认为，人类社会是一个有机整体，它也存在营养（生产部门）、循环（商业及服务业）、神经（政府等管理部门）三个系统。“社会有机体如同单个的有机体一样，机能的均衡引起了结构的均衡。”它们之间相互和谐，保持均衡状态，使得社会得以存在和发展。社会整合在涂尔干这里更多地表现为“社会团结”，并存在“机械团结”和“有机团结”两种社会整合类型。[②] 出现于前现代

① 徐丽敏：“‘社会融入’概念辨析”，载《学术界》2014年第7期。

② ［法］埃米尔·涂尔干：《社会分工论》，渠东译，生活·读书·新知三联书店2013年版，第28页。

社会的团结状态是“机械团结”，它是基于个人相似性和社会同质性基础上的。人们在生活方式、心理情感和道德准则上彼此相近，还没有产生分化，个体行动受到集体意识的支配。现代社会建立在社会分工和个人异质性基础上的联结方式即为“有机团结”。每个人都因职业分化而成为单独的个体，但又都必须依赖他人而存在。这种整合方式比传统方式更为有效。涂尔干认为，社会问题的产生和社会整合程度的高低紧密关联。他在《自杀论》中分析了利己型自杀、利他型自杀、失范型自杀和宿命型自杀等，认为其原因正是社会整合程度的差异。[①] 社会整合程度过高或者过低都容易导致自杀，只有适度的社会整合才有利于社会和谐与个体生活。

结构功能主义的代表人物帕森斯则提出社会整合就是社会系统内各要素和谐、均衡状态的持续，体系内各部分共同维持应对外界环境的压力。在他看来，要实现社会整合，社会系统须满足四种相应的功能条件（即AGIL模式）。一是适应（adaptation），使社会系统从所处环境中获取相应资源，继而在社会系统内部进行有效配置；二是目标达到（goal attainment），系统制定目标并调动社会资源和引导社会成员加以实现；三是整合（integration），使社会系统各部分协调合作成为一个有机整体；四是模式维持（latency pattern maintenance），文化系统维持社会共同价值观，并使之在系统内部得以制度化。社会系统各部分的均衡是人类社会的常态，而冲突即便存在，也是一种反常因素。[②] 帕森斯的这种整合理论与墨顿的研究大异其趣。墨顿认为：“功能并不是用来构造宏伟理论的基本概念，而是对社会现象进行理论分析的重要方法。运用这一方法的最终目的不是对显示作出抽象的、带有倾向性的说明，而是发展一种既可以解释经验材料，又可以被经验材料检验的中层理论。”[③]墨顿继而以失范行为为出发点展开其中层理论建构。他认为，当社会成员在经历社会化过程之后致力于完成社会文化目标且制度也为其提

① [法] 埃米尔·迪尔凯姆：《自杀论》，冯韵文译，商务印书馆1996年版，第344页。
② 侯钧生：《西方社会学理论教程》（第三版），南开大学出版社2010年版，第175—177页。
③ 贾春增：《外国社会学史》，中国人民大学出版社2008年版，第238—239页。

供了合法化手段时，文化目标和制度手段两者之间就存在一种均衡，社会系统也处于良性运行中。如两者缺一，目标与手段之间的均衡状态就会被打破，从而引起社会失范，社会成员可能产生创新、形式主义、退隐和反抗等越轨行为。洛克伍德(David Lockwood)则对社会整合进行了宏观、微观两方面的划分，即社会整合、系统整合。系统整合强调社会系统内部的各要素之间的有序或冲突关系，社会整合则强调行动者之间的有序或冲突状态。在此基础上，哈贝马斯(Jürgen Habermas)认为，发挥社会适应功能的市场领域、目标达到功能的国家领域共同协调行动，具有整合功能的法律制度、模式维持功能的家族及宗族制度则被归属为“生活世界”。吉登斯(Anthony Giddens)试图用社会整合、系统整合的概念来替换社会科学中长期存在的宏观、微观的视角。因为社会整合把行动者行为的相互性带进共同在场的环境，系统整合则指行动者超越共同在场条件的相互性。[①] 这都推动了社会整合理论的进一步发展，使我们不仅从社会结构的角度去理解社会融入的“宏大叙事”，也可以从个体社会行动的层面理解社会融入的具体表征。

二、移民“同化论”“多元论”的维度

社会融入的第二个维度是与移民研究紧密关联的，主要描述、解释移民进入新国度、新社区之后与主流社会的融入状态与融入过程。对此，麦格(Martin N. Marger)将其概括为“同化论”和“多元论”两大流派。“同化论”认为移民在流入地面临知识、技能、社会资本等多重劣势，他们在社会融入的过程中会逐步放弃原有的文化传统和风俗习惯，进而吸收、认同当地主流新文化以达到同化的过程。20 世纪初期，芝加哥学派的代表人物帕克、伯吉斯等人从城市生态学的角度对美国东部和中西部城市的移民群体进行了广泛研究，认为移民个人和族群的融入是个人、群体之间相互渗透、融合的过程，是他们从其他群体获得记忆、文化、认知，将彼此的历史、知识共享、渗

① 倪晓峰：《从精英主导型社区整合到半契约型社区整合：基于皖北 F 村的实地考察》，中山大学出版社 2011 年版，第 11—12 页。

透、融合并最终融汇成一种共同文化生活的过程。① 帕克认为移民在社会融入中需要在接触中出现竞争、产生冲突、不断适应和达至同化，这四个阶段和过程是逐步递进且不可逆的。帕克的理论对之后的社会融入研究产生了较大的影响。在此基础上，戈登(Milton Gordon)则提出了移民融入的七阶段理论。② 戈登认为移民融入和同化并非是一个单一线性的过程，而是多维度、多层次的融入，具体包括七个阶段：文化同化、结构同化、婚姻同化、认同同化、态度待遇同化、行为待遇同化及公共事务同化。③ 其中前一个阶段的融入是为后一个阶段的融入做必要准备的，但未必能顺利进入下一个融入阶段。而且结构同化(在情感、社会生活等方面)在整个过程中处于重要位置，它的实现能在一定程度上带来之后其他阶段同化的发生。尽管戈登的研究对社会融入进行了系统划分，但后来的研究认为其忽略了另外一些重要的维度，如社会经济、空间或居住等方面的融入等。

"多元论"关注移民群体在社会融入过程中的差异性，认为在同一区域内不同种族、群体的社会成员之间保持不同的文化体系，他们在社会层面可能出现相互区隔。Kaplan 认为美国的韩裔族群虽然已经在文化上融入了美国社会，但在社会结构的其他方面并未完全同化于美国社会，继而将移民群体在适应美国文化的同时也仍然保留自己文化内核的样态形态称为"执着性适应"(Adhesive Adaptation)，其间存在"非零和型同化"(Non-zero-sun Model of Assimilation)。④ 他还和其他学者归纳了存在的其他多元适应类型，如顺应多元行为(Accommodative Pluralism)、节制性文化适应(Controlled Acculturation)、非同化型文化适应(Acculturation Without Assimilation)、多元文化整合(Pluralistic Integration)等。贝利(John Berry)

① Park R E. *Assimilation*, Seligman E, Johnson A, Encyclopedia of Social Sciences. Macmillan: New York, 1930. p422.

② Gordon Milton M. *Assimilation in American life*, New York: Oxford University press, 1964.

③ 罗遐：《流动与定居：定居农民工城市适应研究》，社会科学文献出版社 2011 年版，第 49—50 页。

④ Kaplan G, et al. Mortality among the Elderly in the Alameda County Study: Behavioral and Demographic Risk Factors, American Journal of Public Health, 1987, (3).

则认为，移民在新环境的融入中主要面临维持原有文化认同及处理与他群关系这两个根本问题，进而存在四种融入模式：整合、分裂、同化和边缘化。整合是在保持原有文化的同时，逐步吸收和接纳新的文化和生活方式；分裂是移民将自己限制在原有文化系统中，不与新的文化发展关系；同化是移民完全放弃自己的原有文化进而重新学习、接纳新的文化；边缘化是移民既不认同原有文化也不融入新文化的双重边缘位置。[①] John Goldlust 等在对移民社会融入的多元模型研究中指出，移民融入的内容应当包括经济、文化、社会、政治、自我意识转换、对流入地态度和价值的接纳与内化、对移民后生活的满意程度等七个方面。[②] Porters 和 Zhou 基于不同移民在经济、文化融入上的差异，提出了著名的区隔融合理论（Segmented Assimilation）。该理论认为移民在社会融合过程中存在三种模式：一是经济、文化上的双重融入，二是经济、文化上的双重障碍和区隔；三是移民采取在经济上融合、在文化上排斥的策略，使得他们在坚守自身传统价值观念的同时，也实现了后代获得良好教育及社会经济地位的向上流动。[③] 这进一步推动了移民融入研究的深入发展。

三、反社会分化、社会排斥的维度

20 世纪 90 年代以来，社会融入理论的另一发展路向伴随着社会排斥理论的流行而逐渐引起学者与政府的广泛关注。1974 年，法国学者拉诺（A. Lenior）首先提出了社会排斥的概念。他认为当时法国处于社会排斥状态的人占总人口的十分之一，如精神和肢体残疾者、药物滥用者、受虐儿童、单亲家庭子女、老年病患者、社会越轨者、反社会者等。其他许多欧洲国家面临和法国相似的社会排斥问题。1988 年，欧洲共同体将社会排斥确定为其反

① 罗遐：《流动与定居：定居农民工城市适应研究》，社会科学文献出版社 2011 年版，第 53 页。

② Goldlust, John Richmond, Anthony H. A Multivariate Model of Immigrant Adaptation, International Migration Review, 1974, (2).

③ Portes, A Zhou, M. The New 2nd-Generation-Segmented Assimilation and Its Variants, Annals of American Academy of Political and Social Science, 1999(530), p74—96.

贫困项目所认定的问题领域之一。1995 年，联合国社会发展问题世界首脑会议在哥本哈根发布的宣言中指出：世界各国迫切需要解决贫穷、失业和社会排斥等沉重的社会问题，号召各国采取切实行动消除社会排斥，从而使得人们更加关注对社会排斥的研究。在这个过程中，拉诺最初提出社会排斥是用以指代经济领域中的相互排斥，尤其是贫困问题。随后，社会排斥的内涵则有所扩展，即已经超出经济领域而扩展到社会生活的方方面面。社会排斥不仅表示收入的不足，更强调社会分化在经济之外的意义，如社会成员社会链接断裂、两种社会层级的危机、福利依赖层的重新组合。沃克(Walker)认为，社会排斥是社会成员决定从个人整合于社会的政治、经济、文化、社会等系统中被排斥出来的现象，或社会整合不足即是社会排斥的表征。[①] 更具体的，布查德特(Burchardt)等人将社会参与与社会排斥结合起来，认为社会排斥意味着个体没有以一个社会公民的身份参与社会活动的状态。[②] 托瑞纳(Touraine)用社会中心、边缘的相对位置来表示社会排斥。[③] 社会排斥也还表现在社会权利的缺失或得不到保障等层面。这些研究使得社会排斥自 20 世纪末以来逐渐成为欧洲及世界各国社会福利政策关注的焦点之一。

随着人们对社会排斥理论及实践的关注，反社会排斥、社会分化的社会融入也得到了更多的研究。无论是国际机构、政府机构还是社会政策研究者都意识到，社会排斥是导致社会融入问题的关键原因，反社会排斥和社会分化就是要建立一个共建、共享、共治且具有强大凝聚力的社会，使每一个人都能实现平等、福利和发展，社会参与更是恢复社会融入的重要途径。2000 年 3 月，在里斯本召开的欧洲首脑峰会指出，各成员国要把推动其公民在就业、教育、培训、健康和住房等方面的社会融合纳入正式议事日程，注重

---

① Walker A. The Strategy of Inequality. In Walker, A Walker, C Britain Divided, The Growth of Social Exclusion in 1980s and 1990s, London: CPAG, 1997.

② Burchatdt T, Le Grand J, Piachaud D. Social exclusion in Britain 1991 - 1995. Social Policy and Administration, 1999 33(3), p227 - 244.

③ 彭华民：《西方社会福利理论前沿》，中国社会出版社 2009 年版，第 201—209 页。

社会质量建设。欧盟认为社会融合应确保具有社会风险及社会排斥的群体和个人能够获得必要的资源与机会，更加全面地参与政治、经济、社会与文化生活，使他们在所居住的社区中享受正常的社会权利和社会福利，从而其家庭与个人均能获得体面、有质量的生活。杜菲(Duffy)则认为，社会融入除了表示个人要在社区生活各方面得到平等对待与关怀，还包括他要在家庭、朋友和社区中拥有被信任、欣赏和尊重的人际关系。[①] 2006年，时任联合国秘书长的科菲·安南在《国际迁徙与发展》报告中指出：社会融入代表迁徙者能熟悉并接受迁入地的风俗习惯和价值观念，使用当地语言进行交流，获得平等的劳动就业权利，有直系亲属相伴或团聚等多重含义，这个过程需要迁徙者和迁入地社会的相互适应。[②] 也就是说，社会融入虽然是和社会排斥相对的概念，但融入的内涵要更为宽泛，排斥主要是受外界因素的影响，而融入除了外在的融入，更包括个体自身对社会的认同感、尊严感和满足感。[③] 因而，社会融入既强调个体对所在社会的参与、同化与适应，也注重社会对个体的接纳和尊重。

第二节　社会融入经典研究：流动人口的社会融入

在国际社会融入理论与研究逐步发展的同时，中国的社会融入研究也获得了快速发展。类似研究主要集中在以农民工为主体的流动人口群体和工程、水利移民上。农民工进入城市空间后，会面临因生活环境突变而产生的适应性问题。[④] 工程移民群体在重建与发展生产系统时，也会遭遇文化冲

① Duffy K. The Human Dignity and Social Exclusion Project-research Opportunity and Risk: Trends of Social Exclusion in Europe, Council of Europe, 1998(3).

② World Bank. Integration of National Product and Factor Markets: Economic Benefits and Policy Recommendations, World Bank Report, 2005, p223.

③ 陈成文、孙嘉悦："社会融入：一个概念的社会学意义"，载《湖南师范大学社会科学学报》2012年第6期。

④ 周大鸣："珠江三角洲外来劳动人口研究"，载《社会学研究》1992年第5期。

突和文化整合等适应性问题。[①] 当然，还包括对少数民族、艾滋病人、刑释解教人员、失独父母、海外人才、在闽台商或学生等特殊群体社会融入的研究。社区服刑人员也属于这些特殊群体中的一类。

一、社会融入的维度

流动人口是指因工作、生活等原因离开户籍所在地而在异地居住的人员。改革开放以来，中国社会出现了规模巨大的人口流动浪潮。据《中国流动人口发展报告2014》显示：截止到2013年底，我国流动人口达2.45亿，超过全国总人口的1/6。流动人口流向集中的趋势不变，东、中、西部地区跨省流入人口占90.5%、2.4%和7.1%，特大城市如北京、上海吸纳跨省流动人口态势进一步加强。同时，新生代成为流动人口的主体，随迁子女比例增加。2013年劳动年龄流动人口平均年龄为33.7岁，流动人口中6～15岁子女随同父母流动的比例为62.5%。[②] 而且，流动人口的流动动机由生存型向发展型转变，流动方式由个体劳动力流动向家庭化迁移转变，流动形态由“钟摆式”流动向在城市稳定生活和工作转变。[③] 2014年全国两会《政府工作报告》指出：在新型城镇化的发展中，要着力解决好“三个1亿人”的问题，即“促进约1亿农业转移人口落户城镇，改造约1亿人居住的城镇棚户区和城中村，引导约1亿人在中西部地区就近城镇化”。这都使得流动人口的社会融入问题成为广受关注的议题。一般而言，流动人口主要包括如下几个群体：农民工、拥有城市户籍但来自其他城市的居民、外地生源的高校毕业生。[④] 总体而言，流动人口的社会融入主要关注在二元体制等约束性因素下，流动人口尤其是农民工长期处于城市生活的边缘，他们既不能被城市主

---

① 施国庆、陈阿江：“工程移民中的社会学问题探讨”，载《河海大学学报》(社科版)1999年第1期。

② 国家卫生和计划生育委员会流动人口司：《中国流动人口发展报告》(2014)，中国人口出版社2014年版。

③ 国家卫生和计划生育委员会流动人口司：《中国流动人口发展报告》(2013)，中国人口出版社2013年版。

④ 童星、马西恒：“‘敦睦他者’与‘化整为零’：城市新移民的社区融合”，载《社会科学研究》2008年第1期。

流群体所认同、接纳，甚至会受到歧视、区隔和污名化，也不能平等享受城市基本公共服务，这将加剧社会分化、社会不平等和社会矛盾，乃至形成城市“新二元结构”，不利于社会和谐稳定和长治久安。①

对流动人口社会融入的研究，主要围绕融入维度、融入影响因素及融入后果等几方面展开。在融入维度上，田凯较早对此问题进行了阐述。他认为外来农民工要想真正适应城市生活，最基础的是经济层面，即在流入地城市获得相对稳定的职业，这种职业带来的经济收入及由此形成的社会经济地位，使之能逐渐形成与当地人接近的生活方式，包括闲暇利用和消费方式等，从而形成并参与到当地人的社会交往与社会生活中去，这是其社会融入的社会层面。最后才是文化和心理层面，即他们在与当地人的交往和互动接触中带来观念、意识的转变以及文化和心理上的认同感和归属感，从而实现最终的城市融入。且这三个方面是相互联系、逐层递进的关系。② 这种从经济、社会再到文化、心理的分析方法，对之后农民工及流动人口的社会融入研究产生了较大影响，众多学者均在此基础上加以分析，或形成了与之类似的分析框架。如朱力也将农民工的城市适应划分为经济层面、社会层面和心理层面三个依次递进的层次，并认为当前农民工的适应更多停留在经济层面，政策性与制度性因素使这一群体其他层面的适应难以深入。③ 张文宏、雷开春则将城市新移民的社会融合分为经济融合、身份融合、心理融合与文化融合。④ 杨菊华则认为，城乡流动人口社会融合包括经济整合、文化接纳、行为适应与身份认同四个方面。四者之间存在一定的递进关系，也相互交融、相互依存。⑤ 陈晓毅认为，城市外来少数民族文化适应包括物质（经

① 国务院发展研究中心课题组：《农民工市民化：制度创新与顶层政策设计》，中国发展出版社2011年版，第271页。
② 田凯：“关于农民工的城市适应性的调查分析与思考”，载《社会科学研究》1995年第5期。
③ 朱力：“论农民工阶层的城市适应”，载《江海学刊》2002年第6期。
④ 张文宏、雷开春：“城市新移民社会融合的结构、现状与影响因素分析”，载《社会学研究》2008年第5期。
⑤ 杨菊华：“从隔离、选择融入到融合：流动人口社会融入问题的理论思考”，载《人口研究》2009年第1期。

济）维度、制度（社会）维度和精神（宗教）维度三个方面。[①]

其他类似研究则将流动人口的社会融入概括为更多维度。风笑天通过对三峡农村移民社会适应状况的研究，认为其社会融合应从家庭经济、日常生活、与当地居民的关系、生产劳动、社区认同等五方面来分析。[②] 张继焦将少数民族流动人口的城市适应概括为对城市生活的感受、经济生活、生活方式、社会交往、恋爱婚姻等方面。[③] 王桂新等将农民工的社会融入视为“市民化”过程，具体包括居住、经济生活、社会关系、政治参与及心理认同等方面。[④] 刘传江等在对农民工代际差异及其市民化进程的分析中，主要也从这几个方面加以阐述。[⑤] 杨黎源则从邻里关系、工友关系、困难互助、社区管理、风俗习惯、婚姻关系、安全感及定居选择等八个方面对外来人口的社会融入进程进行了分析。[⑥] 马西恒、童星则认为，新移民与城市社会融合要经历“二元社区”“敦睦他者”和“同质认同”三个阶段，“敦睦他者”是其融合的关键阶段，需要政府、社区和新移民的共同努力。[⑦] 概括而言，这些研究普遍认为流动人口的城市融入不是单一维度的，而是多维度、多层次的。而在流动人口社会融入维度的方向性上，则大多持单向性的看法。如杨菊华认为，流动人口相对流入地居民而言是弱势群体，他们的城市融入是其在经济、行为、文化和观念上逐渐融入流入地主流社会体系的过程。[⑧] 即这个过程中很少产生在流动人口与本地居民之间相互影响、两种文化相互“融合”的状况。但对融入维度单向性的看法，不同的研究者也存在一定的差议。

---

① 陈晓毅：“城市外来少数民族文化适应的三层面分析模式”，载《贵州民族研究》2005 年第 5 期。

② 风笑天：“落地生根？三峡农村移民的社会适应”，载《社会学研究》2004 年第 5 期。

③ 张继焦：“差序格局：从‘乡村版’到‘城市版’——以迁移者的城市就业为例”，载《民族研究》2004 年第 6 期。

④ 王桂新、沈建法、刘建波：“中国城市农民工市民化研究”，载《人口与发展》2008 年第 1 期。

⑤ 刘传江、程建林：“第二代农民工市民化：现状分析与进程测度”，载《人口研究》2008 年第 5 期。

⑥ 杨黎源：“外来人群社会融合进程中的八大问题探讨——基于宁波市 1053 位居民社会调查的分析”，载《宁波大学学报（人文科学版）》2007 年第 6 期。

⑦ 马西恒、童星：“敦睦他者：城市新移民的社会融合之路”，载《学海》2008 年第 2 期。

⑧ 杨菊华：“从隔离、选择融入到融合：流动人口社会融入问题的理论思考”，载《人口研究》2009 年第 1 期。

二、社会融入的影响因素

对流动人口社会融入影响因素的分析，主要可以从微观个体、宏观社会及制度的两个层面加以分析。从微观个体的角度来看，流动人口的人力资本(如培训和教育等)、社会资本(社会网络)等因素都对社会融入有显著作用。人力资本理论认为，在开放、竞争的市场环境中，移民的经济成就主要取决于其人力资本，否则教育回报可能并不明显。① 对流动人口而言，其人力资本如教育水平、工作经验、劳动技能、相关培训等对其收入及融入具有正向作用。② 周敏等对国际移民的研究也发现，具有丰厚人力资本的华人新移民能更好地融入美国主流社会。③ 根植于社会网络、社会关系中的社会资本在移民发展中具有重要意义。农民工的社会网络以血缘、地缘为基础，规模小、密度高、同质性强、异质性低，这显著影响了他们对生活世界的建构④，尤其对其社会融入具有促进作用⑤，甚至其社会资本的作用可能比人力资本更为显著。⑥ 但这种以初级群体为基础的社会资本也会引起他们交往的局限，强化其生存的亚社会生态环境，弱化其对城市的认同与归属⑦，因而必须扩展新的社会关系网，有无再建构社会网络的农民工在城市收益差距明显。⑧ 同时，年龄、婚姻状况、流动特征(如入城时间、居住年限、流出地、流动目的、流动频率)等个体因素⑨也对农民工融入产生影响。

从宏观因素上看，与户籍制度相关联的社会制度对流动人口的社会融

① 曾旭晖："非正式劳动力市场人力资本研究——以成都市进城农民工为个案"，载《中国农村经济》2004 年第 3 期。
② 王昺、梁晓："温哥华华人新移民的社会融合"，载《世界民族》2003 年第 4 期。
③ 周敏、林闽钢："族裔资本与美国华人移民社区的转型"，载《社会学研究》2004 年第 3 期。
④ 李培林："流动民工的社会网络和社会地位"，载《社会学研究》1996 年第 4 期。
⑤ 王春光、Jean Philippe BEJA："温州人在巴黎：一种独特的社会融入模式"，载《中国社会科学》1999 年第 6 期。
⑥ 赵延东、王奋宇："城乡流动人口的经济地位获得及决定因素"，载《中国人口科学》2002 年第 4 期。
⑦ 朱力："论农民工阶层的城市适应"，载《江海学刊》2002 年第 6 期。
⑧ 曹子玮："农民工的再建构社会网与网内资源流向"，载《社会学研究》2003 年第 3 期。
⑨ 李树茁："中国农民工的社会融合及其影响因素研究——基于社会支持网络的分析"，载《人口与经济》2008 年第 2 期。

入具有一定的阻碍作用。如劳动就业制度、社会保障制度、医疗制度、教育制度等，它们使流动人口在社会资源、发展机会上受到限制，增加了他们在城市生存、发展的成本及社会融入的难度①，也造成了农民工身份与职业、角色的背离。② 这导致大多数农民工对长期定居城市持一定的否定态度，因为制度对他们的限制及不平等，使之在就业、消费、生活方式上形成对城市的过客心态。③ 当然，近年来对新生代农民工的研究则发现，他们在城市居住及留城意愿两项指标上都要显著高于传统农民工。这种制度性的排斥使得农民工的流动在一定程度上是从农村边缘社会进入到城市边缘社会，相当于水平流动而非垂直流动。④ 这种制度性排斥的存在既与利益群体不愿改变现有利益格局有关，也和流动人口缺乏相应的自组织、自治团体和利益表达手段有关，使得他们缺乏联系政府决策部门的制度化机制，造成流动人口与城市融合体系及自我发展路径的堵塞。⑤ 同时，流动人口在公共场合及私人场合都可能面临城市居民在文化、心理上的排斥，如语言、认知、态度上表现的刻板印象、污名、歧视等⑥，这会拉大双方的社会、心理距离，造成社会"断裂"，也可能使流动人口对城市产生反感、疏离或自我排斥，降低了他们城市融入的积极性，从反社会排斥的角度出发，倡导对这一群体的国民待遇，这是其实现城市融入的基本要求。⑦

三、社会融入的后果

相关研究表明，社会融入的后果主要涉及两个层面：一个是内在的心理适应后果，如心理健康、身份认同等，另一个则是外在的社会文化适应后果，

①⑥　李强："关于城市农民工的情绪倾向及社会冲突问题"，载《社会学研究》1995 年第 4 期。

②　朱力："准市民的身份定位"，载《南京大学学报：哲学・人文・社科版》2001 年第 6 期。

③　任远、戴星翼："外来人口长期居留的 Logit 模型分析"，载《南方人口》2003 年第 4 期。

④　王春光："中国职业流动中的社会不平等问题研究"，载《中国人口科学》2003 年第 2 期。

⑤　潘泽泉："中国城市流动人口的发展困境与社会风险"，载《战略与管理》2004 年第 1 期。

⑦　王春光："农民工的国民待遇与社会公正问题"，载《郑州大学学报(哲学社会科学版)》2004 年第 1 期。

如居留意愿、返乡回流等。[①] 国际移民研究表明，迁徙与流动不可避免地会带来心理后果，这既包括正向的，也包括负向的。移民若在此过程中，不能很好地调试自己的行为、认知，就可能产生心理焦虑、身份困境乃至社会冲突。[②] 国内在对农民工健康的研究中，更多的是关注他们的身体健康，如性传播疾病、肺结核[③]及女性农民工的孕产期健康等，对其心理健康的关注则相对不足[④]，直到近年来才逐渐增多。研究发现农民工的心理健康水平显著低于全国平均水平。[⑤] 新生代农民工在城市生活中则存在相对剥夺感、社会差异感、社会距离感、混乱的身份认同和不满情绪等，亟须加强对其的心理健康教育。[⑥] 社会认同是农民工城市适应的重要指标。有学者从身份认同、职业认同、乡土认同、社区认同、组织认同、管理认同和未来认同等七方面对新生代农民工的社会认同进行了研究。[⑦] 他们将城市居民作为自己的参照群体，通过认同获得自尊感和归属感。[⑧]

流动人口社会认同差异又对他们的社会行为产生影响，即采取积极融入或自我隔离等方式，进而形成迁居式流动或循环流动。[⑨] 当他们希望融入城市时，他们会经常与城市居民交往、互动，如果他们以返乡回家为目的，则会形成一个自我交往的封闭群体，较少与城市居民来往。[⑩] 任远的研究表明，流动人口在城市居留时间越长，其长期居留城市的意愿就越强。[⑪] 蔡禾

---

① Seaerle, W Ward C. The prediction of psychological and sociocultural adjustment during cross-cultural transition, *International Journal of Intercultural Relations* ,1990,14(4),p449－464.

② Berry J, Kim U. Acculturation and mental health, in Health and Cross-Cultural Psychology: Towards Applications, Newbury Park. CA: Sage, pp. 207－236.

③ 郭子宏、刘绍书："昆明市五华区社区流动人口疾病谱分析"，载《中国社区医学》2001 年第 3 期。

④ 邱培媛，等："国内外流动人口心理健康研究进展及启示(综述)"，载《中国心理卫生杂志》2010 年第 1 期。

⑤ 蒋善、张璐、王卫红："重庆市农民工心理健康状况调查"，载《心理科学》2007 年第 1 期。

⑥ 许传新："新生代农民工城市生活中的社会心态"，载《社会心理科学》2007 年第 1 期。

⑦ 王春光："新生代农村流动人口的社会认同与城乡融合的关系"，载《社会学研究》2001 年第 3 期。

⑧ 李超海、唐斌："城市认同、制度性障碍与民工荒现象"，载《青年研究》2006 年第 7 期。

⑨ 文军："从季节性流动到劳动力移民"，载《探索与争鸣》2006 年第 1 期。

⑩ 李强：《农民工与中国社会分层》，社会科学文献出版社 2004 年版，第 62—67 页。

⑪ 任远："'逐步沉淀'与'居留决定居留'——上海市外来人口居留模式分析"，载《中国人口科学》2006 年第 3 期。

等的研究发现，约一半的农民工愿意放弃农村土地留在城市生活，四成左右的农民工愿意把户口迁到打工的城市中来。[①] 新生代农民工已经实现了从生存理性到经济理性和社会理性的转变。[②] 城市经济发展水平、城市居住状况、就业状况、经济收入、社会保障等社会因素也会影响他们的居留意愿。有研究将流动人口在流入地的社会融入结果概括为五种模式：隔离型、多元型、融入型、选择型和融合型[③]或“半城市化”状态[④]。农民工在城市经济收入低、权益保障差及生活成本高等因素导致其融入不畅，可能促使他们返乡回流。近年来，在金融危机、产业转移等社会背景下，对农民工返乡创业的研究也逐渐增多。[⑤] 这种从“民工荒”到“返乡潮”的发展，引起了学界对中国刘易斯拐点是否到来的大讨论。[⑥] 这都可以看作是对其城市社会融入问题的继续思考。

第三节　社区服刑人员社会融入研究

国内外学者对社区矫正制度的理论和实践进行了广泛研究，社区服刑人员无疑是其中关注的焦点。一般而言，社区服刑人员面临着各种心理、情感、行为、家庭[⑦]、居住、身体等具体问题，这些问题多是相互交织在一起的，构成一个复杂的“问题体系”[⑧]，直接或间接影响了他们的社会融入。对这方

① 蔡禾、王进：“‘农民工’永久迁移意愿研究”，载《社会学研究》2007年第6期。
② 文军：“从生存理性到社会理性的选择：当代中国农民外出就业动因的社会学分析”，载《社会学研究》2001年第6期。
③ 杨菊华：“从隔离、选择融入到融合：流动人口社会融入问题的理论思考”，载《人口研究》2009年第1期。
④ 王春光：“农村流动人口的‘半城市化’问题研究”，载《社会学研究》2006年第5期。
⑤ 张明林、喻林、傅春：“金融危机和产业转移背景下农民工返乡创业对策研究”，载《求实》2009年第5期。
⑥ 侯东民，等：“从‘民工荒’到‘返乡潮’：中国的刘易斯拐点到来了吗?”，载《人口研究》2009年第2期。
⑦ 杨旭：“社区矫正对象的家庭问题研究”，华东理工大学2008年硕士学位论文。
⑧ 张昱：《矫正社会工作》，高等教育出版社2008年版，第203页。

面的研究，其关注点呈现出从制度环境、社会因素再到个体特质的变化，本书将具体从如下几方面进行文献梳理。

一、社区矫正的制度效能与模式争辩

自社区矫正在我国试点以来，一直实行的是以司法行政机关为主、公安机关为辅的“双主体”组织管理体制。[①] “两院两部”在2004年《关于开展社区矫正试点工作的通知》中，明确指出司法行政机关应负责组织具体单位和社区开展社区矫正试点工作，街道、乡镇司法所具体承担社区矫正的日常管理工作，公安机关则配合司法行政机关来加强对社区服刑人员的监督考察与其他处置。2012年的《社区矫正实施办法》中也规定人民法院、人民检察院和公安机关等司法行政机关负责管理、组织实施社区矫正工作，县级司法行政机关社区矫正机构负责对矫正人员进行监督、管理、教育、帮助等日常工作。[②] 这种管理体制在一定程度上对社区矫正的专业性、法律性重视不足，司法行政和公安机关共同抓社区矫正，容易带来多头指挥、职责不清、相互扯皮、衔接不力、效率低下等问题[③]，影响了社区矫正制度的效力。对此，学者们给出了不同的解决途径，或认为社区矫正行刑任务中的监督管理应由公安机关执行，司法行政机关负责矫正和安置救济等[④]；或认为公安机关不适合承担社区矫正工作，应进一步确定司法行政机关在社区矫正中的主体地位，但随着社会发展，国家机关的主体地位将有所弱化，社区矫正社会工作者和社区矫正志愿者将在社区矫正中处于主导位置[⑤]；或以省、直辖市、自治区对基层社区矫正机构实行垂直领导，在市、县、区一级则不设社区矫

① 刘强：《社区矫正评论》，中国法制出版社2011年版，第40页。
② 最高人民法院最高人民检察院公安部司法部：《社区矫正实施办法》第二条、第三条，2012年1月10日。
③ 刘强：“我国社区矫正试点中的管理体制弊大于利”，载《法学》2005年第9期。
④ 刘东根：“公安机关与社区矫正：兼论社区矫正执行机构的构建”，载《中国人民公安大学学报（社会科学版）》2006年第3期。
⑤ 杨征军、马清文：“社区矫正的主体构建”，载《北京政法职业学院学报》2009年第4期。

正的行政管理机构[①]，从而理顺社区矫正制度的管理体制，为社区服刑人员的社会融入提供宏观制度保障。

推进社区矫正制度的发展，促进社区服刑人员的社会融入，不仅要改革完善其管理体制，更要完善相关法律法规，为社区矫正提供法律保障。目前，对社区矫正的立法存在两种不同的观点[②]：一种认为应该先修改刑法、刑事诉讼法、监狱法等现行法律，然后再制定社区矫正法[③]；另一种观点则认为应先允许试点省市制定相关地方性法规，在其不断发展完善的基础上再寻求制定全国统一的社区矫正法。[④] 人们在更多关注社区矫正立法问题的时候，却忽略了我国现有社区矫正模式的修改与完善，成熟稳定的社区矫正模式正是推进社区矫正立法的基础。[⑤]国外社区矫正主要有"公众保护模式""刑罚模式"和"更生保护模式"三种类型[⑥]；或澳大利亚个性矫正模式、荷兰社区矫正会商模式和美国迪兰西街矫正中心自治模式等特色模式[⑦]；或对英、美、俄、日等国的社区矫正制度进行了比较研究。[⑧] 自国内社区矫正试点以来，沪、京、浙等模式存在方向性偏差，出现管理效果不明显、管理模式不科学等问题[⑨]；应创新社区矫正"1＋X"模式，即在同一县区层次，司法行政机关作为唯一刑罚执行主体，并设立若干"第三部门"负责社区服刑人员的具体日常事务[⑨]；或从理念、制度和技术三个层面来完善我国社区矫正制度[⑪]。推进社区矫正制度的发展，还要注重专业人才队伍建设，要建立由司法专业人员组成的"社区矫正官"队伍，并建立由矫正社会工作者、矫正志愿者等组

---

① 刘强："我国社区矫正试点中的管理体制弊大于利"，载《法学》2005年第9期。

②⑤ 刘强：《社区矫正评论》，中国法制出版社2011年版，第54页、第58页。

③ 王珏："关于社区矫正工作的几点思考"，载《人民调解》2004年第5期。

④ 刘强："试论我国社区矫正在面上推进的前提条件"，载《中国监狱学刊》2005年第6期。

⑥ 李明："国外主要社区矫正模式考察及其借鉴"，载《广州大学学报(社会科学版)》2007年第9期。

⑦⑩ 张传伟："我国社区矫正京沪模式的比较分析与选择"，载《北京社会科学》2009年第1期。

⑧ 胡陆生："社区矫正的比较研究"，载《河北法学》2005年第4期。

⑨ 武玉红："对我国社区矫正管理模式的检讨"，载《山东社会科学》2010年第6期。

⑪ 胡承浩、万志前："理念、制度、技术：三维视角下我国社区矫正的完善"，载《江汉论坛》2009年第8期。

成的辅助性队伍[①]，尤其应注重对专业矫正社会工作者的培训、准入、考核、评价体系等建设[②]，更多利用社会工作的专业理念和方法促进社区服刑人员的社会融入[③]，完成社区矫正的根本任务。可见，尽管社区矫正在中国已有近十年的实践，但要实现其根本目标还有很长的路要走。

二、社区服刑中的融入压力与社会支持

在社区矫正过程中，社区服刑人员经常不得不面临显著的融入压力。这些融入压力，既可能来自客观的经济、社会生活上的困难，也可能来自心理、认同上的压力。社区服刑人员常常面临难以成功获得住房、就业和受教育机会等障碍性因素。[④] 有犯罪前科者往往信用较低且收入有限，这无疑限制了他们的住房机会和选择余地，很多人甚至没有自己的住所。[⑤] 雇主一般不愿招聘有犯罪前科的人员，他们不得不更多依靠私人关系而非公共途径获取工作。[⑥] 在这个充满压力与挑战的融入过程中，他们大多缺乏稳定、全职的工作并且经常依赖父母和长辈来维持生活。[⑦] 这说明社区服刑人员在就业过程中面临社会排斥、制度区隔问题[⑧]，有学者倡导建立分层互补的社区服刑人员就业支持系统[⑨]，也可从社区公益性或谋生性劳动、职业技能培

---

① 但未丽：《社区矫正：立论基础与制度构建》，中国人民公安大学出版社 2008 年版，第 291 页。

② 武玉红："论社区矫正工作队伍的职责定位"，载《中国监狱学刊》2007 年第 5 期。

③ 张昱、费梅苹：《社区矫正实务过程分析》，华东理工大学出版社 2008 年版，第 169 页。

④ Allender, D. M. Offender reentry: A returning or reformed criminal. FBI Law Enforcement Bulletin, 2004. (73), 1 - 10. Levenson, J S Hern A L. Sex offender residence restrictions: Unintended consequences and community reentry. Justice Research and Policy, 2007, (9), 59 - 73. Lucken K & Ponte L M. A just measure of forgiveness: Reforming occupational licensing regulations for ex-offenders using BFOQ analysis. Law & Policy, 2008, (30), 46 - 72.

⑤ Helfgott J. Ex-offender needs versus criminal opportunity in Seattle, Washington. Federal Probation, 1997, (61), 12 - 24.

⑥ Holzer H J. What employers want: Job prospects for less-educated workers. New York: Russell Sage, 1996. Visher C. LaVigne N & Travis J. Returning home: Understanding the challenges of prisoner reentry. Washington, DC: Urban Institute, 2004.

⑦ Gunnison E & Helfgott J B. Factors That Hinder Offender Reentry Success: A View from Community Corrections Officers, International Journal of Offender Therapy and Comparative Criminology, 2011, (55), 287 - 289.

⑧ 骆群："社区矫正对象社会网络排斥的成因探析"，载《内蒙古社会科学》(汉文版)2010 年第 3 期。

⑨ 张红：《社区矫正对象就业问题实证研究》，华东理工大学 2011 年硕士学位论文。

训、心理矫正、访谈制度等方面加以解决[①]；或通过"两个延伸"[②]，即向监狱内延伸和向社会延伸的方法进一步做好社区服刑人员就业工作。社区服刑人员还面临严重的交往压力。他们与家人交流较少且容易产生冲突，因担心受到歧视而几乎不与过去的朋友、同学或邻居交往，这必然导致其交往对象的转移：或重新和不良群体进行交往；或自我封闭，加重了自卑与孤独感。[③]有学者认为这种交往压力是影响社区服刑人员重新犯罪的主要原因之一。[④]同时，以往的社区矫正大多把社区矫正人员定位为有"问题"的，是需要改造和治疗的对象，社会大众甚至在一定程度上产生了对他们的刻板印象、污名乃至歧视，这更加剧了这一群体的融入压力。

社会支持有助于身体康复、社会角色重建和情感改善[⑤]，尤其是通过提高满意度、改善人际关系，增加应对能力、获得自尊和减少焦虑，帮助个体恢复积极的精神面貌[⑥]，以缓解融入压力。[⑦] 但社区服刑人员普遍面临支持缺乏的问题，他们能够获取的支持总量较小，支持形式单一，心理支持、信任支持尤其欠缺。[⑧] 社区服刑人员在劳动力市场、社会网络以及社会保障等领域遭遇社会排斥，这种社会排斥又会导致自我排斥的产生。[⑨] 未成年矫正对象更是如此，他们大多家庭关系紧张、社交圈子狭窄，容易形成自我封闭，进一步加剧了社会排斥。[⑩]总体来看，暴力性、财产性犯罪的社区服刑人员遭遇的社会排斥程度最大，他们当中最严重的情况是社会网络联结几乎全部断裂，

---

① 章恩友、刘恒志："开展中国特色社区矫正工作的思考"，载《中国监狱学刊》2005年第1期。

② 宋红伟："宽严相济刑事政策视野下的假释适用实证研究"，载《刑事法学》2007年第6期。

③⑩ 张金武："价值观的重建与社会关系的恢复——浅谈社区矫正工作中对未成年社区矫正对象的再社会化"，载《法治论坛》2008年第1期。

④ 张昱：《矫正社会工作》，高等教育出版社2008年版，第203—205页。

⑤ DiMatteo M & Hays R. Social support and serious illness. In B H Gottlieb (Ed.), Social networks and socialsupport, Beverly Hills, CA: Sage, 1981, 117 - 148.

⑥ Bloom R R, Ross R D & Burnell G. The effect of social support on patient adjustment after breast surgery. Patient Counseling and Health Education. 1978, 50 - 59.

⑦ Albrecht T L & Adelman M B. Social Support and Life Stress: New Directions for Communication Research, Human Communication Research, 1984, 11(1), 3 - 33.

⑧ 金碧华：《支持的"过程"：社区矫正假释犯的社会支持网络研究》，上海大学2007年博士学位论文，第203页。

⑨ 骆群："社区矫正中的社会排斥与反社会排斥"，载《南通大学学报》(社会科学版)2009年第5期。

一个人过着近乎与世隔绝的生活；经济类犯罪的社区服刑人员遭遇的社会排斥相对较轻。身为“罪犯”的特定身份使得社区服刑人员在交往过程中呈现出“弱势的镜像”。[①] 同时，假释人员在社会保障方面的支持也比较缺乏，他们在社会保险、社会救助及社会福利等方面难以获得与普通人平等的待遇。[②] 这无疑会使社区矫正改变社区服刑人员偏差心理和犯罪行为的目标发生偏离，也会对社会公正、社会秩序产生不良影响。其实，社区服刑人员社会支持缺失所反映出来的实质就是这一群体的权利保障问题。应正确处理好权利保障与义务履行、刑罚执行之间的关系，避免权利保障的片面化与极端化[③]；或结合当前帮扶工作的现实情况，健全和完善社区服刑人员的帮扶体制。[④]

三、日常生活中的偏差行为与社会交往

2003 年以来，“两院两部”在历次关于社区矫正的试点、实施文件中都明确指出：社区矫正的主要目的就是改变社区服刑人员的“犯罪心理”和“行为恶习”，将其改造为“守法公民”。学界也认为社区矫正的目标就是矫正服刑人员过去存在的偏差行为模式和思想观念，使其顺利回归社会。但这并不意味着简单地把社区服刑人员放在社区情境中，而是要“以社区服刑人员的需求为本，恢复社区服刑人员的社会功能”[⑤]，恢复已经使其行为产生偏离、断裂和失衡的社会系统和自我系统，这样才能使其更好地适应社会。社区矫正在为社区服刑人员提供监督、管理、教育和培训的时候，要指导其养成适用于社会生活的行为习惯，使其具备正常社会自由自主生活的能力和品质。[⑥] 有研究把社区服刑人员的行为问题进行了分类探讨，根据行为问题的

① 骆群：《弱势的镜像：上海市社区矫正对象的社会排斥研究》，上海大学 2008 年博士学位论文。

② 金碧华：“对社区矫正假释犯对象在社会保障方面的社会排斥问题研究”，载《社会科学》2009 年第 5 期。

③ 《社区矫正制度研究》，刘强主编，法律出版社 2007 年版，第 315 页。

④ 杨征军、李萍：“社区服刑人员的帮扶”，载《北京政法职业学院学报》2007 年第 4 期。

⑤ 张昱、费梅苹：“社区矫正制度的社会学视野”，载《广东社会科学》2005 年第 2 期。

⑥ 张绍彦：“社区矫正在中国——基础分析、前景与困境”，载《环球法律评论》2006 年第 3 期。

危害程度将其划分为三类：一是没有危害性的行为，社区服刑人员有着自己正常的工作和生活，不需要矫正社会工作者过多的干预；二是对社区服刑人员自身的工作和生活有一定危害性的行为，但对社会没有危害性；三是对社区服刑人员自身和社会都有严重危害性的行为，需要矫正社会工作者的介入。从人和环境两个维度，也可将社区服刑人员的偏差行为划分为制度服从中的偏差行为（抗拒、不守信用、吸毒、重犯）、矫正进行中的偏差行为、自我生存中的偏差行为和人际交往中的偏差行为，可以从内在情绪控制和外在社会联系等方面对社区服刑人员的行为进行重构。① 或认为服刑人员的自负、孤僻、多疑、腼腆、自卑、仇视等心理特征不利于他们的人际交往，应加强对其心理调适，以利于身心健康。② 有学者对监狱服刑人员打架斗殴的行为进行了具体分析，提出用精神分析法、认知治疗法、行为疗法、理性宣泄法、支持疗法等对这种行为进行心理矫治。其实，对社区服刑人员除了进行心理层面的矫治之外，更要重视其行为层面的矫治，培养其对纪律秩序的遵守、技能才干和协调适应能力的增长。③

从理论上看，对社区服刑人员偏差、犯罪行为的解释是不断发展变化的。犯罪生物学从个人的生物性和生理性特征来解释，将犯罪原因归结为遗传缺陷、体质异常等生物学因素。犯罪社会学则根据"社会人"的假设，认为导致犯罪行为的原因不仅在于人的生理特征，社会因素才是产生犯罪的根本原因。这个理论流派主要有墨顿（Merton）的"社会异常论"、塞林（Sellin）的"文化冲突论"、科恩（Colen）的"亚文化论"、贝克（Becker）的"标签论"和赫希（Hieschi）的"社会控制论"。萨瑟兰（Sutherland）的"差异交往理论"认为犯罪行为是在社会交往过程中习得的。不同交往可能在出现频率、持续时间、优先性和强度方面是不同的，这意味着犯罪行为和反犯罪行为的交往在这些方面也是不同的。"犯罪成本论"认为犯罪人之所以选择犯罪行

① 陈庆升：《社会矫正对象的偏差行为研究》，华东理工大学 2008 年硕士学位论文。
② 吕辉峰、李玫：《解开心结：服刑人员心理卫生知识 260 问》，群众出版社 2007 年版，第 126—128 页。
③ 刘强：《社区矫正制度研究》，法律出版社 2007 年版，第 406—408 页。

为，是他认为“犯罪效益”大于“守法效益”。[①] 犯罪心理学从人的心理活动出发寻找犯罪原因，认为犯罪行为源于心理结构、心理动力和心理形成过程等方面的原因。这主要包括弗洛伊德（Freud）的“人格结构论”、达莱德（Dollard）和米勒（Miller）的“挫折供给论”、塔尔德（Tarde）的“模仿论”、艾森克（Eysenck）的“条件反射论”和班杜拉（Bandura）的“社会学习论”。经济分析学派的犯罪学理论从“理性人”的假设出发，认为犯罪行为是犯罪人“利益最大化”选择的结果，犯罪行为理论只是经济学常用的选择理论的扩展。[②]“多元犯罪原因论”认为犯罪行为不能从单一因素去探讨，而要看成多种因素相互作用的结果。菲利（Ferri）的“三因素论”认为人类学因素、自然因素和社会因素导致犯罪行为发生。卢克夫妇（Gluecj）的“五因素论”从人的体质、气质、态度、心理、社会文化等方面加以分析。杰弗利（Jeffery）的“生物社会学习论”则认为犯罪行为主要是遗传因素与环境因素交互作用的结果。这为本研究分析社区服刑人员的犯罪行为提供了丰富的理论积淀。

从实践上看，社区服刑人员的犯罪行为与其社会交往之间关系密切。一般而言，社区服刑人员普遍面临社会支持、权利保障、家庭生活、社会认知等问题，这无疑会影响其交往行为，其交往互动模式与常人有着显著差别，甚至成为其重新犯罪的主要原因之一。[③] 他们不同的交往行动策略使其从正式支持网络和非正式支持网络中获得了差异化的支持，这又反过来影响了社区服刑人员的交往行为。[④] 其实，社区服刑人员并不是一个被动的行动者，甚至很多假释犯为了解决所面临的问题，不断主动采取“自我涵括型社会支持策略”“核心网络型社会支持策略”“扩大网络型社会支持策略”等行为，努力寻求各种帮助，以便顺利地实现社会回归。[⑤] 与之类似，未成年人犯

---

① 郭星华：《当代中国社会转型与犯罪研究》，文物出版社 1999 年版，第 44 页。

② ［美］加里·贝克尔：《人类行为的经济分析》，王业宇、陈琪译，上海人民出版社 1995 年版，第 56 页。

③ 张昱：《矫正社会工作》，高等教育出版社 2008 年版，第 203—205 页。

④ 靳利飞：《矫正对象社会支持网的重构》，中国青年政治学院 2010 年硕士学位论文。

⑤ 金碧华：《支持的“过程”：社区矫正假释犯的社会支持网络研究》，上海大学 2007 年博士学位论文。

罪的一个主要原因也在于其与社会不良人员的交往，他们在彼此交往中逐渐增加了犯罪的驱动力。在社区矫正中，应尽可能控制他们与不良人员的交往行为[①]，设定适合未成年人的社区矫正项目，注重对青少年偏差行为的预防。[②] 有学者尝试用认知失调的方法去改变未成年社区服刑人员认知与行为之间的不协调，帮助其改变不良行为，形成良好的行为习惯。[③] 或针对未成年人的心理、行为特质，在专门的社区矫正机构中设立未成年人社区矫正办公室，由专人负责未成年人矫正工作，设定适合未成年人的社区矫正项目，加强对未成年人社区矫正制度的构建[④]，从而推动我国司法制度的发展和完善。[⑤]

四、社区服刑人员的精神健康及矫正态度

一般而言，精神健康主要涉及的是一种心理社会功能状态，它涵括从功能失调、功能正常到最佳状态等内容。功能失调指行动者自我照顾和社区参与的技能受损，以及对自己和他人具有破坏性的行为类型，功能正常是指具备有目的、建设性地照顾自己及参与社区的能力，最佳状态则表示个人属于文化所规定的正向精神健康状态。[⑥] 研究显示，社区服刑人员的精神健康状况总体上优于监狱服刑人员，却低于一般人群。[⑦] 他们在社会融入过程中，普遍遭遇到污名化、区隔化、边缘化等现实问题，从而导致其心理、精神多处于消极状态，如自责、焦虑、迷茫、敏感、孤独、烦躁、易怒、偏执、抑郁、悲观、自我效能感过低，表现为较明显的情绪障碍和认知偏差。这种精神健康状况既容易对他们的社会适应、社会融入带来新的障碍，也可能是导致其重

---

① 王牧：《犯罪学论丛》(第 3 卷)，中国检察出版社 2005 年版，第 291 页。

② 郝敬团、李爱芹："青少年偏差行为及其预防对策"，载《山西青年管理干部学院学报》2003 年第 5 期。

③ 张艳："从认知失调的角度看未成年人的社区矫正"，载《江西公安专科学校学报》2006 年第 2 期。

④ 刘强：《社区矫正制度研究》，法律出版社 2007 年版，第 67—68 页。

⑤ 张雯：《未成年人犯罪与司法制度研究》，贵州人民出版社 2005 年版，第 312—316 页。

⑥ [美] 罗伯特・桑兹：《精神健康：临床社会工作实践》，何雪松、花菊香译，华东理工大学出版社 2003 年版，第 20 页。

⑦ 刘素珍，等："社区服刑人员心理健康状况调查"，载《心理科学》2006 年第 6 期。

新犯罪的诱因。[①] 因此，相关部门应更加全面、深入地开展社区服刑人员的心理矫治工作，这是社区矫治的重要内容之一。相关研究表明，社会人口特征、社会融入压力、社会支持、矫正态度均与这一群体的精神健康有重要关系。[②] 关于这一群体的社会融入压力与社会支持，前文已做了详细阐述，这里主要涉及其社会人口特征及矫正态度。

在社会人口特征上，研究认为，单身、家庭功能障碍、药物滥用尤其是酗酒者的精神健康状况较差[③]，失业、收入和过去的暴力行为史也与精神健康不良显著相关[④]，这使得他们的再犯罪率明显高于精神健康的社区服刑人员。[⑤] 由于其他变量会进一步影响年龄、教育和精神健康之间的作用关系，因而年龄大或小、教育程度高或低都对精神健康状况存在一定影响。社区服刑人员的再社会化是“自愿型社会化”，他们的主观能动性即矫正态度在其中起到了关键作用，这就需要他们以一种积极、主动的矫正态度去自我反思和自我定位，根据社会环境的变化及时调整自我并主动接纳新的价值观念和生活方式。但或长或短的监狱生活使得他们对快速发展的社会无所适从，加之自信心不足，他们容易再次迷失自己，重新走上犯罪道路。这对实现社区矫正目标无疑具有巨大挑战。其实，这涉及一个更为根本的问题，在对违法犯罪人员的改造过程中，主观改变先于社会（支持）因素还是社会（支持）因素促成主观改变？如何界定和厘清两者的作用，对此学术界尚未达成一致的看法。[⑥] 但不可否认的是，主观改变与社会（支持）因素两者都很重

① 沈海英：“农村社区服刑人员心理健康状况的调查研究”，载《法制与社会》2011年第6期。

② 杨彩云：“社区服刑人员的社会融入与精神健康”，载《华东理工大学学报》（社会科学版）2014年第4期。

③ Bonta J, Law M & Hanson R K. Prediction of criminal and violent recidivism among mentally disordered offenders: A meta-analysis. Psychological Bulletin, 1998, (123), 123 - 142.

④ Elbogen E B & Johnson S C. The intricate link between violence and mental disorder. Archives of General Psychiatry, 2009, (66), 152 - 161.

⑤ Castillo E D & Alarid L F. Factors Associated With Recidivism among Offenders with Mental Illness, International Journal of Offender Therapy and Comparative Criminology, 2011, 55(1), 98 - 117.

⑥ Sampson R J & Laub J H. Crime in the making: Pathways and turning points through life. Cambridge, MA: Harvard University Press, 1993.

要，内在的主观改变是前提，社会（支持）因素在其中起到激发、强化和维持作用。[①] 它们相互影响，其合力共同促成社区服刑人员对社会融入压力的应对与精神健康状况的调适。

第四节　文献评析

从现有文献来看，学界关于社会融入与社区服刑人员的研究已经具有一定的前期基础，这为继续展开社区服刑人员社会融入的研究提供了有益的启示。社会学、政治学、心理学等相关学科对社会融入的理论构建及其不断发展演变，为我们分析社区服刑人员的社会融入提供了坚实的理论基础和直接的理论依据，使我们在进行具体社会融入分析的过程中不会仅仅停留在经验事实的表面，而是努力去探寻隐藏在其社会融入背后的规训逻辑及主体性建构，促进社会融入及社区矫正理论研究的深入化和本土化进程。同时，对社区服刑人员社会融入的直接分析，或对其在矫正、就业、交往等情境中主体行为的研究，都为继续推进该群体社会融入的研究提供了多样化的分析框架，为促进人们对这一群体生活世界的深层认识和理性思考提供了丰富的经验素材，促进了社区矫正实践研究的发展进程，但也需要对一些问题做进一步深入的探讨。

（1）对社区服刑人员所处环境中的规训逻辑及他们的主体性回应研究不足。现有研究更多关注的是社区矫正制度的价值理念、理论依据、基本属性、组织架构、矫正内容、矫正过程、介入模式、功能作用等，注重对社区矫正制度的监管、控制功能的发挥。即便是对社区矫正的上海模式、北京模式、浙江模式等各地实践探索的具体分析，也普遍缺乏对社区服刑人员日常生

① Panuccioa E A, Christiana J, Martinezb D J. Social support, motivation, and the process of juvenile reentry: An exploratory analysis of desistance. Journal of Offender Rehabilitation, 2012.

活世界的关注。也可以说，已有研究在对社区服刑人员的制度适应、劳动就业、社会交往等方面问题进行关注时，对孕育这些问题的深层体系即社区环境及更为广泛的社会生态中规训力量的关注不足。正如马克思所说："人的本质不是单个人所固有的抽象物，在其现实性上，它是一切社会关系的总和。"①因此，作为社会人的存在，社区服刑人员正是通过不断的交往互动，使自己处在与制度、日常生活世界进行持续交互运作的联结体系之中。这种联结体系包含了不同融入空间的规训逻辑，它在很大程度上影响着社区服刑人员的社会融入进程。社区服刑人员也通过自己的空间体验和行动选择，实施对规训逻辑的主体性回应，建构着他们的社会融入状态。

（2）缺乏一种动态的视野，将社区服刑人员的社会融入放在不断规训与抗争的进程中加以解读。社区服刑人员面临的社会融入问题是多样的，而不是单一的：既可能来自结构层面，也可能来自社区服刑人员自身，还可能来自这两者的互动层面。同时，他们社会融入的维度之间也是相互联系、相互作用的，而非单独存在的孤立事件，这些维度共同构成了社区服刑人员的社会融入体系。"一个人的发展取决于和他直接或间接进行交往的其他一切人的发展，彼此发生关系的个人的世世代代是相互联系的，后代肉体的存在是由他们前一代决定的，后代继承着前代积累起来的生产力和交往方式，这就决定了他们这一代的相互关系。"②这就是说，社区服刑人员的认知、行为不是孤立的，是在已有积累的基础上不断发展的。因而，不仅需要关注他们在不同融入空间中所遭遇的规制与约束，以及个体采取不同行动策略加以回应的实践形态，更要采用系统的理念将其社会融入置于不断规训与抗争的进程中加以考察，这样才能更为深刻地理解这一群体的社会融入和自我重建的动态进程。

---

①② 马克思、恩格斯：《马克思恩格斯选集》(第一卷；第三卷)，中共中央马克思恩格斯列宁斯大林著作编译局编译，人民出版社 1995 年版，第 60 页；第 515 页。

第三章　社区服刑人员的群体镜像与日常生活世界

作为一个特殊的群体，社区服刑人员是指因实施违法犯罪行为而受到刑事处罚并在社区环境中服刑的罪犯。按照我国现行法律规定，具体包括被判处管制、缓刑、假释、暂予监外执行和剥夺政治权利的五类人员。社区服刑人员是现代司法制度注重刑罚轻缓化、执行社会化发展和变革的产物。本章首先对时序格局中社区矫正制度的发展、变革进行梳理与剖析，进而从社区服刑人员的类型学划分和人口学特征两方面阐释其群体镜像，并剖析从监狱空间到社区空间的转移对这一群体日常生活世界和生存样态所产生的影响。社区服刑人员身份的二重性特征，使其社会融入既要回应制度约束，也要在日常生活领域实现再社会化。

第一节　社区矫正制度的嬗变轨迹

作为与监狱矫正相对应的非监禁刑罚制度，社区矫正制度所经历的时间并不漫长。比较而言，西方国家社区矫正的理论与实践都要早于中国。对社区矫正制度的历史进程、嬗变轨迹的剖析，既能总结和反思国外社区矫正制度的发展脉络及其运作机理，也能为中国社区矫正的进一步发展探寻可能的前进路径。

一、国外社区矫正制度的历史沿革

社区矫正作为现代社会一种独特的刑罚制度，其产生、发展及改革，不仅是司法实践推动的结果，更受到深厚理论传统的影响。在我国试行社区矫正之初，北京司法局认为，社区矫正具有人是可以改造的哲学基础、罪犯行为具有可塑性的生理学基础、矫正可以改变犯罪心理的心理学基础、社会有义务教育和挽救罪犯的刑法学基础。上海司法局则认为，社区矫正具有国外和国内两种理论渊源，国外依据由深化复归理论、刑事补偿理论、行刑经济化观念等构成，国内理论基础则是“惩罚与改造相结合、以改造人为宗旨”的工作方针及对罪犯长期坚持实施的教育改造、劳动改造和社会力量改造政策。① 或认为社区矫正具有社会学和法学两方面的理论依据，社会学依据包括社会标签理论、再社会化理论，法学依据则是社会刑罚人道化思想、教育刑论理论和行刑经济化观念。② 周国强则认为，刑罚哲学的善变、犯罪学理论的深化是社区矫正的学理依据，监狱行刑悖论、监狱拥挤与行刑成本是社区矫正的现实依据，两极化刑事政策和二元化刑事政策模式，是社区矫正的刑事政策学根据。③ 对此，吴敦持不同的观点，他从英美法系与大陆法系国家之间刑罚理论的差异来加以分析，认为在英美法系中，社区矫正制度源于其刑罚理论之社会复归理论，不主张对犯罪人员施加过多的刑罚痛苦，而强调给予其适当的“处遇”，使之再社会化并重返社会，并能在将来获得更好的生活；在大陆法系中，社区矫正则源于其刑罚理论之保安处分制度，通

① 王琼、邵云伟，等：“行刑社会化（社区矫正）问题之探讨（上）”，载《中国司法》2004年第5期。
② 胡艳辉：《“问题少年”矫治体系论》，湖南人民出版社2005年版，第223—235页。
③ 周国强：《社区矫正制度研究》，中国检察出版社2006年版，第44—93页。

过对犯罪人员及危险分子的教育感化，改变其恶习，促进其社会融合，达到预防、减少乃至逐步消除犯罪之目的。① 这些正是现代社区矫正制度得以推行的理论基础。

1. 社区矫正的起源

社区矫正制度的起源和发展必须追溯到刑罚制度的历史发展进程。在人类社会的不同历史时期，形成了与人们不断变化的刑罚观念相适应的刑罚体系。在18世纪之前，西方社会的刑罚制度以肉刑和生命刑为主，强调对罪犯进行直接的、血腥的、肉体上的惩罚。19世纪以来，随着启蒙运动和人道主义思想的发展，监禁刑逐渐占据刑罚主导地位，倡导把强制剥夺罪犯人身自由的监禁机构作为惩罚的主要手段。二战之后，以社区矫正为主的非监禁刑逐渐取代了监禁刑，成为新时期主要的刑罚制度。这是因为传统的监禁刑罚制度违背了人道主义精神、损害了罪犯身体心灵、负性互动影响了监狱矫正的实际效果、中断了被监禁人的社会化过程、提高了监狱矫正的成本等。② 这种观点与当代法国著名哲学家米歇尔·福柯在《规训与惩罚：监狱的诞生》中所论及的思想有一定的相似性。社区矫正能有效克服监狱矫正的这些缺点，在平等尊重、问题导向、社会力量广泛参与的基础上能更好地促进社区服刑人员顺利回归社会。③ 如果从不同法系来看，早期的缓刑和假释制度的发展为英国、美国、加拿大等英美法系国家的社区矫正制度奠定了基础，加之日益健全的组织机构、专业矫正队伍、充足财力支持等促进了这些国家社区矫正制度的发展和成熟。日本的更生保护制度——社会内处遇对象（包括违法犯罪者和出狱人员）——则奠定了日本社区矫正的理念，促进了大陆法系国家社区矫正制度的发展。④

---

① 吴敦："社区矫正刑：法院的司法定位及法律构建"，载《法律适用》2005年第12期。

② Steiner B, Wada J Hemmens C Burton Velmer S. The correctional orientation of community corrections: Legislative changes in the legally prescribed functions of community corrections 1992 - 2002, American Journal of Criminal Justice, 2005, 29(2), 142.

③ 张昱：《矫正社会工作》，高等教育出版社2008年版，第2—5页。

④ 郭建安、郑霞泽：《社区矫正通论》，法律出版社2004年版，第22—30页。

一般认为，现代社区矫正制度的核心——缓刑（probation）和假释（parole）的产生都源于改造传统监狱矫正制度的缺陷。缓刑的起源主要来自两方面的实践：一方面是被称为“缓刑之父”的美国波士顿鞋匠约翰·奥古斯塔（John Augustus）于1841年开始对穷人、少年犯、酗酒犯等轻微犯罪人员进行的保释活动；另一方面则是英国刑事法院的马太和爱德华法官于1841年开始的保释年轻人的活动。1878年，美国马萨诸塞州通过世界上第一部缓刑法案，标志着缓刑制度正式诞生。1887年英国颁布《初犯者缓刑法》，1925年美国出台《联邦缓刑法》，缓刑制度在全美得以确立。其他国家的缓刑制度也相继建立起来。假释最早可追溯到1790年菲利普就任澳大利亚新南威尔士州州长后，英国政府授予其对流放地重刑犯的假释权。他随后对这些罪犯中保持一定善行的人发放释放票，使其免予执行剩余刑期，但要在特定区域中居住和生活。1839年，马克诺奇在担任澳大利亚诺福克岛监狱长之后，制订了针对犯人的三级累进处遇制方案。1854年，柯拉夫顿在担任爱尔兰监狱长时，推进了之前马克诺奇的累进处遇制的改革，创建了著名的爱尔兰制度。1866年，美国马萨诸塞州法院开始实施假释。1910年，美国制定《联邦假释法》。假释制度之后逐渐在西方国家得以建立。但从总体上看，此时社区矫正的发展还处于发端期。一方面，执行主体并非是国家专门的矫正机构，而是以宗教团体、慈善人士为主；另一方面，缓刑、假释更多只是对罪犯的提前释放，配套的监督、矫正、管理等机制并没有完全建立起来。[①]

2. 社区矫正的发展

从19世纪末20世纪初到20世纪70年代，社区矫正制度在世界范围内获得了快速发展。以缓刑和假释制度的发展为例。随着缓刑制度在美国和英国的发展，这一制度逐渐引起其他国家的重视。在澳大利亚，南澳大利亚州于1887年通过首部《犯罪人缓刑法》，之后在吸收1907年《英国犯罪人缓

① 王平：《社区矫正制度研究》，中国政法大学出版社2012年版，第31—32页。

刑法》的基础上于1913年进行了修订。在匈牙利，1908年的《匈牙利法典》规定可对少年犯适用缓刑。瑞典在1906年规定可用缓刑监督替代监狱监禁，并于1922年成立全国监狱和缓刑管理局。二战后，英国文化委员会帮助来自意大利、法国、西班牙、新加坡、乌拉圭等国家的学员接受缓刑方面的培训，推动了缓刑在全世界的发展。到20世纪60年代末期，缓刑已经成为许多国家刑罚体制的主要组成部分。与此同时，假释制度也在西方国家得到了充分发展并被广泛运用到刑事司法领域。1958年，加拿大建立了全国假释委员会，专门负责加拿大犯罪人员的假释事务。① 20世纪60年代至70年代，美国等西方国家的犯罪率——尤其是毒品交易和性犯罪——不断上升，再犯与累犯的比例逐年增加，监狱矫正的理念与方法及其效果引起人们的怀疑与反思。加之反战运动、民权运动、女权运动等引起的骚乱增多，监狱人满为患，传统的刑罚体制不堪重负，使得缓刑、假释的适用率不断扩大。许多西方国家已经普遍实施了社区矫正制度，并使之发展成为现代刑罚制度的核心。1977年，处以缓刑和假释的犯罪人员占到美国联邦监管重囚犯的68%。②

与此同时，20世纪50年代以来联合国对罪犯矫正及处遇的规定也对社区矫正制度的发展产生了显著影响。如1955年在日内瓦第一届联合国预防犯罪和罪犯待遇大会上通过并由经济及社会理事会核准了《囚犯待遇最低标准规则》；1976年欧洲理事会通过了《关于替代监禁刑的刑罚方法的决议》；1980年在委内瑞拉的加拉加斯第六届联合国预防犯罪和罪犯待遇大会上，通过了《监禁替代措施的决议》；1985年在意大利米兰第7届联合国预防犯罪和罪犯待遇大会上通过了《减少监禁人数、监外教养办法和罪犯的社会改造决议》；1990年，联合国大会在日本东京通过了《联合国非监禁措施最低限度标准规则》；1997年，在津巴布韦卡多马的非洲社区服务裁决国际会议

① 吴宗宪、蔡雅奇、彭玉伟：《社区矫正制度适用与执行》，中国人民公安大学出版社2012年版，第7页～15页。

② 王志亮：《外国刑罚执行制度研究》，广西师范大学出版2009年版，第7页。

上通过了《卡多马社区服务宣言和行动计划》；1998 年，联合国经济和社会理事会第 44 次全体会议通过了《开展国际合作，以求减少监狱人满为患和促进替代性刑罚的决议》。2000 年，欧洲第 731 次副部长委员会通过了《成员国部长委员会关于改进实施欧洲社区制裁和措施规则》。这些国际会议通过的决议，都明确倡导要探索替代传统的高耗低能的监禁措施，尽可能使用非监禁措施以更好地改造犯罪人员，促进了社区矫正制度的发展。这使得 20 世纪下半叶以来，社区矫正已经成为发达国家应用最为广泛的刑罚方式。[①] 大量专门的社区矫正机构在西方国家得以普遍建立起来，其中配备了大量的社区矫正工作人员，并建立了系统、完备的社区矫正项目管理、运作机制以及针对社区矫正工作人员的招募、培训、考核机制，社区矫正制度的地位和作用进一步凸显。

3. 社区矫正的改革

20 世纪 70 年代以来，西方社区矫正制度进入改革期。这主要是由于随着缓刑和假释适用率的不断提高，进入社区服刑的人数激增，社区矫正制度不堪重负。一般认为 1 个社区矫正工作者监管的对象原则上不应超过 35 人，但实际上缓刑犯中 76％的轻罪犯和 67％的重罪犯案件负荷均超过了 100 人。[②] 同时，社区矫正过分关注犯罪人员的待遇及权利，而忽视了对他们应有的惩罚，加之矫正期间的管理、监督都难以起到实质性效果，使得社区矫正效果不理想，社会公众对社区矫正的怀疑与不满逐渐增多，缓刑、假释及其他社区矫正项目纷纷受到指责。1974 年，马丁森发表“矫治无效论”，社区矫正面临的信任危机加剧。随后，美国的刑罚理念中出现了由科学的改善处遇向传统的惩罚处遇逆转的趋势，其刑事司法体制也从使犯罪人员重新与社会融合转向有效限制其重新犯罪及威慑潜在的犯罪者。[③] 各州开始缩小社区矫正的范围甚至将其废除。1976 年，缅因州开始废除假释。1984

① 阮传胜：“我国社区矫正制度：缘起、问题与完善”，载《北京行政学院学报》2011 年第 1 期。
② 刘强：《美国社区矫正演变史研究》，法律出版社 2009 年版，第 131—132 页。
③ 王维：《社区矫正制度研究》，西南政法大学 2006 年博士学位论文，第 14 页。

年,美国量刑委员会建议废除联邦假释。1990年,美国的12个州对假释采取了更为严格的限定措施,甚至开始废除假释。在废除假释呼声逐渐高涨之下,美国联邦系统的假释也于2002年停止使用,之前的假释犯则转由联邦缓刑办公室负责。① 社区矫正制度进入深刻调整期。

这具体表现在:一是提高社区刑罚的适用门槛,在一定程度上降低社区刑罚如缓刑、假释的适用率。从1977年、1983年到1993年,美国各州和联邦假释犯的比例由72%、48%降为39%。② 二是出台法令不断强化社区监督,如美国各州专门出台了针对性犯罪人员的"梅根法案",动用国家执法机关、社区、学校和社区力量强化对其的识别和监管。英国也创立了日报中心制度,要求社区服刑人员要经常向矫正中心报到,确保其行为能被矫正机构监管到。但实质上由于政府财力有限,大量社区服刑人员仍然处于放任自流的无监管状态。三是由"矫正模式"转向"转处模式",即社区矫正之目的不再是矫正,而是监禁刑罚的替代,加重对社区服刑人员的惩罚。③ 但不容置疑的是,即便是社区矫正处于改革调整期,但其在刑罚体系中的核心位置仍然没有变化。20世纪后期,国际社会刑罚发展的主流趋势仍然是非监禁刑及社区矫正的发展,西方国家法庭仍然大量适用缓刑和假释。美国社区矫正人数不断增加,其缓刑人数在1980年到2007年的增长比例远大于监狱服刑人数增长率。美国的一些州在倡导废除假释的同时,缓刑与假释协会、国际假释机构协会等团体也一直在坚持要保留假释。从1997年到2006年,美国成年人的假释率也在大幅增长。④可见,社区矫正制度的变革,并不是要完全否定之前制度的功效,而是要在新的时代背景下,对社区矫正制度的运行机制进行适当的限定和调整,使之在社区环境中更好地发挥对社区服刑人员的矫正作用,促进这一群体偏差心理和违法行为的改变,推动他们社会融入的实现。

---

①④　吴宗宪、蔡雅奇、彭玉伟:《社区矫正制度适用与执行》,中国人民公安大学出版社2012年版,第15页。

②　刘强:《美国社区矫正演变史研究》,法律出版社2009年版,第158页。

③　王平:《社区矫正制度研究》,中国政法大学出版社2012年版,第38页。

二、中国社区矫正制度的发展变迁

社区矫正制度是舶来品，在我国的发展历史并不算太长。但与社区矫正制度相关的缓刑、假释、处遇、监外执行及对犯罪人员的管制、改造等制度规定和司法实践的历史却源远流长。这为我国后来社区矫正制度的试点、推广及发展奠定了坚实的基础。这使得我们在借鉴西方社区矫正理论及模式的同时，应当注重中国社会长期存在的类似的司法传统及其实践，从而反思社区矫正本土发展的模式与路径。

1. 社区矫正的萌芽

如前所述，西方社区矫正制度的发展必须放在人类刑罚制度变迁的宏阔历史进程中加以把握。这对中国社会同样适用。在19世纪末20世纪初，中国社会才出现从传统严刑峻法的肉刑向近代自由刑、监狱刑的过渡。1910年颁布的《大清监狱律草案》规定：监狱是执行自由刑、限制受刑人自由，使受教化、服国法而后复归社会的场所。1911年颁布的《大清新刑律》仿效日本，引进缓刑、假释、保安处分等制度，规定对青少年犯采取感化教育，给他们以改过自新的机会。之后的国民政府也陆续颁布《假释管理规则》(1913)、《出狱人保护事业奖励规则》(1913)、《重病犯保外就医治疗办法》(1914)等法律法规。1928年颁布的《中华民国刑法》对假释制度做出了详细规定。[①] 从总体上看，虽然清末民国时期的刑事立法不断吸收西方国家的刑法中的罪刑法定、罪刑等价、刑罚人道的理念，并改良监狱制度，尝试实施监外执行等，但并未真正吸收西方国家的社区矫正理念。1932年，中华苏维埃共和国颁布《裁判部暂行组织及裁判条例》规定设立劳动感化院，对犯人实施教育改造，开展思想教育，组织劳动生产。20世纪30年代到40年代，为适应战争环境，陕甘宁边区对犯人实施回村执行、调外服役、保回耕作、易科罚金等监外执行，这在之后发展成为具有中国特色的管制刑。东北部分解

---

① 荣容、肖君拥：《社区矫正的理论与制度》，中国民主法制出版社2007年版，第36页。

放区为增加社会生产力量及更好地改造犯人思想，也对部分罪犯改为监外执行。①

中华人民共和国成立后，对缓刑、假释的相应规定也出现在一系列法律法规中。1950 年，司法部发布《关于假释、缓刑、剥夺公权等问题的解释》，对缓刑、假释的适用做了具体说明。同年 10 月颁布的《东北人民政府司法部关于清理监狱加强监所管制办法令》对犯赌博罪、毒品罪人员的假释做了规定。1952 年公布的《中华人民共和国惩治贪污条例》规定了贪污犯的缓刑适用条件。1954 年，《中华人民共和国劳动改造条例》将假释和监外执行作为一项重要的刑罚执行制度。1964 年，最高人民法院《关于提前释放和假释问题的复函》对假释的适用条件、假释考验期、撤销假释等做了说明。同时，充分动员群众力量对违法犯罪人员进行监督、教育、管理的管制刑也继续发展。1979 年，《中华人民共和国刑法》及《中华人民共和国刑事诉讼法》发布，对管制、剥夺政治权利、缓刑、假释和监外执行等刑罚的适用与执行都做了制度化的明确规定。1982 年，公安部颁布的《监狱、劳改队管理工作细则》对监外执行的对象、条件、程序和监督做了规定。1994 年《中华人民共和国监狱法》对监外执行、假释适应及监督进行了规定。1996 年和 1997 年相继修订的《中华人民共和国刑事诉讼法》和《中华人民共和国刑法》对管制、剥夺政治权利、缓刑、假释都进一步予以规范和完善。② 总体来看，虽然这一阶段我国并没有明确提出社区矫正，但与之相关的管制、缓刑、假释、监外执行等非监禁刑罚元素都已经存在并有了长时间的实践，表明社区矫正在我国已经处于萌芽状态。

2. 社区矫正的试点

如前所述，20 世纪 70 年代末 80 年代初的刑法已经对社区刑罚进行了规定，但管制、剥夺政治权利、缓刑、假释、监外执行等社区刑罚的适用率相对较低。同时，在司法实践中没有建立完善的社区矫正体系，尤其是缺乏对

---

① 张建明：《社区矫正实务》，中国政法大学出版社 2010 年版，第 28 页。
② 马灵喜，等：《社区矫正理论与实务》，山东画报出版社 2007 年版，第 16 页。

使用社区刑罚对象的监督、管理机制。再者，随着传统单位制的解体，新的社区共同体尚未发育成熟，社区矫正所需的“社区”因素缺乏，难以有效组织、动员社区资源参与社区矫正。[①] 这都使得社区矫正制度难以实施。自改革开放以来，社会流动与社会分化加速，社会矛盾与社会冲突不断多样化和复杂化，犯罪率不断上升，监狱人数迅速增加。2002年，我国监狱在押人数达151万人，为1982年的2.39倍，其中短刑犯和青少年罪犯占相当大的比例。[②] 这不仅给监狱日常管理带来巨大压力，也容易造成犯罪人员在监狱环境中犯罪行为的“交叉感染”和相互强化，影响监狱改造效果。同时，国外刑法已发展到以非监禁刑尤其是社区矫正为主的阶段，这也深刻影响我国司法理论界和实务界。更重要的是，自20世纪90年代开始，国家逐渐重视社区建设问题，部分大城市进行了相应探索并取得了良好效果。2000年，《民政部关于在全国推进城市社区建设的意见》出台，标志着社区建设在我国全面铺开。2002年，公安部在杭州会议上提出推广社区警务战略，要求社区民警要主动掌握社区内可能涉及治安及引发犯罪的各种因素，为防范、打击犯罪做好基础工作，这无疑为社区矫正的试点提供了重要载体及物质基础。

2001年，河北省石家庄市长安区检察院向未成年犯罪嫌疑人下达第一个“社会服务令”，责令其以社会志愿者身份到基层社区进行无偿的社会服务，并由心理辅导员对其进行心理感化，这被视为开创大陆地区社区矫正之先河。2002年8月，上海在徐汇、普陀和闸北三个区开始社区矫正试点工作。2003年7月10日，最高人民法院、最高人民检察院、公安部、司法部等联合发布《关于开展社区矫正试点工作的通知》，指出：“社区矫正是与监禁矫正相对的行刑方式，是指将符合社区矫正条件的罪犯置于社区内，由专门的国家机关在相关社会团体和民间组织以及社会志愿者的协助下，在判决、裁定或决定确定的期限内，矫正其犯罪心理和行为恶习，并促进其顺利回归

---

① 王平：《社区矫正制度研究》，中国政法大学出版社2012年版，第45页。

② 马灵喜，等：《社区矫正理论与实务》，山东画报出版社2007年版，第18页。

社会的非监禁刑罚执行活动。”该通知规定，社区矫正的适用对象主要包括被判处管制、被宣告缓刑、被暂予监外执行、被裁定假释以及被剥夺政治权利并在社会上服刑的五种犯罪人员，并决定在北京、天津、上海、江苏、浙江和山东等六省市进行社区矫正工作的试点，由此社区矫正在我国正式启动。在总结各地经验的基础上，2004 年 5 月，司法部印发《司法行政机关社区矫正工作暂行办法》，有力指导了各地社区矫正的试点工作。2005 年，在试点省份取得较好法律效果及社会效果的基础上，国家在《关于扩大社区矫正试点范围的通知》中，将河北、内蒙古、黑龙江、安徽、湖北、湖南、广东、广西、海南、四川、贵州、重庆等 12 个省、直辖市、自治区作为社区矫正第二批试点地区，使得社区矫正试点范围进一步扩大。

3. 社区矫正全面推广

自社区矫正在我国试点以来，其效果逐渐显现。到 2004 年，第一阶段试点的 6 省市、63 个县市区、722 个街道乡镇，共接收、管理社区服刑人员 15 787 人，其中管制 222 人，缓刑 9 407 人，假释 2 074 人，暂予监外执行 532 人，剥夺政治权利 3 552 人。其中，95%以上的社区服刑人员都能服从监督管理，重犯率不足 1%，公众对社区矫正试点工作的支持率由 25%上升为 80%。[①] 2009 年 10 月，“两院两部”再次联合下发《关于在全国试行社区矫正工作的意见》，明确提出从 2009 年起在全国推行社区矫正工作。此意见还将社区矫正内容明确为三个方面：对社区服刑人员的教育矫正、监督管理和帮困扶助。2011 年 2 月，《刑法修正案（八）》将社区矫正正式写入《中华人民共和国刑法》，规定对管制、缓刑、假释等实施社区矫正，使得社区矫正第一次获得刑法的确认。这不仅从法理上确立了监狱矫正与社区矫正两大相辅相成的矫正体系，促进了刑罚配置的合理化及行刑权的统一，也从刑事立法精神上回应了国际社会行刑社会化的要求，对我国社区矫正的发展具有重大

---

① 参见司法部基层司司长王珏在 2004 年上海“对轻刑犯的非监禁矫治措施中英研讨会”上的讲话：《中国社区矫正制度介绍》。

意义。[①] 2012年1月，国家颁布《社区矫正实施办法》，并于当年3月1日正式施行。这是我国专门针对社区矫正领域的第一部正式法规，是社区矫正从试点走向正式实施的重要标志。2012年3月，新修订的《中华人民共和国刑事诉讼法》进一步将暂予监外执行纳入社区矫正范围，为我国社区矫正的顺利运行提供了制度保障。

我国从试点到全面推广的十多年来，社区矫正发展迅速，覆盖面不断扩大，社区刑罚适用率不断提高。截止到2014年5月，社区矫正工作已在全国31个省市和新疆生产建设兵团全面展开，全国在册社区服刑人员70.9万人，各地累计接收社区服刑人员184.7万人，累计解除矫正的社区服刑人员113.8万人，社区服刑人员在矫正期间重新犯罪率一直处于0.2%的较低水平。[②] 社区矫正工作机制基本建立，初步形成了以基层司法行政机关为载体，公安、检察、审判、劳动保障、社会福利等部门协调配合，社区、社会组织、志愿者等社会力量广泛参与的工作格局。同时，各地在社区矫正的实践探索中，分别形成了独具特色的北京模式、上海模式、浙江模式等。特别是上海市，从试点之初就将社会工作的价值理念运用到社区矫正中，并通过政府购买社会工作服务的方式推动社团组织开展专业社区矫正服务，使矫正社会工作在中国首次得到实践与探索。[③] 比较而言，在西方国家社区矫正的发展进程中，宗教力量始终伴随其左右，并由此激发出了更为强大的社会组织和民间力量参与其中，使得其社会基础更加深厚。但中国宗教力量及其对社会事务的影响还非常有限，社会组织、民间力量的发展既缺乏政策性支持，也存在力量薄弱、专业性不强等现实障碍，社区资源贫乏，社区矫正的实行更多还是依靠政府的力量，因而难以获得有效的社区资源支持。同时，我国社区矫正也还存在刑罚执行观念落后、立法发展滞后、矫正执行机构模式

---

① 高铭暄："社区矫正写入刑法的重大意义"，载《中国司法》2011年1月5日。
② 周斌："社区矫正：建立完善中国特色非监禁刑罚执行制度"，载《法制日报》2014年5月27日。
③ 张昱、费梅苹：《社区矫正实务过程分析》（第二版），华东理工大学出版社2008年版，第13页。

不清、矫正工作方法单一、社会认同度低等诸多问题[1]，需要国家在社区矫正的立法、经费保障、专业队伍建设、配套制度优化等体制机制上进一步完善与发展。

第二节　社区服刑人员的群体镜像

社区服刑人员即社区矫正对象或社区矫正人员[2]，是指因实施违法犯罪行为而被判刑后在社区环境中接受监督、管理和教育的罪犯。本节主要阐述社区服刑人员的群体镜像，既包括其类型学划分，还包括对其人口统计学特征的解读，从而为理解这一群体的生存境遇提供认知基础，这也是分析其社会融入状况的前提，因为不同社会特征的社区服刑人员往往具有不同的社会心理倾向和行为偏好模式，进而导致了他们不同的社会表现及社会融入差异。

一、社区服刑人员的类型学划分

世界各国因其不同的国情及刑事法律规定，适用社区矫正的人员范围不尽相同。根据我国现行法律规定，目前社区矫正的适用范围主要包括五种罪犯：被判处管制的、被宣告缓刑的、被暂予监外执行的、被裁定假释的和被剥夺政治权利并在社会上服刑的。第一，管制是我国五种主刑（管制、拘役、有期徒刑、无期徒刑和死刑）之一，是由人民法院判决后，对犯罪分子不实行关押、不剥夺其人身自由，仍留在原单位工作或居住，也不离开家庭，但其政治自由、迁徙自由等受到一定限制，并受到地方社区矫正机构的管理和

① 高伟：《刑事执行制度适用》，中国人民公安大学出版社 2012 年版，第 405—410 页。

② 在不同的文本中对社区服刑人员这一群体的称谓并不统一，但所指的人群是一样的。不过，在引用或叙述他人的研究成果或相关文件时，本书使用原文的用法，如在《社区矫正实施办法》中将这一人群称为“社区矫正人员”。

人民群众的监督的刑罚方式。其主要针对那些罪刑较轻、社会危险性较低的犯罪人员。第二，缓刑是刑罚的暂缓执行，是对原判刑罚附有一定条件地不予执行的一种刑罚制度。它针对的是被判处拘役、三年以下有期徒刑的犯罪分子，根据其犯罪情节及认罪服法表现，如确实没有再犯罪的危险，就在一定考验期内，暂缓刑罚的执行。如犯罪人员符合并遵守缓刑期规定的，缓刑考验期满后原判刑罚就不再执行。第三，监外执行是指对因身体有病等不适合在监狱或其他关押场所执行的罪犯，经法定程序，采用暂不关押而在监外执行的一种刑罚执行方法。经过一段时间后，如批准暂予监外执行的条件已不存在且刑期还没有执行完毕，或符合取消监外执行的条件，司法机关仍然要将其收监执行。这主要针对有严重疾病需要保外就医的、怀孕或者正在哺乳自己婴儿的妇女、生活不能自理且适用暂予监外执行不致危害社会的犯罪人员。第四，假释是指被判处有期徒刑或无期徒刑的犯罪分子，在执行一定刑期后，如其认真遵守监规，接受教育改造，确有悔改表现，没有再犯危险的，司法机关将其附有条件地予以提前释放的一种刑罚执行制度。它使得监狱中那些表现较好、没必要再关押的犯罪人员提前得到自由及回归社会的机会。第五，剥夺政治权利是我国的三种附加刑（罚金、剥夺政治权利及没收财产）之一，是依法剥夺犯罪分子参加国家管理和政治活动权利的刑罚方式。剥夺的政治权利包括选举权和被选举权，如言论、出版、集会、结社、游行、示威的自由，担任国家机关职务的权利，担任国有公司、企事业单位和人民团体领导职位的权利。剥夺政治权利可以附加适用也可独立适用。当其附加适用时，作为一种严厉的刑罚手段针对性质严重或危害性大的犯罪。当其独立适用时，作为一种轻型刑罚手段针对危害性不大的犯罪。

从严格意义上讲，只有被判处管制、暂予监外执行和剥夺政治权利的才能算是真正意义上的社区服刑，宣告缓刑和裁定假释并不是社区服刑。因为缓刑对象虽被判刑却暂缓执行，他们并没有受到实际的行刑。假释对象则是有条件地提前释放，其在假释考验期只接受一定的监督和考察，这种监督考察也不再是行刑。但这两种制度都是刑罚执行制度，缓刑和假释对象都要在一定考验期内遵守相应的规范，否则会被撤销缓刑和假释。[①] 由此，根据社区服刑人员是否服过监狱刑可将其分为两类：一类是服过监狱刑的，如假释、保外就医及服完主刑附加剥夺政治权利的罪犯，他们的刑罚较重，经历了明显的社会隔离期，在重新回归社会后可能更为珍视自由生活。另一类是没有服过监狱刑的，如管制、缓刑、单独剥夺政治权利或生活不能自理、怀孕及哺乳自己婴儿而暂予监外执行的罪犯，他们没有经历社会隔离期，没有对监禁刑罚的体验，可能不太珍惜社区矫正中的自由机会。根据其犯罪性质，则可分为暴力犯罪社区服刑人员、财产犯罪社区服刑人员、经济犯罪社区服刑人员、职务犯罪社区服刑人员等。[②] 从社会融入上看，暴力性、财产性犯罪的社区服刑人员遭遇到的社会排斥程度最大，他们当中最严重的情况是社会网络联结几乎全部断裂，一个人过着近乎与世隔绝的生活；经济类犯罪的社区服刑人员遭遇到的社会排斥相对较轻。身为“罪犯”的特定身份使得社区服刑人员在交往过程中呈现出“弱势的镜像”。[③]

在具体实践中，北京、上海等地也分别建立了社区服刑人员的类型学划分机制，从而有针对性地建立监督管理和教育矫正体系，以提升矫正效果。北京在2005年发布的《社区服刑人员分类管理分阶段教育实施方案（试行）》中，根据社区服刑人员的人身危险性（再犯可能性）大小为标准，结合其回归社会的趋向程度（再社会化程度），将社区服刑人员划分为A、B、C三类：A类是人身危险性小、再犯罪可能性小、再社会化程度高、回归社会趋向好的社区服刑人员，B类是人身危险性中、再犯罪可能性中、再社会化程度中、回归社区趋向一般的社区服刑人员，C类是人身危险性大、再犯罪可能性大、再社会化程度低、回归社区趋向差的社区服刑人员。[④] 上海市在2005年发布

① 张昱：《矫正社会工作》，高等教育出版社2008年版，第174页。
② 王平：《社区矫正制度研究》，中国政法大学出版社2012年版，第273页。
③ 骆群：《弱势的镜像：上海市社区矫正对象的社会排斥研究》，上海大学2008年博士学位论文。
④ 北京市社区矫正办：“北京市制定并实施《社区服刑人员分类管理分阶段教育实施方案》”，载《人民调解》2005年第12期。

了《上海市社区服刑人员分类矫正暂行规定》，2007 年出台了《上海市社区服刑人员分类矫正规定》，强调司法行政机关应当全面掌握社区服刑人员的犯罪原因、犯罪类型、危害程度、悔罪表现、家庭及社会关系等，对其重新犯罪风险进行综合分析，确定各自风险等级，为分类矫正提供基础。上海风险评估主要分为初次测评和阶段测评两个过程，初次测评是在社区服刑人员初入社区矫正时的，重点在于对其基本情况的掌握；阶段测评是每半年或一个季度的测评，重点在于了解社区服刑人员的人身危险的动态变化趋势，进而将其划分为“稳定”“重点关注”和“高危控制”三种类型，并提供分类管理措施。[①] 天津、山东、浙江、江苏等地也针对社区服刑人员建立了类似的风险评估及分类管理体系，其主要目的在于关注社区服刑人员类型学划分之后的内部差异，而不是将其看成同质性整体，从而提供有针对性的风险干预机制及矫正方案，提升社区矫正效果，促进社区服刑人员的社会融入。

二、社区服刑人员的人口学特征

社区矫正的非监禁特征决定了社区服刑人员只能是那些罪行轻微、主观恶性不大、人身危险性小、易于改造、不致对社会造成危害的罪犯。对这一群体更为细致的了解，则需要分析其人口统计学特征，尤其是考察其性别、年龄、文化程度、婚姻状况、就业状况、收入水平、矫正类型等，以更好地理解这一群体面临的现实状况。本研究采用的数据是运用多阶段分层随机抽样的问卷调查方法，依托《上海市政府购买矫正社会工作服务实践研究》课题（简称课题组），于 2012 年 12 月至 2013 年 1 月在上海市 8 个区 21 个街道或镇，对社区服刑人员所进行的样本规模为 630 份的问卷调查。有效样本 601 份，有效回收率为 95.4%。调查对象具体的社会人口特征如表 3－1 所示。

① 王珏、王平、杨诚：《中加社区矫正概览》，法律出版社 2008 年版，第 36 页。

表 3－1　样本社区服刑人员的社会人口特征(N=601)

	项　目	数值(%)		项　目	数值(%)
性别	男	87.8	社区矫正类型	缓刑	81.7
	女	12.2		假释	12.9
年龄	平均年龄	42.0		管制	0.9
	16～25 周岁	8.0		暂予监外执行	3.9
	26～35 周岁	26.8		剥夺政治权利	0.7
	36～45 周岁	23.9	平均月收入	无经济收入	21.2
	46～55 周岁	24.2		1 000 元以下	6.4
	56～65 周岁	14.3		1 001～2 000 元	16.7
	65 周岁以上	2.7		2 001～3 000 元	22.4
文化程度	小学及以下	3.5		3 001～4 000 元	14.2
	初中	24.3		4 001～5 000 元	7.1
	高中或中专	37.2		5 000 元以上	12.0
	大专	19.2	住房状况	没有稳定住房	10.0
	本科及以上	15.8		有稳定住房	90.0
婚姻状况	在婚	64.0	主要犯罪类型	诈骗罪	21.9
	非在婚	36.0		虚开增值税发票罪	12.0
工作状况	受雇者	43.2		非法经营罪	7.5
	自雇者	21.3		受贿罪	7.5
	没工作	35.5		贪污罪	6.6
				故意伤害罪	6.2

资料来源：课题组调查数据。

社区服刑人员的人口学特征可概括为如下几点。

第一，男性占绝大多数、青壮年居多、在婚的多、中等学历的多、缓刑较多，受雇者多且收入普遍偏低。从表 3－1 样本社区服刑人员的社会人口特征来看，在性别上，社区服刑人员群体以男性为主，男女性别之比大约为 8∶1。这和全国历年社区服刑人员男女比例大致相当，一般男性占 90%以上，女性约为8%。[1] 从年龄上看，最小年龄为16周岁，最大年龄为83周岁，平均年龄为42周岁。其中16～25周岁的占8%，26～35周岁的占26.8%，36～45周岁的占23.9%，46～55周岁的占24.2%，56～65周岁的占14.3%，65周岁以上的占2.7%。可见，26～55周岁的社区服刑人员占总样本的四分之三，不满18周岁的未成年社区服刑人员和年满60周岁的老年社区服刑人员相对较少。已有研究表明，社区服刑人员的学历相对较低[2]，或犯罪人员的平均文化程度要低于一般公民，本次调查也得到了类似的结果，超过一半的社区服刑人员的文化程度为初中或高中，大专和本科及以上的人数分别占19.2%、15.8%，小学及以下的人数占3.5%。对于文化程度与其犯罪行为之间的关联性，还需要深入探索。从婚姻状况上看，社区服刑人员在婚的比例较高，占64%。其余为非在婚。不同社区矫正类型的社区服刑人员所占的比例分别为：缓刑人员占81.7%，假释人员占12.9%，管制人员占0.9%，暂予监外执行人员占3.9%，剥夺政治权利的人员占0.7%。可见，缓刑人员最多，假释人员次之。其犯罪类型具有多样化的特点，侵财类犯罪和暴力类犯罪占较大比例。从犯罪类型看，诈骗罪所占的比例最大，为21.9%；其次是虚开增值税发票罪(12%)、非法经营罪(7.5%)、受贿罪(7.5%)、贪污罪(6.6%)和故意伤害罪(6.2%)。从工作状况上看，有工作的人员占到了64.5%，其中受雇者和自雇者的比例约为2∶1，大约有1/3的受访者目前没有工作。从经济收入上看，平均月收入普遍较低且差异较大，有21.2%的调查对象基本无经济收入，16.7%的人收入在1 000元到2 000元之间，另外，收入在2 000元到3 000元所占的比例最高，月收入在5 000元以上的只有12%。约10%的人没有稳定的住房，借住在亲戚、朋友家里或者短期租房住等。

第二，认罪服法态度(守法意识)存在认知偏差。在进入社区矫正初期，社区服刑人员对社区矫正感到诚心接受及勉强接受的比例分别为72.2%和11.7%，难以接受和很难接受的占5.7%和2.3%，无所谓的占8.2%。其对

① 吴宗宪、蔡雅奇、彭玉伟：《社区矫正制度适用与执行》，中国人民公安大学出版社2012年版，第43页。
② 郝丽琼：《社区矫正对象就业问题研究》，华东理工大学2008年硕士学位论文，第19页。

社区矫正非常认同及比较认同的占 90%，不认同的不足 10%，绝大部分的矫正人员认识到了自己以前所犯的错误。但有 15%的社区服刑人员认为被判刑是自己运气不好，20%左右的人员认为遵守法律是一种束缚，这无疑是一种认知偏差，会妨害到社区服刑人员在社区矫正期间的行为表现，需要引起足够的关注。具体见表 3－2。

表 3－2　社区服刑人员的认罪服法态度(%，N=601)

问　　题	选　　项				
	非常认同	比较认同	一般	不太认同	不认同
对社区矫正的态度	60.1	30.7	8.8	0.2	0.2
认识到自己以前所犯的罪错	65.0	27.4	5.5	0.7	1.4
觉得被判刑是自己运气不好	3.9	11.1	21.5	25.6	37.8
觉得遵守法律是一种束缚	11.4	8.4	13.0	23.5	43.7

资料来源：课题组调查数据。

第三，对社区矫正活动认可度相对较高。调查数据显示，从整体上看，对于在社区矫正期间开展的各种帮教活动，接近 85%的社区服刑人员认为非常需要或比较需要，只有 6%左右的人员认为不需要。而社区服刑人员家属的态度也与之类似，他们大部分认为社区矫正服务有必要，但也有 14.1%的家属认为社区服刑人员参加集中教育等相关社区矫正活动是“可有可无”，这在一定程度上也会影响到社区服刑人员对社区矫正活动的认知。因此，笔者认为有必要在社区矫正中加强对社区服刑人员家属的宣传，使其更好地配合矫正机构相关矫正活动的开展。

第四，心理矫治有待加强。精神健康主要是一种心理社会功能状态，它包括从功能失调、功能正常到功能最佳状态等内容。之前的研究显示社区服刑人员的精神健康状况并不理想，即优于监狱服刑人员而低于社会一般人群。[①] 从样本统计来看，在社区服刑初期，社区服刑人员处于焦虑迷茫状

① 刘素珍，等：“社区服刑人员心理健康状况调查”，载《心理科学》2006 年第 6 期。

态的占32.1%，抑郁悲观和烦躁不安的各占18.6%和17.8%，后悔自责心理比较突出，占49.8%，心情平静坦然的只有1/3左右，对未来生活缺乏希望和信心的达到77.7%。具体见表3-3。在对日常生活的体验上，有35%的社区服刑人员认为自己在社区服刑初期常感觉很无助，34%的人感到有许多事情要做但又无从下手，28%的人常感觉许多事情自己掌控不了，37%的人会觉得自己一事无成，27.5%的人认为自己不再像以前那么自信，在参加社区公益劳动时担心被熟人看到的为37.2%。在问及睡眠情况时，累计有22.1%的社区服刑人员表示有轻度失眠或严重失眠状况发生，而睡眠较好和一般的各占36.6%和41.3%。这表明需要在社区矫正活动中加强对这一群体的心理矫治。

表3-3 社区服刑人员的精神健康状况（%，N=601）

选项	精神健康状况					
	焦虑迷茫	抑郁悲观	后悔自责	烦躁不安	平静坦然	充满希望和信心
是	32.1	18.6	49.8	17.8	37.6	22.3
否	67.9	81.4	50.2	82.2	62.4	77.7

资料来源：课题组调查数据。

第五，家庭关系较为稳定。社区服刑人员的家庭对于顺利实现社区矫正的目标具有直接的影响。相关研究发现，很多社区服刑人员存在家庭结构受损、家庭关系不良、家庭功能缺失等问题，这些问题都对社区服刑人员的日常矫正和社会行为产生了极大的负面影响。[①] 从样本统计来看，社区服刑人员家庭关系很好及较好的分别为38.6%和38.1%，家庭关系不好的比例很小，只有4%。在其因违法犯罪行为进入监狱矫正或社区矫正后，46.4%的社区服刑人员与家人的关系没有显著变化，接近50%的家庭变得更加关心和在意被访者。具体见表3-4。

① 杨旭：《社区矫正对象的家庭问题研究》，华东理工大学2008年硕士学位论文，第1—2页。

表 3－4　社区服刑人员的家庭关系(N＝601)

问题	选项	百分比	问　题	选　　项	百分比
家庭人际关系	很好 比较好 一般 不太好 很不好	38.6 38.1 19.4 2.3 1.7	出事之后，家人的关心程度有无变化？	更加关心和在意我 没有变化，和以前一样 不如以前关心但有事会帮忙 完全不关心	49.7 46.4 1.7 2.2

资料来源：课题组调查数据。

第六，与社会工作者等专业人员的关系并不理想。从社会关系与社会交往来看，当遇到生活(住房、经济收入、工作等)困难时，77.5％的社区服刑人员会首先向家人寻求帮助，其次是朋友、亲戚、社区街道的居委会或司法干部，其比例分别为 7.3％、5.1％和 3％，向社会工作者寻求帮助的只有 2.7％。当遇到情绪(情感)方面的困难时，社区服刑人员寻求帮助的顺序是家人(63％)、朋友(20.4％)、社会工作者(5.4％)、亲戚(3.1％)。这需要我们反思社区服刑人员与社会工作者之间的关系及其在日常生活中的呈现，这是社区矫正中至关重要的问题。同时，在这两种情况下，都有约 3％的人不愿意向别人寻求帮助，这可能与其个体求助心理或社会整体的求助文化相关。

如前所述，对社区服刑人员类型学划分及人口统计学特征的分析，既可以剖析其产生社会越轨与犯罪行为的原因，也为理解其在社会融入进程中的表现提供背景性资料，更为进一步展开监督、管理和教育矫正提供基础，尤其是针对不同社区服刑人员采取不同的社会工作介入策略。例如，针对女性社区服刑人员，需要关注其在获刑后心理更脆弱和来自家庭、社区的压力更明显等特征，加强对其心理疏导及社会支持系统的建立，鼓励其对新生活的勇气和信心。针对侵财类犯罪、暴力类犯罪的社区服刑人员，不能对其进行混合管理，要在风险评估的基础上采取分类管理措施，以提升社区矫正的效果。针对精神健康状况不佳的社区服刑人员则应加强对其的心理矫正，培养其积极、向上的价值观，建立国家、单位、社会、家庭等多方力量共同参与的整合式矫正模式。

第三节　从监狱到社区：社区服刑人员日常生活世界的转移

社区服刑人员在社会融入过程中，首先面对的就是从监狱空间到社区空间的转换。这种变换不仅是物理空间的变动，也是规训权力空间的转移，更是社区服刑人员生存空间及生活世界的转移，对这一群体的生存样态产生了显著影响。

一、监狱/拘留所：刑罚处置的运作场域

社区服刑人员主要包括被判处管制的、被宣告缓刑的、被暂予监外执行的、被裁定假释的和被剥夺政治权利并在社会上服刑的五类违法犯罪人员。其中，除了部分缓刑人员是取保候审没有与社会隔离期之外，其他的都有隔离期，都或长或短被监狱或拘留所收押。其实，监狱、拘留所反映的是19世纪以来监禁刑占据刑罚制度的主导地位，倡导把强制剥夺罪犯人身自由的监禁作为惩罚制度的主要手段，它代替了之前以暴力、酷刑为标志的肉刑和生命刑。在福柯看来，监狱代表着一种控制人的新的规训机制，它是近代以来的精神病学、犯罪学、心理学等知识和技术逐渐渗透到刑罚制度中形成的“政治解剖学”或“权力经济学”。它通过时间安排、空间分配、活动编码及力量组合等策略来展开对人的规训。首先，以往连续的时间在这里被分解成多个独立、限定的片段，在每个时间片段中对人的行动进行编排和精细化管理，使之能更加高效地投入到生产和建设中去。其次，空间也被权力技术所笼罩，每一个个体都被分配了一个明确的空间位置，个体在其中被标识、等级排列和监督。再次，规训面对的不仅是时间、空间中分散的个体，更通过转置、移动和结合等方式来组织协调和使用个体。规训也通过层级监视、规范化

裁决和检查制度等形成密集的权力网络机构，导致全景式主义(panopticism)的兴起。同时，规训机制不仅存在于监狱，也存在于学校、医院、军队和工厂等领域，其逻辑已弥散到整个社会，教师通过教育学生、医生通过医治病人、军官通过训练士兵、工厂通过监督工人等手段，取代了以前的君主和法官而成为现代规训权力的实施者，规训社会由此形成。

正如福柯所言，当整个社会处在分配人员、固定其空间位置、对其进行分类管理、从他们身上最大限度榨取时间和力量、把他们的连续动作编入法典、在其周围形成一整套观察和记录机制、维持他们彻底的可见状态、建立一套关于他们的知识并不断积累这种知识时，监狱就已经在法律机构之外形成了。[①] 监狱在剥夺自由的同时，也通过监禁、训练成为造就顺从者的机构。它是一种"彻底而严厉"的制度，因为它对个体的所有方面——身体训练、劳动能力、日常行为、道德态度、精神状况——负起全责；它实行的是一种不停顿的纪律，没有外界干扰，也没有内部断裂；它对罪犯实施绝对权力和全面教育，它具有压迫和惩罚的内在机制，使得一种个体服从和适应某种生产机制的权力模式得以建立。同时，监狱的物理空间、暴力机构、规训技术等组合构成了"监狱体制"。这种监狱体制把惩罚程序变成一种"教养技术"，并将之从刑罚机构扩展到整个社会。[②]在实际运作中，监狱制度的广泛运用导致内在成本高涨，同时它也没有显著降低犯罪率，并在一定程度上成为罪犯们交流"技艺"及形成群体网络的场所，导致累犯增多。监狱制度还把罪犯家庭抛入贫困的深渊，也使得犯人在出狱后难以适应社会生活的需求，进一步滋生了犯罪。在倡导对监狱这种规训权力机制进行改造的呼声中，很重要的一点就是倡导"剥夺自由的刑罚以改造犯人和使犯人重返社会为要旨"，根据犯人的表现调节刑罚，扩大假释、缓刑等在刑罚中的适用范围，对犯人在监禁结束后进行必要的监督和帮教，直至其彻底恢复正常生活。

①② ［法］米歇尔·福柯：《规训与惩罚》，刘北成、杨远婴，译，三联书店2003年版，第260、343页；第306页。

二、社区：人道教化的扩展边界

社区矫正是与监禁矫正不同的新型刑罚制度，它将符合一定条件的服刑人员从监狱空间转置到社区空间，利用相关司法部门及社区资源对违法犯罪人员进行监管、教育和帮困扶助，使之更好地回归正常社会生活，实现社会融入。因此，在社区矫正中，社区资源动员和社区居民参与至关重要，而这两者都和社区建设、社区发展密切相关。社区是指以一定地理空间为基础形成的具有共同生活方式、文化背景和归属感的人类生活共同体。德国社会学家滕尼斯在《社区与社会》一书中，把人类共同生活的表现形式区分为社区与社会两类。在这里，社区是建立在血缘、地缘等基础上，成员关系以情感性为主，成员联系比较密切、单纯的生活共同体。社会则是建立在业缘、契约基础上，成员关系以工具性目的为主，成员之间保持一定距离的共同体。社区建设与社区发展的实践最初是为了应对工业化发展带来的一系列社会问题如贫穷、失业、环境、犯罪等而采取的措施之一，在政府力量之外通过发挥社区成员积极性、调动社区资源来发展社区经济、改善社区居民生活、提升社区发展水平。20 世纪 90 年代以来，我国开始重视社区建设，并提出发展社区自治、清洁社区卫生、拓展社区服务、繁荣社区文化、美化社区环境、加强社区治安等内容。其中，在社区治安方面通过政府、警察和社区自治组织、社区居民等多元主体的协作，除了应对日常性的社区治安防控、法制教育和民事调解之外，也强调对刑满释放、解除劳教人员和社区服刑人员的监督、管理和教育，以维护社区秩序。这无疑为社区矫正的实施奠定了重要的基础。

社区矫正的要点在于充分动员社区居民，使社区资源参与到对社区服刑人员的改造中来。对社区组织和居民来说，社区矫正为其提供了参与社区事务的平台，他们通过参与社区矫正发挥了自身潜能、锻炼了行动能力、增强了社区意识，而且这本身也是社区民主管理、民主建设的重要组成部分，促进了社区建设和社区发展。对社区服刑人员来说，他们在社会融入的过程中面临很多现实的困难。相较于社区矫正机构乃至社会工作者而言，社区居民和组织能够更好地了解社区服刑人员的切实需求，并提供多样化、有针对性的帮助和服务。社区环境也有利于社区服刑人员对社会文化、社会规范的习得，促进其再社会化的顺利进行。我国还探索出社区居民、社会组织参与社区矫正的不同模式和经验。[①] 同时，刑罚处遇的人道化是现代刑罚执行制度的基本要求。社区矫正大大增加了罪犯的活动自由度及生活自主性，使之更多地感受到社会的尊重、关怀和信任，并为增强其社会适应能力提供相应的支持，推动了罪犯认知改善及需求层次的提升，实现了行刑处遇的人道化。再者，社区矫正也节约了国家刑罚成本和行刑资源，使国家能将有限的资源投入到更需要隔离、难以矫正的那些具有严重人身危险性的罪犯身上，促进了刑罚资源的合理配置及监狱行刑的质量。[②] 因此，从监狱到社区的空间转换，是我们在解读社区服刑人员社会融入时必须考虑的。

第四节　“社区服刑人员”：身份限定下的融入之维

社区服刑人员的身份具有显著的二重性特征。与普通民众相比，他们是“服刑人员”，必须受到法律制度的约束；与监狱服刑人员相比，他们又是社区成员，其面对的生活世界和普通民众并没有显著差异。[③]这使得他们的社会融入既要回应制度约束，也要在日常生活领域实现再社会化。

一、“服刑人员”：法律规定中的制度融入

社区服刑人员是在定罪量刑后，在满足一定前提条件下在社区服刑的违法犯罪人员。因而，其本质仍然是服刑人员。从权利与义务的角度来说，他们的权利是有限的，义务则带有一定的强制性。这是由社区矫正制度的

① 张昱：《矫正社会工作》，高等教育出版社 2008 年版，第 137—138 页。
②③ 王平：《社区矫正制度研究》，中国政法大学出版社 2012 年版，第 18—19 页；第 280 页。

规定所决定的。也就是说，刑罚制度再严厉，也不能剥夺其“人之为人”的一系列基本权利；刑罚再宽松，也不能忽视其“服刑人员”的特质。[①] 具体而言，社区服刑人员被限定或剥夺的权利主要是自由权，他们所面对的环境虽然比监狱服刑人员宽松，但他们的人身自由仍然受到一定的限制，当他们的活动超出一定范围或迁居、外出时，必须获得相应司法机关的批准。他们必须接受教育和培训，包括思想道德教育、法律教育和心理教育，培训则主要是职业技能培训，以促进他们社会适应能力的增长。他们必须强制性地参加社会服务或社会公益劳动，这一方面是通过社区参与使其承担相应的社会责任，并体会社区奉献的重要意义，另一方面这种劳动是无偿的，不能获得报酬，以此作为对他们的惩罚。同时，社区服刑人员还要面对严格的管理和矫正。虽然社区矫正体现了刑罚制度的宽严相济及人道主义色彩，但这并不意味着对违法犯罪人员的纵容和对被害人权益的漠视，必须通过对社区服刑人员的强制、严格管理和监督来实施对其的惩罚，矫正其偏差心理和犯罪行为，保障社区居民人身安全及社会治安，以缓解社会冲突和矛盾，构建犯罪人员、受害者和社区成员等多维关系之间的和谐、共生的局面。

正是由于社区矫正制度的强制规定性，所以社区服刑人员在社会融入过程中首先要面对的就是制度融入或制度适应。他们在出狱后，必须按时向司法机关和矫正机构人员汇报自己的思想状况及行为动向。但他们在实际中对制度规定性的回应却不尽相同。如前所述，在社区服刑人员的五类人群中，除了管制、部分缓刑（取保候审）等没有与社会的隔离期之外，其他如假释人员都是有隔离期的，都或长或短被监狱或拘留所收押。这两类人群在社区服刑时的心态及行为可能并不完全一致，往往是有过被监狱或拘留所收押经历的社区服刑人员更珍视社区环境中的自由，他们对自己的日常行为更加注意，更遵守社区矫正的相关规定，害怕因自己行为不当而再次失去自由。但那些没有拘押经历的社区服刑人员，对社区环境中的自由并

① 王平：《社区矫正制度研究》，中国政法大学出版社 2012 年版，第 281 页。

没有太多的感受，因为他们没有在监狱、拘留所中失去自由的体会，他们在犯罪前后只有名义上的身份变化却没有实际的、强烈的对待落差，这可能造成他们在社区矫正期间更不珍惜这种自由身份，更不积极、主动配合矫正机构的制度规范及约束。同时，这种制度性融入也是他们与其他群体如农民工的融入存在显著不同之处。农民工在城市社会融入中，面对的制度约束主要是户籍制度，或依附在户籍制度基础上的劳动就业制度、社会保障制度、教育制度等。[①] 这些制度约束在一定程度上也限制了他们的权利和机会，但其效力并没有那么严厉和强制，且主要是在首属劳动力市场范围内起作用，在次属劳动力市场内所起的作用并不明显。而且，随着改革开放的深入，户籍制度等对农民工的约束在逐渐消解。但社区服刑人员所面对的矫正制度约束则更加严格且全方位，其效力只会增强而不会减弱。

二、社区成员：生活世界中的社会融入

虽然社区服刑人员的本质是服刑人员，但与监狱服刑人员相比，其服刑场所已由相对封闭的监狱变为更加开放的社区。他们的身份既是服刑人员，也是社区成员。他们完全享有监狱服刑人员所享有的一般权利，这是再严厉的刑罚也不能剥夺的“人之为人”的一系列基本权利，如人身权、财产权、发展权、婚姻权、宗教信仰自由权等。同时，社区服刑人员还享受辩护权、申诉权、受教育权、文体娱乐权、休息权、伤亡补偿权、减刑权、按期解除社区矫正权等特殊权利。[②] 这使得社区服刑人员能够在社区环境中过上正常人的生活，他们的正常需求应该得到满足，如对满意工作的需求、稳定住所的需求、社会交往的需求、融洽家庭关系的需求、尊重和自我实现的需求等。但在现实生活中，服刑人员可能在进入监狱矫正后，长期处于与社会隔离的状态，他们与社会的联结已经中断，当其走出监狱进入社区矫正之后，

---

① 潘泽泉：《社会、主体性与秩序：农民工研究的空间转向》，社会科学文献出版社 2007 年版，第 201 页。

② 吴宗宪、蔡雅奇、彭玉伟：《社区矫正制度适用与执行》，中国人民公安大学出版社 2012 年版，第 46—47 页。

其思想观念、生活方式、工作技能等已经难以适应快速变化的社会的要求，表现出强烈的不适应感，乃至有的社区服刑人员说“刚出来时真想重新回到监狱去”[①]。同时，他们在日常生活中难免还会因服刑人员的身份遇到他人的区隔、排斥和污名，这也影响了他们的自信心和社会认知。我们对上海601名社区服刑人员的调查发现，目前存在生活困难的社区服刑人员占69.5%，其具体生活困难也不尽相同，环境不适应的占9.4%，无固定住所的占15.4%，收入太低的占46.2%，就业困难的占21.9%，家庭关系不好的占10.5%，朋友太少的占16%，受到他人歧视的占11%，心情焦虑烦躁的占14.1%，对未来感到迷茫的占19.8%。

这表明，社区服刑人员在社会融入过程中，普遍面临就业、交往、家庭、情感、认知等各种具体问题。这些问题有的相互交织在一起，构成复杂的“问题体系”，影响了他们在融入过程中的心理感受和行为选择。同时，社区矫正不仅指在社区环境中进行矫正，也指由社区进行矫正[②]，社区居民、社会组织等社会力量也应当成为社区矫正的主体之一。虽然我国社区建设已经取得了长足的进展，但社区居民的参与、社会组织的培育、社区资源的动员等都还存在明显的不足，这在一定程度上限制了社区矫正的效果，也使得社区服刑人员在面临上述问题、寻求社会帮助时往往难以获得较为满意的结果，这进一步凸显了他们面临的融入困境。从这个层面上看，社区服刑人员也面临着和农民工群体一样的经济融入、交往融入、心理融入等维度，他们的社会融入都要经历从物质生活、社会交往到心理认同的发展路径。当然，我们还应注意要把社区服刑人员与刑释解教人员相区分。刑释解教人员即刑满释放、解除劳教的人员，他们和社区普通公民是完全一样的。这两类群体都面临出狱后的社会融入问题，但不同的是社区服刑人员处于刑罚执行期，对他们的管制和矫正具有强制性，他们一旦违反社区矫正规定可能会被重新收监。而刑释解教人员的刑罚期已经结束，对他们的安置帮教是非强

---

① 张昱：《矫正社会工作》，高等教育出版社2008年版，第203页。

② 王平：《社区矫正制度研究》，中国政法大学出版社2012年版，第282页。

制性的引导和扶助，其违反安置帮教管理规定的后果也不如前者那般严重。[①] 可见，社区服刑人员在社会融入中面临更多的融入压力，这既来自社区矫正制度，也来自日常生活世界。因此，后文将分别从国家层面的制度融入、市场层面的经济融入、社会层面的交往融入来讨论这一群体的社会融入状况。

综上所述，作为现代社会一种主要的非监禁刑罚制度，社区矫正将符合条件的社区服刑人员置于开放的社区环境中，在社区矫正机构及相关社会力量的共同作用下，改变社区服刑人员的偏差心理及其犯罪行为，以促使其更好地回归社会。这既反映出现代司法制度注重处罚轻刑化、管理人性化的价值理念，也说明刑罚执行更加社会化、开放化的发展趋势。社区矫正使社区服刑人员面对与监禁矫正完全不同的生活世界，加之其身份的二重性特征，使得他们的社会融入在两个层面展开：一方面，作为定罪量刑之后、刑罚执行完毕之前的一段时间中的服刑人员，他们仍然要受到刑罚制度的规范和约束，对制度要求的回应是他们在社会融入中首先要面对的问题；另一方面，社区服刑人员也要实现生活世界中的社会融入，但他们既要应对日常生活中的诸多实际困难，往往还要面对社区成员的异样目光、歧视态度乃至排斥性行为。这可能会影响他们的自我认知、社会参与及行动选择，加剧其社会适应不良。这是在分析社区服刑人员社会融入状况时必须考虑的因素之一。

① 王平：《社区矫正制度研究》，中国政法大学出版社 2012 年版，第 282 页。

第四章　国家规制空间的建构与社区服刑人员的制度适应

社区服刑人员虽然在相对开放的社区环境中进行矫正和生活,但其身份从本质上讲还是服刑人员。他们必须接受刑罚制度的一系列规范和约束,并在社区矫正过程中做出符合相应规定的行为,否则就会受到严厉的惩罚和处置。这种制度适应是他们进入社区开启社会融入进程中首先要面对的。社区矫正制度对社区服刑人员的监督管理、教育矫正和帮困扶助在一定程度上促进了他们的社会融入,但矫正制度的合理性冲突及矫正资源的不足也会削弱制度效能。这使得社区服刑人员时常在制度规定性和现实选择性之间发挥自身的主体性作用,形成相应的"守法逻辑",从而在国家规制空间中呈现出不同的制度适应状态。

第一节　社区矫正的制度逻辑及其二重性

社区矫正制度作为一个重要的变量,决定了社区服刑人员的身份、地位、权利和义务，也是决定社区服刑人员作为一个特殊群体能否顺利回归正常社会生活的重要维度。本节试图剖析社区矫正的制度架构及其存在惩罚性与福利性的二重属性，为深入理解社区服刑人员的制度融入奠定基础。

一、社区矫正制度的结构与机制

制度是人们在社会生活中的交往规则及社会组织化的结构和机制。新制度经济学的代表人物道格拉斯·诺思认为："制度是一系列被制定出来的规则、守法程序和行为的道德伦理规范，它旨在约束追求主体福利或效用最大化利益的个体行为。"[①]社区矫正制度所建构的管理体制及其所确立的制度规范，主要是对社区服刑人员行为的约束，促使社区矫正人员认罪悔罪和遵纪守法，防止其重新滋生违法犯罪行为。

1. 社区矫正的管理体制

社区矫正的管理体制是社区矫正制度的重要组成部分，它主要涉及社区矫正的管理机构和执行机构的设置、编配及其责任分工与关系协调，以更好地整合社区矫正力量。上海市于2002年开展社区矫正试点时，成立了由市委政法委副书记与市公安局、市检察院、市高级法院、市监狱管理局的领导或分管领导组成的市社区矫正工作领导小组，下设社区矫正办公室具体负责全市社区矫正试点工作，区级层面由区政法委负责推进，街道（乡镇）层面则由社会治安综合治理委员会办公室具体负责。随后，各地在开展社区矫正过程中也纷纷借鉴和学习上海经验。[②] 随着社区矫正试点范围的扩大及在全国的推广，其管理体制不断发展、完善，2012年3月起开始实施的《社区矫正实施办法》对此作了明确规定。

第二条　司法行政机关负责指导管理、组织实施社区矫正工作。

---

① [美] 道格拉斯·诺思：《制度、制度变迁与经济绩效》，杭行译，上海人民出版社2008年版，第226页。

② 王珏、王平、杨诚：《中加社区矫正概览》，法律出版社2008年版，第77—78页。

人民法院对符合社区矫正适用条件的被告人、罪犯依法作出判决、裁定或者决定。

人民检察院对社区矫正各执法环节依法实行法律监督。

公安机关对违反治安管理规定和重新犯罪的社区矫正人员及时依法处理。

第三条 县级司法行政机关社区矫正机构对社区矫正人员进行监督管理和教育帮助。司法所承担社区矫正日常工作。

社会工作者和志愿者在社区矫正机构的组织指导下参与社区矫正工作。

有关部门、村(居)民委员会、社区矫正人员所在单位、就读学校、家庭成员或者监护人、保证人等协助社区矫正机构进行社区矫正。

第四条 人民法院、人民检察院、公安机关、监狱对拟适用社区矫正的被告人、罪犯，需要调查其对所居住社区影响的，可以委托县级司法行政机关进行调查评估。

受委托的司法行政机关应当根据委托机关的要求，对被告人或者罪犯的居所情况、家庭和社会关系、一贯表现、犯罪行为的后果和影响、居住地村(居)民委员会和被害人意见、拟禁止的事项等进行调查了解，形成评估意见，及时提交委托机关。①

《社区矫正实施办法》确立了司法行政机关在社区矫正中负责组织实施，人民法院、人民检察院、公安机关、监狱等相关部门在具体执行中起衔接和协作的作用，矫正社会工作者、志愿者、社区、学校、工作单位等社会力量广泛参与的工作格局，并对适用社区矫正罪犯的接收、建档、监督管理、教育矫正、帮困扶助、解除矫正等相关程序进行了详细规定，促进了我国社区矫正工作专业化、制度化的发展之路。

---

① 最高人民法院最高人民检察院公安部司法部：《社区矫正实施办法》第二、第三、第四条的相关规定，2012年1月10日。

但目前社区矫正的管理体制也存在一定问题。首先，司法行政机关主导社区矫正管理与实施缺乏法律依据。我国刑法明确规定，公安机关是对管制、缓刑、假释、监外执行和剥夺政治权利等社区服刑人员进行监督和考察的执行主体，罪犯所在单位或者基层组织予以配合。但在社区矫正实践及实施办法中，司法行政机关都居于主导地位，负责指导管理、组织实施社区矫正工作，公安机关在社区矫正中已不起主导作用。由司法行政机关负责社区矫正在一定程度上分担了公安机关的部分工作，这有利于发挥作为我国监禁刑罚执行主体的司法行政机关在其中积累的宝贵经验，更好地利用司法行政机关完善的执行机构体系，提高罪犯改造教育的成效，促进我国社区矫正制度的发展，也符合当今世界社区矫正管理机构设置的主要趋势。但从根本上看，司法行政机关参与社区矫正在我国仍然缺乏明确的法律依据。其次，部分社区矫正工作人员没有执法主体资格。目前上海社区矫正工作人员主要由司法所工作人员、矫正社会工作者及派出所民警构成，其中只有民警有执法资格，但民警已基本脱离社区矫正的日常管理工作，他们只参与对违反治安管理规定和重新犯罪的社区服刑人员的执法处理活动。参与社区矫正日常工作的司法所工作人员及社会工作者却不具备执法者身份，这在一定程度上影响了社区服刑人员对他们的认可，从而影响了社区矫正的效果。① 笔者在调查中发现，有的社区服刑人员在民警面前表现得非常配合，并严格遵守社区矫正规定及纪律，但在司法所工作人员和社会工作者面前则表现得比较散漫，甚至不太服从管束。

再次，社区矫正中的多头管理导致管理效率低下。2003 年，在社区矫正试点之初，曾形成了由作为执法主体的公安机关和作为工作主体的司法行政机关组成的“双主体工作模式”。② 2012 年的《社区矫正实施办法》仍然将司法行政机关确立为社区矫正的执行主体，公安机关则担任执法主体的角

① 陈和华：“论我国社区矫正的管理体制”，载《刑事司法与犯罪控制的新发展》，严励主编，中国法制出版社 2007 年版，第 201 页。

② 郭健：“我国社区矫正工作试点进程梳理与展望”，载《犯罪与改造研究》2010 年第 9 期。

色。这在加强对社区服刑人员监管力度的同时，也容易存在职责不清、权限不明、衔接不力、效率不高等现实问题。社区矫正在上海的试点中，还曾经出现过因司法所、派出所及社区矫正社会工作站点之间相互推诿而导致社区服刑人员脱管的现象。由此可见，应该成立一个专门的执法部门来承接社区矫正从始至终的全部职责。[①] 最后，社区矫正与监狱矫正的体系的衔接存在一定问题。根据刑事执行一体化的原则，大部分西方国家将社区矫正与监狱矫正放在同一系统中进行管理、执行。我国虽然在司法部下设监狱管理局和社区矫正管理局，各自具体负责监狱管理及社区矫正事务，但这两者在衔接上还存在一定问题，如协调机制不完善、权责不清晰等，可能导致对假释、保外就医或监外执行等罪犯的管理不到位，或对其他由监狱矫正进入社区矫正的罪犯监管力度不够，造成社区矫正流于形式。[②] 这无疑表明需要加强对我国社区矫正管理体制变革的深入探讨，以促进社区矫正制度的发展和完善。

2. 社区矫正的主要任务

自社区矫正在我国开展试点以来，“两院两部”多次对社区矫正的主要任务进行说明。其认为社区矫正是在加强对社区服刑人员监督管理的同时，采取多种手段和措施对社区服刑人员进行思想、法制和道德教育，并努力帮助社区服刑人员解决在就业、生活、心理等方面的困难，促进他们的社会融入。或者说，社区矫正制度具有监管服刑人员的行为、改善其生存环境、矫正其偏差心理和行为、为服刑人员提供帮助、预防重新犯罪等内涵。[③] 这也可以概括为刑罚执行、教育改造和帮困扶助。[④] 根据我国相关法律法规[⑤]的规定，管制、缓刑、假释、监外执行和剥夺政治权利等五类社区服刑人

① 刘强：“我国社区矫正试点中的管理体制弊大于利”，载《法学》2005 年第 9 期。

② 张炳：“论社区矫正与监狱矫正衔接体系之完善”，载《社区矫正评论》（第一卷），刘强主编，中国法制出版社 2011 年版，第 250—251 页。

③ 张昱：《矫正社会工作》，高等教育出版社 2008 年版，第 194—212 页。

④ 黄京平、席小华：《社区矫正工作者手册》，中国法制出版社 2007 年版，第 21 页。

⑤ 这里的法律法规相关规定主要指《中华人民共和国刑法》《中华人民共和国刑事诉讼法》《社区矫正实施办法》等有关规定。

员在社区矫正期间，受到管理及约束的事宜及程度略有不同，但社区矫正在实施过程中对他们开展的工作内容却是大致相同的，即在充分了解社区服刑人员的刑罚类型、犯罪情况、悔罪表现、个性特征和生活环境等基础上，开展有针对性的监督管理、教育矫正和帮困扶助措施等活动。

监督管理是指社区矫正机构对社区服刑人员在社区矫正期间的各种行为表现进行监管、约束和控制，如接收、建档分类、集中教育、公益劳动、思想汇报和考核奖惩等。这主要包括如下几方面。(1) 报到。社区服刑人员要在规定的时间内到居住地县级司法局行政机关、街道(乡镇)司法所办理报到登记手续。(2) 接收。司法所在接收社区服刑人员以后，应当由司法所工作人员及时向其宣告有关法律文书的主要内容、社区矫正期限及其应当遵守的规定、依法享有的权利、被限制行使的权利、被禁止的事项、违反规定的法律后果等相关事项。(3) 建档。司法所需要为社区服刑人员建立社区矫正执行档案和社区矫正工作档案。前者反映的是从接收、监管到解除矫正整个过程的法律文本，后者则涉及司法所和矫正小组开展社区矫正的工作记录。(4) 设置矫正小组。矫正小组由司法所工作人员任组长，社会工作者、志愿者、服刑人员所在的村(居)委员会、单位、学校、家庭、保证人等协助进行社区矫正。(5) 制订矫正方案。司法所为社区服刑人员制订社区矫正方案，实施监管、教育和帮助等措施，并根据实施效果实时调整矫正方案。(6) 日常报告。社区服刑人员要定期向司法所报告接受社区矫正的相关情况，尤其是发生居所变动、工作变动、家庭重大变故及接触对其矫正产生不利影响的人员时，需及时报告。(7) 外出请假。社区服刑人员进入法院禁止令确定的特定区域或场所、离开或变更居住的市(县、区、旗)，均需由司法行政机关审批。(8) 分类管理。司法所根据管制、缓刑、假释、监外执行和剥夺政治权利等刑罚差异，或依据对社区服刑人员矫正表现的考核结果，对其实施分类管理。(9) 解除矫正。社区矫正期满，社区服刑人员提交个人总结，司法所对其表现做出书面鉴定，符合条件的宣告解除矫正。

对社区服刑人员开展有针对性的教育矫正是社区矫正工作的核心环节

之一。他们之所以做出违法犯罪行为，一个重要原因就在于其思想观念及文化素质方面存在一定问题。尤其是经济类、侵财类犯罪人员更是如此。[①]社区矫正制度规定，社区服刑人员必须定期参加思想道德、法律法规、时事政策等教育学习活动，以增强法制观念、道德素质及认罪服法意识。有劳动能力的社区服刑人员还要定期参加当地的公益性、服务性劳动，如照顾老人、环境维护、便民维修等社区服务，以培养其社会责任感、社区观念及遵纪守法意识。司法行政机关可根据社区服刑人员的实际需求，开展有针对性的个别教育、心理辅导，以矫正其偏差心理和违法犯罪行为；也可对无固定工作、无职业特长或监狱服刑时间较长的社区服刑人员，协同劳动部门及就业单位开展职业技能培训和就业指导，提高其适应社会的能力。在社区矫正过程中，社区矫正机构及人员也可到社区服刑人员的家庭、学校、单位了解其思想状况及现实表现，以全面掌握社区服刑人员的矫正情况。

二、社区矫正制度的二重性：惩罚性与福利性

作为现代社会一种主要的非监禁刑罚制度，社区矫正是以社区为基础矫正罪犯的偏差心理和违法犯罪行为，促使其更好地融入社会的活动过程。因而，平等尊重、问题导向、助人自助、回归社会、自助助人等是矫正社会工作的核心理念。[②]这也体现了社区矫正制度兼具惩罚性与福利性[③]的二重性特征。

1. 社区矫正的惩罚性

所谓社区矫正的惩罚性，是指它作为现代社会的一项刑罚执行制度，应当限制罪犯的部分权利与自由，并对其行为进行惩戒、约束、管制和监督，使其对自己所犯的罪行付出代价，以满足公众对社会公平、正义之诉求。社区矫正之所以具有惩罚性，可以从法理和实践两方面加以分析。从法理上看，

①② 张昱：《矫正社会工作》，高等教育出版社 2008 年版，第 208 页；第 61—63 页。

③ 史柏年："刑罚执行与社会福利：社区矫正性质定位思辨"，载《华东理工大学学报》(社会科学版) 2009 年第 1 期。

社区矫正是一种非监禁刑罚执行活动，是宽严相济的刑事政策的有效载体，是提高罪犯教育改造质量的重要途径，是新形势下构建和谐社会的重要举措。[①] 既然作为一种刑罚执行方式，社区矫正就应当具有一定的惩罚性，罪犯需要为其危害社会的行为承担责任及相应的惩罚，否则就不能称之为刑罚制度。从实践上看，2003 年颁布的《关于开展社区矫正试点工作的通知》明确提出，社区矫正的任务之一在于"按照我国刑法和刑事诉讼法及有关法律、法规和规章的规定，加强对社区矫正对象的管理和监督，确保刑罚的顺利实施"。

在社区矫正期间，社区矫正制度主要从监督管理和公益劳动两方面来实施对社区服刑人员的惩罚。县级司法行政机关社区矫正机构实施对社区服刑人员的监督管理，社区服刑人员则要定期向司法所报告遵纪守法、接受监督管理、参加教育学习等情况。尤其是其发生居所变动、工作变动、家庭重大变故及接触对其矫正产生不利影响的人员时，社区服刑人员均要及时报告。社区服刑人员因个人原因，需离开居住地或变更居住地时，也要向司法行政机关申请审批才行。有劳动能力的社区服刑人员还应当参加公益劳动，这种公益劳动也叫社区服务或社区劳役，其每月参加社区服务的实践不少于 8 小时。这些活动的目的在于培养社区服刑人员的劳动习惯、集体观念及遵纪守法意识，纠正其不良心理及行为。而且，接受监督管理和参加公益劳动这两方面都具有强制性，他们必须遵守。社区服刑人员若违反监督管理规定或人民法院禁止令，则会受到警告及治安处罚，缓刑、假释的社区服刑人员有可能被撤销缓刑、假释，暂予监外执行的可能被重新收监执行。对此，《社区矫正实施办法》规定：

第二十三条　社区矫正人员有下列情形之一的，县级司法行政机关应当给予警告，并出具书面决定：

① 查庆九、陈志海："中国社区矫正的发展趋势"，载《犯罪与改造研究》2010 年第 10 期。

（一）未按规定时间报到的；

（二）违反关于报告、会客、外出、居住地变更规定的；

（三）不按规定参加教育学习、社区服务等活动，经教育仍不改正的；

（四）保外就医的社区矫正人员无正当理由不按时提交病情复查情况，或者未经批准进行就医以外的社会活动且经教育仍不改正的；

（五）违反人民法院禁止令，情节轻微的；

（六）其他违反监督管理规定的。

第二十五条　缓刑、假释的社区矫正人员有下列情形之一的，由居住地同级司法行政机关向原裁判人民法院提出撤销缓刑、假释建议书并附相关证明材料，人民法院应当自收到之日起一个月内依法作出裁定：

（一）违反人民法院禁止令，情节严重的；

（二）未按规定时间报到或者接受社区矫正期间脱离监管，超过一个月的；

（三）因违反监督管理规定受到治安管理处罚，仍不改正的；

（四）受到司法行政机关三次警告仍不改正的；

（五）其他违反有关法律、行政法规和监督管理规定，情节严重的。

司法行政机关撤销缓刑、假释的建议书和人民法院的裁定书同时抄送社区矫正人员居住地同级人民检察院和公安机关。

第二十六条　暂予监外执行的社区矫正人员有下列情形之一的，由居住地县级司法行政机关向批准、决定机关提出收监执行的建议书并附相关证明材料，批准、决定机关应当自收到之日起十五日内依法作出决定：

（一）发现不符合暂予监外执行条件的；

（二）未经司法行政机关批准擅自离开居住的市、县（旗），经警告拒不改正，或者拒不报告行踪，脱离监管的；

（三）因违反监督管理规定受到治安管理处罚，仍不改正的；

（四）受到司法行政机关两次警告，仍不改正的；

（五）保外就医期间不按规定提交病情复查情况，经警告拒不改正的；

（六）暂予监外执行的情形消失后，刑期未满的；

(七) 保证人丧失保证条件或者因不履行义务被取消保证人资格,又不能在规定期限内提出新的保证人的;

(八) 其他违反有关法律、行政法规和监督管理规定,情节严重的。

司法行政机关的收监执行建议书和决定机关的决定书,应当同时抄送社区矫正人员居住地同级人民检察院和公安机关。[1]

从以上相关的法律规定中我们应当看到,社区矫正的惩罚性具有显著作用。它通过限制社区服刑人员的行动、自由及部分权利,不仅实现了对社区服刑人员的惩罚,使之为自己的犯罪行为付出报偿,也对潜在犯罪人员产生一定的威慑和警示作用,打消其侥幸心理和冒险行为,对预防犯罪及重新犯罪都起到积极作用。这也体现了社会正义,维护了社会秩序的和谐稳定。但不可忽视的是,实践运作中也发现社区矫正的惩罚性还存在一定不足,如惩罚力度不足、惩罚形式单一、惩罚效果不明显等问题。与监禁刑罚或其他刑罚相比,社区矫正的刑罚力度相对较轻,除了对其行为自由有一定限制外,他们基本过着与正常社会成员相同的生活,部分社区服刑人员感受不到社区矫正的惩罚性。对他们所采取的学习教育、思想汇报、公益劳动等惩罚措施也往往流于形式,缺乏针对性和实际效果。《中华人民共和国刑法》《中华人民共和国刑事诉讼法》《社区矫正实施办法》等法律法规对社区矫正人员的刑罚执行大多过于原则化而难以操作。[2] 这些都影响了社区矫正的刑罚效果,甚至发生社区服刑人员脱管、漏管现象。

2. 社区矫正的福利性

所谓社区矫正的福利性,是指它作为一种与监禁处遇相对的综合性社区处遇方式,也应具有对违法犯罪人员的教育、矫正、帮助、服务功能,使之在接受特殊福利服务的过程中矫正偏差心理和行为恶习,最终使其顺利回

① 最高人民法院最高人民检察院公安部司法部:《社区矫正实施办法》第二十三、第二十五、第二十六条的相关规定,2012 年 1 月 10 日。

② 成娟:《社区矫正的福利性和惩罚性及其关系研究》,华东理工大学 2011 年硕士学位论文,第 47—50 页。

归社会并拥有更为美好的生活，以实现预防犯罪、保卫社会之目的。在 2003 年《关于开展社区矫正试点工作的通知》中明确指出，社区矫正的任务除了监督管理之外，还在于通过多种形式加强对社区服刑人员的学习教育、思想改造、法制宣传、社会公德教育，以矫正他们的偏差心理与行为，使其能够悔过自新，成为守法公民。同时，要帮助社区服刑人员解决在日常生活、就业、心理、法律等方面遇到的相关困难及问题，并对其展开有针对性的干预、服务乃至救助，促使他们顺利回归社会。对此，《社区矫正实施办法》第三十六条规定：社区矫正人员的人身安全、合法财产和辩护、申诉、控告、检举以及其他未被依法剥夺或者限制的权利不受侵犯，社区矫正人员在就学、就业和享受社会保障等方面，不受歧视。司法工作人员应当认真听取和妥善处理社区矫正人员反映的问题，依法维护其合法权益。[①]

在实践中，这种福利性主要体现在教育矫正和帮困扶助两方面。一方面矫正他们的偏差心理和意识，通过集中教育、个别教育等形式使之学习和养成正确的思想道德观念和法制意识及行为准则，或通过各种心理咨询、心理矫正等活动，倾听其心声，帮助缓解或消除其心理问题和人格障碍，维护其心理健康；另一方面，对他们在实际生活、工作中遇到的具体困难提供实实在在的帮助，解决其后顾之忧，使之能安心地在社区服刑和改造。社区矫正的福利性有效维护了社区服刑人员的合法权益，保障了他们与家人、社区的联结及正常生活的持续，有利于为其实现社会融入创造客观的社会条件。虽然存在教育矫正缺乏专业性、规范性、针对性与帮困扶助效果欠佳（生活拮据和就业困难）等现实问题[②]，但从总体上看，社区矫正通过教育、改造服刑人员，使之能更好地适应社会，有效惩治和预防了犯罪，保障了社会和谐稳定。从这个意义上也可以说，社区矫正制度不是一维的刑事惩罚与执行制度，而是“集惩罚、刑罚执行、恢复社区服刑人员的社会功能、社会建构于

① 最高人民法院最高人民检察院公安部司法部：《社区矫正实施办法》第三十六条的相关规定，2012 年 1 月 10 日。

② 成娟：《社区矫正的福利性和惩罚性及其关系研究》，华东理工大学 2011 年硕士学位论文，第 27—33 页。

一体的复合性制度”。[①] 实现社区矫正的福利性，社会工作是重要路径之一，两者存在内在的统一性。[②] 但除了社会工作之外，社会学、心理学、教育学、社会保障和法学等专业力量也可以从各自的角度为社区服刑人员提供相应的福利资源及服务，他们共同构成实现社区矫正福利性功能的支撑体系。

当然，社区矫正的惩罚性与福利性并不是割裂的，两者是统一的。在当代世界各国的刑罚制度中，无论是监狱矫正还是社区矫正，一般都兼具刑罚执行功能的惩罚性与实施教育矫正的福利性。在具体矫正过程中，这两种性质孰轻孰重则因犯罪类型、犯罪性质及其社会影响而不尽相同。[③] 虽然有学者认为以往的社区矫正存在过分强调其恢复性与教育性功能、忽视其刑罚性功能的倾向，因而倡导重塑社区矫正模式，构建恢复性与惩罚性并重的新型社区矫正模式[④]，但社区矫正作为现代社会一种主要的非监禁刑罚制度，它适应的是罪行轻微、主观恶性不大、人身危险性小、易于改造、社会危害性不大或初犯、未成年的罪犯，也适用经过监管改造、认罪悔改意识明显、不致再危害社会的罪犯。因而，社区矫正制度在实施惩罚性的同时，更要将福利性放在其核心位置，通过积极利用各种社会资源、整合社会力量，加强对社区服刑人员的教育改造和帮困扶助，最大限度地将消极因素转化为积极因素，提高社区矫正质量，促进社会长期稳定与和谐发展。

第二节 社区矫正执行：矫正小组及其合理性冲突

作为一项非监禁刑罚制度，社区矫正机构与人员在社区矫正制度的执

---

① 张昱、费梅苹：“社区矫正制度的社会学视野”，载《广东社会科学》2005 年第 2 期。
② 张昱：“论社区矫正中刑罚执行和社会工作的统一性”，载《社会工作》2004 年第 5 期。
③ 史柏年：“刑罚执行与社会福利：社区矫正性质定位思辨”，载《华东理工大学学报》（社会科学版）2009 年第 1 期。
④ 张德军、邢占军：“恢复与惩罚：社区矫正功能的双重定位及实现路径”，载《理论学刊》2013 年第 12 期。

行过程中的地位与作用不言而喻。一般而言，社区矫正机构包括两类：一类是社区矫正的执行机构，如负责社区矫正行政管理及社区服刑人员教育、帮助的机构，另一类是与社区矫正关系密切的配合执行机构，如公安机关、检察机关和审判机关等。[①] 社区矫正人员主要是社区矫正的相关执行人员。本节主要关注社区矫正机构与人员在矫正社区服刑人员不良心理及行为上发挥积极作用的同时，也存在形式合理性与实质合理性的冲突，从而对社区服刑人员的制度适应产生了一定影响。

一、矫正小组的人员配置与角色地位

《社区矫正实施办法》规定：县级司法行政机关社区矫正机构负责实施对社区服刑人员的监督管理和教育帮助，司法所具体承担社区矫正日常工作。司法所应当为社区服刑人员成立专门的矫正小组，由司法所工作人员担任组长，社会工作者和志愿者在社区矫正机构组织指导下参与社区矫正执行工作，社区服刑人员所在的村(居)委员会、单位、学校、家庭成员或监护人、保证人等协助执行，从而构成社区矫正执行网络与帮教体系，促成社区矫正目标的达成。

1. 司法所工作人员：社区矫正基层事务的承担者

当前，我国社区矫正工作由司法行政机关主管，街道、乡镇司法所承担日常工作，他们是我国社区矫正的实践载体及重要基石。按照司法部《司法行政机关社区矫正工作暂行办法》(司法通〔2004〕88 号)的规定，基层司法所主要履行以下职责：贯彻执行国家关于非监禁刑罚的法律法规及相关政策；对社区服刑人员实施管理，会同公安机关对其开展监督、考察；对社区服刑人员进行考核并依据考核结果对其实施相应的奖励和惩罚；动员社会团体、民间组织和社区矫正志愿者共同展开对社区服刑人员的教育，帮助解决其在生活、工作中遇到的现实困难及问题；组织有劳动能力的社区服刑人员参

---

① 吴宗宪、蔡雅奇、彭玉伟：《社区矫正制度适用与执行》，中国人民公安大学出版社 2012 年版，第 29 页。

加社会公益劳动和社会服务；完成上级司法行政机关交办的其他相关工作任务。这些职责归纳起来，即主要是监督管理、教育矫正和帮困扶助三项任务。以上海为例，司法所主要负责的是：(1) 审前调查和环境评估。通过到所在社区、居委、家庭了解相关情况，对适应缓刑的对象进行审前调查，对适应假释的对象进行环境评估，为刑罚判决提供依据。(2) 宣告。接收社区服刑人员之后对其进行入矫宣告，告知其应当遵守的规范及享有的权利义务，矫正期满则进行解除社区矫正宣告。(3) 报到及个别谈话。社区服刑人员进入社区矫正后的前三个月均需到司法所报到，每周一次，以增加其在刑意识，并对部分对象的家庭、矫正情况进行了解。(4) 根据社会工作者提交的材料，实施对社区服刑人员的考核奖惩。(5) 对社会工作者的监督和管理，具体日常事务则由社会工作者负责执行。(6) 与公安、检察、法院及监狱管理机关等部门的协调。

司法所与监狱管理机关同属司法行政系统，由其承担社区矫正的基层事务，无疑有利于刑罚执行的统一，能更好地整合刑罚资源，提高刑罚执行效率。同时，司法所也是地方政府部门，它根植于基层，贴近群众，便于熟悉和掌握社区服刑人员的相关情况，由其负责社区矫正有利于将监督管理落到实处。[①] 但从一定程度上来看，目前基层司法所已经难以胜任社区矫正日常工作。[②] 在社区矫正施行之前，司法所业已存在并承担了人民调解、法制宣传、法律服务、基层治理、安置帮教、社会矛盾纠纷处理、社会治安综合治理、维护社会稳定等八项任务。社区矫正实施之后，司法所又承担了社区矫正日常管理的相关工作，这既不利于专业化管理的发展，也不利于工作效率的提高。一方面，从性质上看，街道、乡镇司法所是司法行政机关的基层单位或派出机构，它不是刑罚执行机构[③]，由其负责社区矫正工作明显不利于工作的开展。另一方面，从人员配置上看，司法所现有的人员状况也很难满

① 吴宗宪：《社区矫正导论》，中国人民大学出版社 2011 年版，第 96 页。
② 吴宗宪：《未成年犯矫正研究》，北京师范大学出版社 2012 年版，第 453 页。
③ 一般认为的刑罚执行机构是人民法院、监狱（包括少年犯管理所）和公安机关。社区矫正施行之后，有人认为社区矫正机构也属于刑罚执行机构之一。

足矫正工作要求。司法所普遍存在工作任务繁重、基础设施薄弱、工作人员不足、队伍不稳定、专业化水平低等现实问题。按照司法部相关要求，基层每个司法所至少应有一名专职社区矫正工作人员，但事实上不少地方是由司法所其他领域人员兼任这一职位，且专业知识缺乏，其职权不清，这无疑会影响社区矫正的成效。① 而且，我国的社区矫正采用的是以水平管理为主的模式，即基层社区矫正机构在业务上接受上级司法行政机关的指导和监督，同时在人事、财政上受地方组织人事部门的管理。这使得社区服刑人员可能通过其社会关系、社会网络影响司法所工作人员执法的公正性。② 因而，有学者倡导在县(市、区)及司法行政机关设置社区矫正工作站替代司法所，建立专门的“社区矫正官”取代司法所工作人员的角色。③

2. 矫正社会工作者：专业化力量的介入

社区矫正在实施对社区服刑人员的监督、管理以使其更好地实现社会融入的进程中，社区服刑人员面临着社会交往、认知、行为、心理、家庭、社会支持等诸多具体问题。对这些问题的解决，专业矫正方法尤为重要。社会工作正是这种专业方法之一。社会工作主要以利他主义为导向，运用专业方法向社会成员尤其是社会弱势群体提供社会帮助与服务，以提高社会福利水平。在社区矫正实施过程中，社会工作是体现社会福利政策及理念的具体途径之一，社会工作者则往往成为向社区服刑人员提供帮困扶助及其他社会服务的专业力量之一。2005 年，“两院两部”在《关于扩大社区矫正试点范围的通知》中首次明确指出，在社区矫正中要“运用社会工作方法”。这说明国家已经看到了社会工作和社区矫正之间存在的亲和性。上海则在社会工作专业介入社区矫正方面做出了有益的探索，即除了区县、街道乡镇司法所工作人员之外，还有大量矫正社会工作者参与其中。2004 年，上海成立了第一家民办非企业、非营利性的新航社区服务总站，它通过政府购买服务

① 张瑶：《我国社区矫正中司法所工作人员身份的界定》，南昌大学 2014 年硕士学位论文，第 2 页。
② 刘强：《英国社区刑罚执行制度研究》，中国法制出版社 2011 年版，第 61—62 页。
③ 但未丽：《社区矫正：立论基础与制度建构》，中国人民公安大学出版社 2008 年版，第 287—296 页。

的方式，依托专业社会工作者参与全市14个区县(浦东、奉贤、松江除外)的社区矫正工作，通过解决实际困难、改善心理和行为、增强法律意识和道德观念促进其社会适应。

新航社区服务总站在市一级设立总站，负责社区矫正的业务指导及社会工作者的招聘、考核、评比、定级等管理工作，区县一级设立工作站，街道乡镇一级设立若干社工点，共聘用400多名社工展开对全市社区服刑人员的日常管理工作。具体而言，各社工点的社工负责制订针对每一个社区服刑人员的矫正方案；审核社区服刑人员日常的请假、销假；管理社区服刑人员在入矫三个月后每月一次的签到(前三个月每周报到一次)和每月上交一次思想汇报；安排每周两小时的公益劳动，每月一次的集中教育活动；遇到特殊情况，社工则需要走访社区服刑人员所在社区及其家庭；根据社区服刑人员的日常表现，确立对其的奖励、惩罚事项，并报司法所审批；完成社区矫正各项材料、台账的归档工作。这在一定程度上建立了一个垂直的、专业化的社区矫正机构，提升了社区矫正效果，但也存在一定的问题。① 第一，社工的工作仍然偏重监督和管理。他们更多的时间是去完成制度规定的工作程序和任务，很难有精力去自主性地开展工作并提供更多有针对性的服务。第二，社工负责的社区服刑人员太多。普遍而言，每个社工要面对30个左右的对象，使得他们不能深入了解每一个对象的具体情况并提供相应服务。第三，队伍建设有待提升。部分社工不具备社会工作、心理学、法学等相关方面的知识技能，工资待遇难以与烦琐的日常事务相匹配，工作积极性受到影响，队伍稳定性不强。这都在一定程度上削弱了专业社工介入社区矫正的效力。

3. 志愿者：社会力量的参与

作为一项非监禁刑罚制度，社区矫正将社区服刑人员安置在社区环境中，充分动员和利用社会资源，矫正其不良心理及行为，促使其顺利回归社

① 庄春英：《关于社区矫正队伍建设的调研报告》，司法部司法研究所网站，2012年10月18日。

会。在这个过程中，既需要相关司法部门的监督和管理，更需要社会力量的广泛参与，从而使得不同类型的工作人员密切协作、相互配合，这样才有利于社区矫正目标的达成。这里的社会力量主要是社区矫正志愿者，也包括民间组织、社会团体等其他人员和机构。对此，“两院两部”在2003年7月颁布的《关于开展社区矫正试点工作的通知》中提出，在社区矫正的具体工作中，要充分发挥基层群众自治组织、社会团体和社会志愿者的作用。司法部在2004年《司法行政机关社区矫正工作暂行办法》中进一步指出：要组织相关社会团体、民间组织和社区矫正工作志愿者的力量，对社区服刑人员开展形式多样的教育活动，帮助其解决遇到的相关困难和问题，并列举了社区矫正工作志愿者应当具备的条件，如遵纪守法、品行端正、热心社区矫正工作、有一定的文化素质尤其是法律政策水平和相关专业知识等。这无疑是发挥社区矫正在动员和利用社区资源方面优势的重要体现，使得普通公民能够参与到刑罚执行和社区管理工作中来。更重要的是，这在一定程度上解决了社区矫正工作中社区服刑人员需求繁多而专职社区矫正人员数量不足的现实问题①，也符合社区矫正实施的国际惯例。

在实践中，社区矫正志愿者既可能是来自法学、犯罪学、教育学、心理学、社会学等领域具有专业知识和技能的研究者或高校学生，也可能是来自政法系统、工会、共青团、妇联等部门的在职或退休人员，还有一些是企业员工、社区居民和社区干部等。② 社区矫正志愿者参与的广泛性，使得社区服刑人员更能感受来自社会的温暖和关爱，有利于培育他们的社会责任感，提升其社区社会资本，促进他们的自我改造和社区融入。有学者在上海的相关调研发现，当前社区矫正工作中志愿者参与也存在一定的问题。③ 第一，志愿者人数较少且多为基层政府工作人员。一般居民志愿参与社区矫正的

---

① 吴宗宪、蔡雅奇、彭玉伟：《社区矫正制度适用与执行》，中国人民公安大学出版社2012年版，第40页。

② 张昱：《矫正社会工作》，高等教育出版社2008年版，第190页。

③ 叶慧娟：“社区矫正志愿者问题研究”，载《刑法学研究》（第8辑），刘宪权主编，上海人民出版社2011年版，第137—149页。

比例不足5%，这一数字在北京仅为2%。志愿者人员中大多是街道、居委会、综治办的相关工作人员，具有专业知识的社工、心理咨询师和律师等比例较小。第二，服务形式、内容较为单一。志愿者主要通过座谈、家访等形式了解社区服刑人员的生活状况，对其进行思想教育和帮困扶助，督促其改过自新，针对性、专业性和规范性不强，效果不明显。第三，志愿者权责不清，组织化程度不足。社区矫正立法缺乏，使得社区矫正志愿者权责不清，法律地位不明，专门性的社区矫正志愿者组织较少，其服务标准、程序、评估及人员、经费安排均缺乏统一规划，限制了志愿者在社区矫正中作用的发挥。

二、社区矫正执行的形式合理性和实质合理性

在社区矫正的具体实践中，主要通过监督管理、教育矫正和帮困扶助来实现对社区服刑人员的刑罚执行。刘强将“惩罚与改造相结合”作为社区矫正的基点，进而将其执行过程概括为惩罚、改造、帮助、调查和恢复五方面。[①]有学者认为这没有把微观的心理矫正及宏观的秩序恢复囊括进来，进而将社区矫正执行扩展为管理监督、学习教育、公益劳动和心理矫正四个部分，或细化为执行刑罚、监督管理、矫正教育、危机干预、社会救助和恢复秩序六个部分。[②] 如果从马克斯·韦伯(Max Weber)的合理性理论来看，这些刑罚执行活动在矫正社区服刑人员不良心理及行为的同时，也存在形式合理性和实质合理性的冲突。形式合理性是指“用技术上尽可能适当的手段，将目的合乎理性地计算出来”，实质合理性则是“伦理的、政治的、功利主义的、等级的、平均主义的或者某些其他的要求，并以此用价值合乎理性或者在实质上目的合乎理性的观点来衡量”[③]。总体而言，在社区矫正的思想汇报、公益劳动、心理矫正等方面，均存在形式合理性与实质合理性的冲突和

---

① 刘强：《社区矫正制度研究》，法律出版社2007年版，第55—56页。

② 迎春亮：“社区矫正的基本任务之我见”，载《四川警察学院学报》2009年第4期。

③ ［德］马克斯·韦伯：《经济与社会》(上卷)，林荣远，译，商务印书馆1997年版，第107页。

矛盾。

1. 思想汇报的形式化

在社区矫正过程中，社区服刑人员要定期参加教育学习活动，如公共道德、法律常识及时事政策学习。同时，他们也需要每月交一篇思想汇报给矫正社会工作者，汇报自己在矫正期间的学习心得、思想状况及改造变化。而且，司法所、社会工作者及志愿者还要定期到社区服刑人员的家庭、居住的社区、就读的学校和所在单位进行调查、走访，以核实、了解社区服刑人员的思想动态和现实表现，使之能更好地认罪悔罪和遵纪守法。客观上讲，集中教育的效果还是非常显著的，也获得了社区服刑人员的理解和支持，认可度很高。在调研中笔者还发现，上海部分街道社区服刑人员认为集中教育很有效，重要的一点是他们大多自身文化水平不高，法律意识不强，甚至对很多违法的事情没有明显的判断力。通过集中教育和学习，能够使之认识其以往行为的危害性，进而树立正确的价值观和行为方式，以避免不良心理及违法犯罪行为的再次发生。但部分社区服刑人员也反映集中教育的形式和内容可以进一步调整，在以往的法制讲座、观看思想道德宣传片的基础上增加一些更有针对性的内容。至于思想汇报，其效果则没有那么明显，甚至存在一些与思想汇报初衷相违背的地方。

（问：思想汇报、集中教育这些规定任务你负责的矫正对象完成的情况怎么样?）他们大部分都能基本完成，因为这些东西在刚开始就跟他们讲过，如果不遵守就会给他们警告，警告满三次就会被收监。当然，有时候有的对象没有做到，我们会打电话催一下，问一下什么原因。也不完全是他们不做，有的是因为他们上班确实很忙，所以交思想汇报可能会晚几天。我觉得这个问题不是很大，只要不是这个月拖到下个月这么久就可以。但集中教育就不能拖延，原则上没有特殊情况是不能请假的。像这次集中教育应该来96个的，但实际只来了90个，剩下几个都请假，原因是生病之类的。但有时参加集中教育也有服务对象迟到的，像这次集中教育迟到的就有两个。至于思想汇报，大部分都流于表面化，写得比较空洞，较少有人会写真实的思想动态之类的实际情况。有可能社区矫正制度的规定用意是好的，但是不太能够提供一些对我们有用的信息。制度是这样规定的，他们也没办法，为了完成而完成，还是有被迫感的吧。矫正社会工作的工作对象与其他的社会工作对象还是很不一样的，因为这些对象从主观上是被迫到我们这里来服务、学习的。他们不是自愿的，这个前提是最特别的。(S03：女，35 岁，本科，工龄 7 年)

从访谈中可以看出，思想汇报原本是了解社区服刑人员思想动态的一个重要途径。因为一般在每月签到时，矫正社会工作者都会和社区服刑人员做一个短暂的交流，以了解其生活、工作及家庭状况。但受制于情境、身份等多重因素，在面对面的交流中，社工很难获取服务对象内心真实的想法。而写作正好是一个比较隐私、独立的过程，可以让社区服刑人员自由表达自己内心世界的想法。但社区矫正制度的规定用意在这里并没有很好地满足个体倾诉需求，社区服刑人员更多地把它当作规定性任务加以完成，他们很多甚至在主观上是不愿意写的，并非是发自内心的悔改而想把事情做好，社工一般很难从思想汇报中发现有价值的信息。当然，这也是社区矫正制度惩罚性的一个显著体现。

2. 公益劳动的时间限制

在西方国家，公益劳动又称为社区服务，即由法庭判决犯罪人员到社区中进行一定时间无偿劳动或者服务的非监禁刑罚措施。首先，公益劳动的最大特点就是改造性，社区矫正机构通过给他们安排适合从事的公益劳动，有助于增强社区服刑人员与社会群体的互动，培养其劳动习惯、社会责任感、集体观念和纪律意识，使之在创造社会价值的同时也能得到社会成员的关心和认可，修复其社会联结。其次，公益劳动具有赎罪性。社区矫正人员通过参加公益劳动以减轻和弥补其犯罪行为给社会带来的伤害和损失，体现了社会公平、正义，也使社区居民更容易谅解和接纳他们，减少对他们的社会排斥心理和行为。再次，公益劳动具有规范性。公益劳动的时间、场所、形式、内容、监督、管理等都有明确的限定，且是无偿劳动。① 社区矫正制度规定，有劳动能力的社区服刑人员应当定期参加社会劳动和社区服务，并且其每月参加社区服务的时间不少于8小时。上海在组织社区服刑人员参加公益劳动方面形成了项目外包式、基地共建式、资源共享式、技术服务式等多种模式。②

（问：公益劳动是从社区矫正的第一个月开始的吗？你负责的对象参加公益劳动的情况怎么样？）是的，公益劳动从宣告结束的那个礼拜就开始了。他们大多是有工作的，我们这边稍微还好一点，公益劳动基地有星期二和星期天两天开放时间，他们上班的可以选择一个时间去劳动，星期二没空星期天去。我们这个街道一共有五个劳动基地，其他社工老师的劳动基地都是工作日开放，这方面跟服务对象的工作可能会有点冲突，导致他们没办法去。有时候只能叫他们抽空去补一下。有时候补也只是去补一个签字，真正的公益劳动却是没有做的。（问：如果只是去补一个签字而没有真正落实的话有什么作用吗？）没办法，这个很难全员做到，因为有时候不是服务对象自己主观上不愿意去做，而是一系列客观因素导致的。我觉得这也是今后社区矫正需要改进的地方，就是要能让对象自己选择公益劳动时间就好了，因为他们主观上还是想劳动的。（S02：男，50岁，中专，工龄10年）

笔者在调研中发现，社区服刑人员对公益劳动普遍还是比较配合的。部分社区服刑人员没有稳定的工作或暂时赋闲在家，他们既源于制度规定性，也希望通过参加公益劳动使自己在锻炼身体的同时，能够更多地和社会大众进行接触和交流。他们通过奉献劳动，收获内心的满足。但大部分社区服刑人员是有正式工作的，他们的工作机会来之不易，不能经常请假，当面临公益劳动时间与自己上班时间有冲突时，很多人即便内心愿意参加公

① 吴宗宪：《社区矫正导论》，中国人民大学出版社2011年版，第312—315页。

② 李月峰："浅析社区矫正中公益劳动的作用及其运作模式"，载《社区矫正理论与实务文集》，刘强，等主编，中国人民公安大学出版社2009年版，第265页。

益劳动但实际上也难以抽身，这也使得矫正社会工作者对公益劳动的记录、监督和管理流于形式。这需要社区矫正机构和矫正社会工作者在公益劳动的时间、内容、地点、方式、结果等方面有所调整，如针对社区服刑人员的工作状况，设立平时和周末两个劳动时间段供其自由选择，或采取其他灵活有效的方式开展公益劳动。

3. 心理矫治的缺乏

社区矫正中的心理矫治是指社区矫正机构及矫正社会工作者采用心理监测、心理咨询、心理保健和心理治疗等方法，帮助社区服刑人员预防和矫治心理问题的方法及过程。我国监狱系统早在20世纪80年代就开始实施对监狱服刑人员的心理矫治，但针对社区服刑人员的心理矫治还处于探索阶段。[①] 心理矫治能使社区服刑人员树立正确的价值观念，从内心深刻认识自己过往行为的错误之处，正确认识和评价自我及他人，建立和谐、友善的社会人际关系，为社区矫正工作打下坚实基础。相关研究发现，社区服刑人员大多存在一定的心理障碍，如焦虑、迷茫、敏感、自卑、自闭、烦躁、易怒、抑郁等不同症状。这种心理状态可能是他们在社会融入过程中遭遇社会排斥后产生的，也可能进一步成为其社会融入的新障碍，乃至成为其重新犯罪的诱因。[②] 但当前社区矫正在心理矫治这方面总体还比较薄弱。因而，对这一群体的心理矫治问题显得尤为重要、迫切。

(问：被判刑这件事有影响您一家人的关系吗?)总归是有的，但怪谁呢?怪儿子，儿子被抓进去了，只能怪自己。我呢，有时候对我老婆发发牢骚，没办法，因为这事平时心里比较烦，要发发牢骚，发泄发泄。(问：主要是烦些什么?)各方面都很烦。儿子出事，我受牵连；生意又不能做，家里没了经济来源。总之，这一年脾气更不好了，感觉更控制不了自己了，就像一堆干柴

① 文继承：《法治一角：关于基层司法行政工作的观察与思考》，云南大学出版社2011年版，第108页。

② 沈海英："农村社区服刑人员心理健康状况的调查研究"，载《中国司法》2011年第6期。

稍微有一点火苗就被点着了。我心里烦，讲难听点，冰冻三尺非一日之寒，好像这一点不开心那一点不开心，加在一起，导致我老婆稍微有一点什么事我就很烦，心里很郁闷。所以，也就跟老婆发发牢骚，跟别人犯不上，你这样别人要骂你神经病的。（问：你老婆会理解你、安慰你吗?）不理解怎么办?总归这么多年生活在一起，她也知道我的脾气，我发完火过一会儿就过去了。（F06：男，50岁，初中文化，缓刑，故意伤害罪）

笔者在访谈中发现，被访者因其儿子犯事进监狱、自身也因受牵连被判缓刑而产生较为严重的心理障碍，但矫正社会工作者并没有对此展开有效的心理矫治措施。这在客观上源于当前矫正社会工作者所要负责的社区服刑人员数量太多，工作任务繁重，使之难以有时间和精力顾及社区服刑人员微妙的心理状况，而专职或志愿心理矫治工作者又较为缺乏。在主观上，当然也和部分矫正社会工作者缺乏心理疏导、心理辅导的相关技巧有关，而社区服刑人员一般又不愿意将自己的这些想法透露给社会工作者，从而使之长期生活在心理亚健康状态。有的社区服刑人员因此产生了重犯行为，直到再次被抓获后才由警方告知社会工作者。从根源上看，社区服刑人员的心理障碍与他们在现实生活中遭遇的困难密切相关，因此，社区矫正机构和人员一方面需要动员相关资源解决社区服刑人员所面临的现实问题，另一方面需要建立社区服刑人员心理健康档案，对其展开定期的心理监测、心理辅导和心理跟踪，同时，也通过不定期的专家讲座、心理咨询、压力疏导等方式开展形式多样的心理健康教育，从而消除社区服刑人员的异常心理和行为，使之以更加积极、开放的心态融入社会。

第三节　制度资源供给与社区服刑人员需求的张力

社区矫正的制度资源，是指在社区矫正中由政府提供的、促进社区服刑人员行为、心理矫正的一切物质资源和非物质资源的总和。当前，我国社区矫正依然是在政府主导、社会资源建设及动员不足的大背景下展开的，制度资源的动员和使用无疑是开展社区矫正工作的坚实基础，也是社区矫正目标顺利达成的重要保障。[①] 本节主要关注当下社区矫正制度实践中制度资源的供给状况及其与社区服刑人员需求之间存在的现实张力，以促进在社区矫正制度资源总体有限的限制下，制度资源使用效率的提高，尤其是其与社区服刑人员需求的契合性、匹配性，推动社区矫正制度的发展和完善。

一、社区矫正制度资源的供给及其支持效用

在社区矫正中，正式的制度资源主要存在于两个方面：一方面，国家为保障社区矫正的顺利进行配置了相应的物质资源和社会资源，如组织资源（街道办事处、司法所、村（居）民委员会、企事业单位）、设施资源（社区矫正中心、社区活动中心、教学培训及其他公共设施）、经费资源（政府经费、社区筹资）、技术资源（信息技术、心理咨询技术、监控技术）、人力资源（司法行政机关社区矫正工作者、矫正社会工作者）、智力资源（人大代表、各类专家学者及专业人士）、文化资源（社会规范、价值观念、道德意识）等[②]，这些层面更多的是使矫正小组对社区服刑人员的监督管理和教育矫正的执行过程得以体现。本章第二节在论及社区矫正执行时发现：受到相关体制、机制的影响，司法所工作人员、矫正社会工作者及社区志愿者在社区矫正中的作用还有待提升，在此不再赘述。本节主要关注制度资源的另一方面，即为社区服刑人员日常生活所提供的社会保障、社会救助等。相关研究表明，上海整体经济发展水平较高，大部分社区服刑人员经济、生活状况尚可，大多服刑人员仍然保持着服刑前的生活水平，日常生活中很少遇到基本生活问题，但部分社区服刑人员则面临比较严重的生活问题，这些问题解决与否，直接影响

① 吴宗宪：“利用社会资源开展社区矫正的模式探讨”，载《中国司法》2007年第1期。
② 张昱：《矫正社会工作》，高等教育出版社2008年版，第130页。

了社区矫正的成效。[1] 这背后的原因可能是多方面的。有的矫正对象在监狱服刑多年，严格的社会隔离使之在出狱后很长一段时间里难以适应新的社会生活，他们对快速发展变化的社会无所适从，其知识结构、工作技能已与社会脱节，他们到社区服刑后因难以找到合适的工作而陷入困境。部分社区服刑人员入狱前生活就比较困难，或出狱后家庭发生很大变故，或遭遇到其他意外事故等，都可能使社区服刑人员陷入生活困顿状态。

在日常监管教育中，司法所社区矫正工作人员及矫正社会工作者会根据社区服刑人员的需要，协助符合条件的社区服刑人员申请低保、困难临时补助、办理廉租房等，以解决其基本生活保障问题；或依托街道、社区力量，组织社区企业举办面向社区服刑人员的专场招聘会，给就业困难者推荐就业机会或提供免费的技能培训，提高其就业谋生的能力；或与街道及社区的民政、工商、教育、人力资源和社会保障部门协调，解决其在生活、工作中遇到的其他困难。如有的社区服刑人员在监狱服刑期间因原住房拆迁使之出狱后没有稳定住所，或因自身文化程度低不能辅导子女学习但又无钱聘请家教；有的社区服刑人员家庭关系紧张，家人对其比较冷漠或夫妻关系名存实亡；或因生活压力过大导致心情低落、抑郁，乃至对他人和社会产生抗拒心理和行为等。司法行政机关工作人员及矫正社会工作者在社区矫正过程中积极运用制度资源帮助社区服刑人员解决这些问题，为他们的社会融入创造了有利条件，也使得这一群体及其家属对“宽严相济”的刑事政策有了更多切身的体会。但政府部门的这些帮困扶助也暴露出一定的问题。

（问：这里司法所的工作人员、社会工作者除了在就业方面给予你帮助之外，在其他方面还有给予你帮助吗?）有的。最近这两年，他们会安排华东师范大学的学生到我家里来给我女儿辅导功课，包括街道的司法所有时候也会来看一下，拿点东西、拍个照，就像某些企业的爱心捐赠一样。但是我

---

① 李光勇：“社区矫正人员帮扶现状、困境与对策调查研究”，载《中国刑事法杂志》2013年第4期。

觉得这个东西就像远水解不了近渴一样，两年或三年一次给个三五百的，有什么用呢？我的要求不是说政府无缘无故地把钱给我，让我上饭店、唱卡拉OK，我的意思是实际的生活困难你关心了没有。就比如说，吃低保的不用上班一个月能拿七八百元，我每天上班，除去交金一个月拿 1 000 元，你说我心理能平衡吗？我的意思是，工作的人日子肯定要比不工作的人好过，要不然怎么鼓励我们去工作呢。我现在经济压力非常大，这许老师（志愿者）也知道，我老板也很清楚。我当年做了半年不到就升为副经理也是有点故事的，我当时要是不加金（不交社保金）的话，我也是可以吃低保的。我一加金就吃不上低保，哪怕升到副经理我的收入也是降低的。我跟女儿要是吃两份低保，收入就会比现在要好一点。（F11：男，51 岁，高中文化，缓刑，合同诈骗罪）

以上内容其实反映了社区服刑人员在接受最低生活保障和就业上的两难境地。一方面，他们因生活困难需要政府最低生活保障及临时救助，这是他们出狱初期生活的主要来源之一，但临时救助由于金额限制而作用有限，很难满足其生活需求。另一方面，更重要的是，当他们安顿下来投入到新的工作中去自食其力时，却发现其实际收入在扣除社会保险费之后反而比当初的低保金还低，且享受最低生活保障金的资格被取消，与之相关联的廉租房补贴及临时补助等都不能再享受，造成其就业后的实际生活质量可能比领取最低生活保障金时还低，这在一定程度上降低了部分社区服刑人员的就业意愿，有的人，他们宁愿在家领取最低生活保障金也不愿去工作。相关研究还发现，社区服刑人员在养老保险上也面临着制度的不合理性，使得他们可能处于在社区服刑期间因年龄太大既缺乏重新就业的机会难以获取生活费用又不能享受养老金的尴尬境地，或在物价快速上涨面前，社区服务人员基本养老金调整的权利被剥夺，使之承受巨大的经济及生活压力。[①] 此

① 李光勇："社区矫正人员帮扶现状、困境与对策调查研究"，载《中国刑事法杂志》2013 年第 4 期。

外，社区服刑人员还面临子女就学、家庭关系调整、心理疏导等问题，制度资源对这方面需求的回应均存在一定的不足。

二、社区服刑人员的特殊性及其需求的复杂性

当前，我国社区矫正处在不断发展的阶段，也存在矫正资源相对不足的问题。这不仅表现在正式的制度资源支持作用有限，非正式资源建设及动员不足，或社区矫正工作者专业化程度有待加强、社区矫正工作方法单一、配套组织机构尚未完全建立等方面①，也体现在社区矫正资源的供给与社区服刑人员的现实需求之间存在一定匹配性问题，这些都在一定程度上削弱了社区矫正的效力。因而，充分认识社区服刑人员的特殊性及其需求的复杂性显得尤为重要。

1. 作为非自愿性服务对象的社区服刑人员服务供给的特殊性

在社会服务中，一般存在两种服务对象，自愿性服务对象和非自愿性服务对象。自愿性服务对象是个体或群体认识到自身存在超出其能力范围之外而不能解决的问题，主动寻求服务机构帮助的对象，或经他人介绍接触社会服务机构并自愿成为其服务对象的。与之相反，非自愿性服务对象则可能是认识到或没有认识到自身存在超出其能力范围而不能解决的问题，且不主动向服务机构寻求帮助的对象，或由政府机构、法院、司法所或其他部门及个人转介给社会服务机构，以寻求协助解决其问题的服务对象。与自愿性服务对象不同，非自愿性服务对象在服务过程中是被动的，至少一开始是被动接受服务的。在社区矫正工作过程中，社区服刑人员在很大程度上属于非自愿性服务对象。他们在社区服刑及社会融入过程中存在就业、交往、家庭、认同等多种问题，这些问题大多很难由其自身解决，但他们一般又不主动向司法行政机关工作人员、矫正社会工作者寻求帮助。这一方面由于大多数中国人的求助心理，人们会认为向他人求助是不光彩的事，是自己

① 高伟：《刑事执行制度适用》，中国人民公安大学出版社 2012 年版，第 408—410 页。

无能的表现，因向他人寻求帮助而带来他人异样的目光会加重求助者的负面情绪。另一方面，监管者与监管对象的身份差异，使得社区服刑人员与司法所工作人员之间存在一定的心理距离。在他们看来，矫正社会工作者也不是纯粹的、独立的社会工作者，他们和司法所工作人员一样，是社区矫正的执行者，是监管体系中的一员。[①] 部分社区服刑人员认为求助的作用不大，难以解决其实际问题。

（问：你跟父母关系不好，你愿意让社会工作者帮助你调节家庭关系吗？）我觉得没什么用。他们（指父母）都是死脑筋，不会听的。要去，让社会工作者自己去找他们，我是不会跟他们说话的，他们也不想理我。（F02：男，18岁，初中肄业，缓刑，偷窃罪）

（问：你平时若遇到什么事会跟社会工作者聊聊吗？）不太会聊，他们平时也很忙，集中教育的时候人多也不方便聊。我不想给别人添麻烦，也没什么大不了的事，没必要。（F07：男，40岁，初中文化，缓刑，非法经营罪）

（问：平时周围人，包括你老板、社工、许老师（志愿者）对你在话语上的鼓励和理解，对你的精神状态有影响吗？）谈许老师吧，她苦口婆心每次跟我说很多，而且她每次也到我们菜市场买菜，我下班比较晚，会到我办公室泡杯茶、跟我聊聊天，她年纪比我大、人生阅历比我多，会举些小例子告诉我要好好生活，既然到公司了就要帮老板好好干活，有一定作用。但是我这个人心直口快，我觉得还是来点实际的有用。（问：你觉得这些社工老师是可信任的吗？假如你有一些苦闷的话会跟他们说吗？）社工我没打过什么交道，就是有事会联系一下，但没有坐下来聊。他们年纪比较轻，没有什么共同语言，他们有自己的圈子，我们如果有什么苦闷坐下来跟他们聊，他们也会不开心的。但是许老师就不一样，我最多叫她声妈，她吃这个

① 这其实涉及对矫正社会工作者的角色定位，目前在这方面的研究相对较少。如黄洁琼："社工在社区矫正中的角色定位和功能分析"，载《佳木斯教育学院学报》2012年第7期；杨晓烁、凌捷："社区矫正社会工作者职业认同现状与危机——以福州市为例"，载《福建商业高等专科学校学报》2014年第5期。

饭时间长了（指做志愿者），以前也在工会工作，可能也做过生意吧，按照我们的俗话说，她码头跑得蛮多的，也蛮好沟通的，随便讲什么角落的事，都能聊。但我跟年轻的人就没办法沟通。不过总的来说，社工、区街道司法所，还有帮教协会、我们公司，我对他们都是感激的。（F11：男，51岁，高中文化，缓刑，合同诈骗罪）

因而，针对非自愿性服务对象的社区服刑人员，对其提供的矫正服务也和一般社会服务不尽相同。他们不是主动寻求帮助的，而是在社区矫正制度的要求及司法所工作人员、矫正社会工作者的压力下参与矫正服务的。这必然带来社区矫正服务与社区服刑人员真实需求之间的契合性问题。社区矫正服务是以矫正社会工作者根据制度要求设定的逻辑展开，还是围绕社区服刑人员的需求展开？一般而言，后者契合性更好，矫正效果也可能更佳。矫正社会工作者可以在最初借助一定的预估工具来发现并评估社区服刑人员的真正需求，但这一需求可能并非他们当前自我认定的需求。在此情况下，如果社区矫正活动直接从这一需求入手将会导致社区服刑人员参与社区矫正的动力缺乏甚至是抗拒，使矫正活动难以顺利推进。因而，矫正社会工作者最初只能将量表评定的需求视为目标需求而加以悬置，在矫正服务提供过程中不断重新发掘社区服刑人员自发反映的，当下最迫切的表层需求，形成对其的吸引力及持续动力，通过社区矫正服务的推进最终触及并解决他们的目标需求，以提高社区矫正的质量。①

2. 流动人口服刑人员社区矫正的复杂性

社区矫正的对象既包括户籍所在地的违法犯罪人员，也包括流动人口中的违法犯罪人员。这部分人群和普通的社区矫正对象在某些方面具有显著的差异，对社区矫正服务的供给也提出了一定的挑战。流动人口是因工作、生活等原因离开户籍所在地而在异地居住的成年育龄人口。自改革开

① 杨彩云、高梅书、张昱：“动态需求取向：小组工作介入社区矫正的探索性研究”，载《中国人民公安大学学报》（社会科学版），2014年第1期。

放以来，中国社会的流动人口规模不断扩大。据《中国流动人口发展报告2014》显示，截止到2013年年底，我国流动人口达2.45亿，超过全国总人口的六分之一。对流动人口中犯罪人员的社区矫正，既是进一步提升社区矫正刑罚效力、消除社区矫正脱管、漏管现象中需要探索和解决的重要问题，也是建立健全流动人口公共服务与社会管理长效机制的重要内容之一。但在“两院两部”历次颁布的与社区矫正相关的法律文件中，并没有明确涉及流动人口犯罪适用社区矫正的具体规定及要求。2004年，司法部颁布的《司法行政机关社区矫正工作暂行办法》第十六条规定：社区服刑人员，由其居住地司法所接收；户籍所在地与居住地不一致的，户籍所在地司法所应当协助、配合居住地司法所开展矫正工作。这强调了社区矫正中居住地管理为主的原则，但缺乏对居住地的具体规定，也没有说明居住地与户籍所在地的范围，使得社区矫正的实际对象大多是本地户籍人口，流动人口犯罪人员则因监管主体缺乏和其他因素的限制而被非社区矫正化了，即对流动人口实施更多的是监狱矫正。①

笔者在上海的调研中发现，社区矫正中的流动人口相对较少，但其存在的问题也较为突出。其一，现行社区矫正制度以居住地管理为主，但流动人口的居住地是不固定的，他们的职业稳定性较低，工作环境也不断变化，这形成了流动人口的流动性与社区矫正所要求的相对稳定性、持续性的矛盾。社区矫正需要司法行政机关与矫正对象所在的单位、社区之间的相互配合，但流动人口的社区、单位又如何确定？其二，如果将流动人口中的违法犯罪人员送回户籍所在地接受社区矫正，他们的家乡大多在农村，而农村社区的发展相对城市而言较为滞后，农村社区无论是在基础设施建设还是村民文化环境及其他配套设施方面，都远未达到社区矫正的要求。其三，流动人口与流入地居民之间的相互适应状况欠佳，他们在价值观念、生活习惯、行为方式等方面存在显著差异。在流入地实施对流动人口中犯罪人员的社区矫

① 丁寰翔、佘建明、庄华忠：《流动人口社区矫正存在的问题、实践及其思考》，载《社区矫正评论》（第一卷），刘强主编，中国法制出版社2011年版，第134页。

正，可能会强化其“外来人口”与“被矫正对象”的双重特殊身份及社会排斥[①]，社区监管、社区参与难以实现，社区资源也难以动员。其四，流动人口虽然能在其居住地接受社区矫正，但由于户籍限制，他们并不能享受当地的低保、廉租房等社会福利（生活特别困难的可享受政府临时救助）。制度的区隔性显然不利于解决他们在生活、工作中遇到的诸多困难。其五，在社区矫正方案制订及实施过程中，司法行政机关工作人员及矫正社会工作者也容易忽视流动人口社区服刑人员的特殊性，使得有针对性的矫正方案较为缺乏，这也在一定程度上削弱了社区矫正的实际效果。

第四节　制度约束下社区服刑人员的“守法逻辑”

制度融入是社区服刑人员社会融入的重要维度之一。在社区矫正的监督管理、教育矫正中，社区服刑人员都受到制度环境的约束，制度试图通过合理化机制对社区服刑人员的行动进行制约和规训，使其认同这种制度安排的合法性与合理性，从而在矫正过程中做出符合规定的行为表现。社区服刑人员通过对矫正制度与规则不同程度的内化直至把它们外化为行为，这一动态过程可以称为社区服刑人员的“守法逻辑”。根据社区服刑人员对制度规定性的认同态度差异及具体行为表现的不同，可以将其“守法逻辑”大致分为三大类：遵从性守法逻辑、畏惧性守法逻辑和弱者的反抗。具体如表 4－1 所示。本节主要探讨面对社区矫正的制度理性，社区服刑人员如何在制度规定性和现实选择性之间发挥自身的主体性作用，发展出自己的“守法逻辑”，从而在国家规制空间中呈现出不同的制度融入状态。

---

① 丁寰翔、余建明、庄华忠：《流动人口社区矫正存在的问题、实践及其思考》，载《社区矫正评论》（第一卷），刘强主编，中国法制出版社 2011 年版，第 136 页。

表 4-1 三类“守法逻辑”的区别

	对制度规定的态度	外在行为表现
遵从性守法逻辑	认同	较好地遵从各项规定
畏惧性守法逻辑	不认同	表面化的遵从规定
弱者的反抗	不认同	不同程度和形式的抗拒

一、遵从性守法逻辑

遵从性守法逻辑，也可称为积极主动式守法逻辑，是指社区服刑人员主动接受社区矫正制度的规定对其生活各方面可能带来的影响，态度上认同矫正制度的各项要求及其目标意义，行为上表现为积极配合并按要求完成规定的相关内容。社区服刑人员对社区矫正制度的遵从主要是基于其对法律判决或裁定结果的接受，对参加社区矫正能够帮助其矫正错误观念与行为、提升自身适应社会能力的认可，确信遵守相应监督管理和教育矫正规定的正当性，这也是对社区矫正制度合理性的认可。价值是制度所具有的必然性内涵，正是因为具有这种价值，才使制度呈现的实然状态具备了人们所接受并被社会所承认的合理性。[①] 对社会而言，社区矫正制度有利于合理配置刑罚资源，缓解监狱拥挤状况，降低刑罚执行成本，增强刑罚效果，推动刑罚制度改革，探索有中国特色的社会主义刑罚制度体系的建立。对社区服刑人员个人而言，社区矫正制度的合理性更加重要，这使得他们能在相对自由、友善的社区环境中执行刑罚，并将行为矫正、犯罪预防、功能恢复、能力成长和社会建构融合在一起，形成一种复合型机制。

法律肯定是公正的。你打了别人，参与了就犯罪了。就当是一次教训吧，我本来就没文化，是法盲，学习点法律知识总归是好的。还是有用的，比如法律知识的学习，你就会懂得这是高压线，是不能触碰的。写思想汇报对

① 王顺安：《刑事执行法学通论》，群众出版社 2005 年版，第 457 页。

我们来说也是一种提醒。公益劳动很轻松的，我很愿意去，也累不到。有时候他们走了我会在那里再待一会儿。（F01：男，43岁，小学文化，缓刑，故意伤害罪）

对于法律我们是不能违抗的，对吧，是必须接受的。再说我们本身有错就要勇于认错。像我们这种人本来要进监狱的，但没进去还在外面，已经很好了。讲实话他们对我们的管理还可以的，都是人性化的。劳动的地点也是看你离哪边近就在哪边。举个例子，我们去养老院劳动两个小时，他们也不怎么说我们，我们也自觉，也不觉得累，要做就做好。我们是星期二或星期天选有空的时间去做公益劳动的。打扫卫生、除草啊什么的。我们公益劳动去的地方是敬老院，那边的老人一般要么子女很忙要么子女不孝顺，平时没什么人讲话，你跟他们聊聊天，他们很高兴的。要是没有这个规定，没有这个罪名，提倡公益劳动，我也愿意去干，第一锻炼身体，很简单的事又累不到人。但是，没这种情境常常想不到这些。就像坐公交给老人让个座，又不累，别人看你眼光都不一样，你还会感到自豪。但是没这种场景我也没这种概念，想不起来。你说去帮老人推一下轮椅，聊聊天，老人高兴，你心情也会是两样的。（F16：男，26岁，初中文化，缓刑，寻衅滋事罪）

张某和秦某的回答代表了部分社区服刑人员对于社区矫正制度安排的整体看法，他们意识到自己过往行为的罪错及法律知识的不足，也认为社区矫正的相关规定并不是在有意为难他们，而是在监督、引导和教育他们，使其更好地被社会接纳、顺利回归社会。就像他们认为的一样，一方面这些制度规定并没有对其造成很大的负担，另一方面在完成这些规定性要求的同时也是对他们的一种警示和鞭策。这其中很重要的一点，在于社区服刑人员所形成的合理而有效的认知调节及归因方式，从而减少了他们在遵守社区矫正相关规则过程中的心理冲突，也有效预防了他们因情绪、认知问题而重新犯罪的可能性。也就是说，不否认制度规范、法律宣传及其他环境因素在社区服刑人员产生遵从性守法逻辑中所起到的显著作用，但“行为的外化是通过自我执行的”，在自我认知、主观意识的调节下，形成一个强大的自我执行系统，进而达到遵纪守法的目的，同样是非常重要的。[①]

我以前是有工作的，现在每个月还要参加集中教育、公益劳动，老是跟公司请假是不可能的，你也不是什么很重要的人，现在就不做了，目前没工作，等(社区矫正)结束了再说吧。不过总归还是在外面没有进去(监狱)，能这样我已经很满足了，其他生活没有太大变化吧……这些规定我都会完成的，只要有时间。因为本身占用的时间也不多，(公益)劳动也就一周两小时。我们是去公园，帮公园整理整理，捡捡树枝什么的。我现在在家基本没什么事，专职带女儿(女儿今年4岁)。有时候女儿就让我妈帮忙带一下，我出来一会儿很快就回去。思想汇报嘛，你知道的我基本都在家，没什么变化，每个月都差不多的。我一般都是在快到期限的前几天写的。(进入社区矫正)三年了，现在都习惯了。一开始也是没办法，后来我也无聊没事干，公益劳动的时候出来透透气也挺好的。(F08：女，33岁，职业高中文化，缓刑，盗窃罪)

我这次服刑就是阴差阳错，因为我本来就不是有意去贩毒的。我是中间人，我正好认识这个人，我女朋友正好要买，我就把这个人介绍给了我女朋友。然后判刑说中间人也有份，因为他们是通过我才认识的。正常情况下我是不会去接触这些贩毒的人的。他们都认识我，但是我们平时不联系。我女朋友问起我，我就跟她说我正好认识这个人，我就把电话给她让她自己去联系。我法律意识比较淡薄，我以为我不参与，就跟我无关，没想到中间人也有关系。我是事后才知道的，我一开始是不能接受的。不懂法很可怕，差点把我自己害惨了。痛定思痛，所以我以后再也不会接触这样的人了……以前我也不在意什么法律，只觉得我不会去做违法的事，什么偷窃、杀人、放火之类的事我是不会做的。但这次竟然触犯了法律，真让我没脸见

① 林振林、马皑：“从规则到行为：试论我们为何守法”，载《政法学刊》2010年第4期。

人。我妈也劝我说，犯错了就要好好接受教育，自己以后留心点。我现在倒好点了，每次集中教育，社工他们都会让我们看一些法制片子、告诉我们一些新的交通法规什么的，我觉得这些做法对我这个法盲来说挺好的，多了解一些总是好的嘛，当初就吃了不懂法的亏。（F15：女，30岁，中专文化，缓刑，贩毒中介）

社区服刑人员不涉及分性别关押的问题，因而性别差异在社区矫正实践中往往被忽视。但实际上不同性别的社区服刑人员可能存在不同的心理特征与个性化需求。一般而言，男性社区服刑人员所犯罪行可能是多样化的，而女性社区服刑人员所犯罪刑往往比较集中，且其人身危险性相对较小，社会排斥也没有男性那么强烈，女性社区服刑人员的主要需求大多体现在婚姻、家庭及工作上，她们更敏感、脆弱，更容易产生心理焦虑和情绪波动。[①] 从认罪服法意识上看，社区服刑人员在这方面不存在显著的性别差异。不仅男性社区服刑人员对社区矫正制度安排的意义和作用有深刻的认识，愿意积极配合完成社区矫正的相关规定，并有所反思与总结，而且一些女性社区服刑人员也有类似的观点。她们同样认为能够在社区服刑且受到一定的约束和限制是可以接受的，即便需要暂时放弃工作，不仅在态度上表现出坦然接受、常规化对待，而且更在行动上主动配合并按规定不折不扣地完成既定矫正项目。他们都由内在认知系统的改变引起其自我改造的主动性和积极性，并外化为遵从性守法行为。从杨某和倪某的叙述中还可以看出，她们对社区矫正制度的态度并不是一开始就十分认可，是经历了从无奈到认同的转变过程。她们对社区矫正制度的认知和适应过程在社区服刑人员群体中是非常典型的。除了其认知调试带来认罪服法意识与自我执行系统的改变外，是否还有其他因素促使了他们对社区矫正从最初的无奈乃至抗拒到认同的最终转换，其具体过程与机制又是如何一步步呈现的，这些都

① 王平：《社区矫正制度研究》，中国政法大学出版社2012年版，第274页。

值得我们继续深入思考。

二、畏惧性守法逻辑

从行为表现上看，畏惧性守法逻辑与遵从性守法逻辑并没有太大的区别，社区服刑人员依然遵守矫正制度中监督管理、教育矫正的相关规定，不抱怨、不反抗。不同的是，遵从性守法逻辑是积极主动式守法逻辑，而畏惧性守法逻辑则是消极被动式守法逻辑，是指社区服刑人员内心并不认同社区矫正制度的规范与约束，只是因为害怕受到严厉的惩处而不得不遵守制度的规定。从理论上讲，所有适用社区矫正的罪犯都应该是经过前期的审前调查和环境评估而确定的，即社区矫正只适用那些罪行轻微、主观恶性不大、人身危险性小、易于改造、不致对社会造成危害的对象。但在社区矫正制度执行的过程中，确实会出现不配合、不遵守规定的社区服刑人员，他们都将受到不同程度的惩罚，严重的会由司法行政机关取消假释或重新收监执行。这些制度安排通过反复的理论教化与实践学习，使部分社区服刑人员充分意识到违反规定会带来什么样的后果，他们会因为畏惧承担违法行为所带来的惩罚而选择表面上的遵从。

（问：你现在继续工作吗?）社区矫正到现在已经一年多了，几乎不敢做，我是缓刑不可以外出离开上海，但像我们搞运输的难免要外出。查出来很烦的，不好做就不做了，偶尔跑跑上海附近的。外出要申请，最多可以申请七天的时间，要请假还要跑回来销假，来回跑消耗的时间，都把生意跑丢了，就宁愿不做了。到时候被记起来就麻烦了。我也是没办法，谁也不想这样。规定要求你要这么做，不这样也不行。要是缓刑被撤销了，把我送进去(监狱)，还不如按规定办呢。我是自己的车，帮别人不好开的。别人叫你今天去苏州明天去杭州，你不开，人家不让你干的。我自己干，买的货车。平时干不了车就停在家里，上了保险，偶尔开开把保险钱赚回来。合适的跑一下，反正自己又不发工资，就是保险一万多块钱。(F13：男，41 岁，初中文

化，缓刑，信用卡诈骗）

陈某的回答显示，有部分社区服刑人员尽管内心不认同社区矫正制度的一些规定，但对于违反规定产生的后果有比较清醒的认识。这种认识使具有情境理性的个体能够判断在矫正期间什么是能做的，什么是不能做的，因此对于以权力当局或社会所不认可的方式去反抗的后果怀有畏惧心态，因畏惧而被动式守法。英国著名的政治思想家边沁（Jeremy Bentham）从功利主义的角度探讨了人类行为的本质。在他看来，“趋乐避苦”是人类行为的本能，这种本能构成人类行为选择的重要变量之一。法的本质是利益价值，人的守法行为“更多是一个利益刺激而不是敬重和尊重的问题”①。理性经济人假设也认为人类行为是实现自我利益最大化的过程。社区服刑人员对社区矫正制度的被动式守法，也可以看作其在守法成本、违法成本之间做出的理性选择。守法成本是他们依照法律进行活动而增加的支出及放弃的利益，违法成本则是他们违反法律规定的行为所带来的收益及遭受的相应惩罚。对他们而言，相较于监狱服刑及违法犯罪行为，社区服刑能为其自身带来更多的自由、恢复和成长，也更少遭受风险、排斥和区隔，守法成本大于违法成本，且其预期收益更高，即将遵守制度规定和完成矫正项目视为自我成长的重要契机。因而，即便内心不认同，但他们依然从理性计算上选择了畏惧性守法逻辑及行为。对于社区服刑人员的这种心态，矫正社工们在工作中也有所觉察。

（问：你有没有遇到刚来时很不配合的对象？）怎么说呢？应该说社区矫正在制度上是越来越规范的。我刚开始做社工时，不配合的矫正对象还是很多的。那时候社区矫正执行还没有这么严格，警告三次就立马收监。现在，特别是最近这几年，社区矫正执行得越来越规范，也越来越严格。在制

① ［美］波斯纳：《法理学问题》，苏力，译，中国政法大学出版社 1994 年版，第 297 页。

度遵守方面，不管他们心理上是不是接受这些规定，至少表面上表现出来的还可以。在矫正期间他们遵守了规定，将来是否能够改变就很难说了。(S06：女，31岁，本科文化，8年社工工龄)

失去更多自由的威胁就像悬在社区服刑人员头上的一把利剑，使他们要时刻反省自己的行为是否符合社区矫正制度的要求，“不管他们心理上是不是接受这些规定，至少表面上表现出来的还可以。在矫正期间他们遵守了规定，将来是否能够改变就很难说了”。这样的评价，从侧面反映了社区服刑人员会在社区服刑与监狱服刑之间的两重世界中做出的两种选择。社区服刑人员可能受到警告、记过或重新收监等惩罚性制度安排有助于矫正社会工作者工作的推进，并成为促使服刑对象遵从管理的重要手段之一。然而，惩罚性制度安排也有一定的负面效应。目前，在社区矫正实践中监督管理任务很大一部分还是由矫正社会工作者协助司法行政机关来完成，也就是说，矫正社会工作者在工作中要扮演监督者和管理者的角色，并且这种监督和管理内容是制度所规定和强制的，不以矫正社会工作者和矫正对象的意志为转移。这使得矫正社会工作者与社区服刑人员的关系并不能像真正意义上的社会工作者和主动来访的服务对象的关系，是一种非自愿的工作关系而非专业关系，这在一定程度上加大了矫正社会工作者与社区服刑人员建立信任和形成有效专业关系的难度，限制了社会工作者在社区矫正过程中作用的发挥。正如矫正社会工作者(05)在对象重新犯罪反思中所说的那样：“有的对象善于伪装自己，我们很难事先预防其重犯。”

刘某从艰苦的监狱环境回到舒适的家中，从长期禁锢到恢复自由，对假释的机会自然特别珍惜。但他也清楚自己不是真正意义上的释放，如果在假释期间有违反相关管理规定的行为，就会被撤销假释资格，重新回到监狱继续服刑。所以，刘某对社区矫正关于假释的管理要求“非常配合”，给社区民警和帮教小组成员的感觉也是他在积极改变自己。前期我们也协助其落实了低保。然而，直到后来他因帮助朋友要债，在本市某宾馆非法拘禁被害人D某，被法院以非法拘禁罪判刑并收监才让我们意识到，他之前善于伪装自己，内心好逸恶劳、不劳而获的思想并没有发生根本性改变，而从他不肯参加政府免费技能培训项目、拒绝就业、一心只想经商做老板也能看出。但这是我们很难预防的，哪怕之前感觉到也不好明说。（S05：女，28岁，大专文化，5年社工工龄）

（问：你的对象中有重犯的吗?）有，今年我的一个在机场的服务对象是因为非法经营，让朋友从国外带香烟回来在网上销售，前提是，他没有经营许可证。他重犯的一个原因是他的朋友过来找他，说最近还可以，抓得不紧。另一个原因是当时他老婆怀孕，父母下岗，家里比较需要钱。他就又重新做非法经营的事了。他做了有大半年才被抓的，属于累犯，收监了。之前还有一个对象是故意伤害罪被收监的。他是电机公司的老总，把他的小舅子打了，被判缓刑。后来好像是他有一次跟朋友在KTV唱歌，跟人家发生口角又把人给打了，就被收监了。所以有时候这种原因归根到底还是服务对象他们内心没有真正意识到自己是服刑人员的身份。有些服务对象的重犯是突发的，比如那个发生口角把人打伤的。那个非法经营的，他不说我也不知道，因为那些规定性的任务他还是有做的，我后来还翻看了他的思想汇报内容，依然看不出来，他也写知道错了，要好好改正、遵纪守法这些的。（S01：男，34岁，本科文化，9年社工工龄）

这反映出畏惧下的“守法逻辑”，表面呈现的是守法行为，实则隐含着一种越轨的风险和隐忧。因而，在社区矫正实践中，应当加强对社区服刑人员的风险评估。根据社区服刑人员的犯罪类型、认罪服法态度、行为表现、社会关系等，并结合其所在的村(居)民委员会、工作单位、就读学校、家庭成员或监护人的日常观察，对社区服刑人员展开重新犯罪风险综合分析，确定其风险等级，为社区矫正方案的制订、实施及调整提供基础。当然，这种风险评估不仅是在社区服刑人员进入矫正之初才进行的，在其矫正过程中也应定期展开对其刑事再犯的评估，以了解其心理、行为可能的变化趋向。这种风险评估机制实质上将社区服刑人员看成是有差异化的个体，从而提供有针对性的风险干预机制，提升社区矫正效果，维护社会安全稳定。在之前的司法实践中，北京、上海等地已经分别建立了社区服刑人员风险评估及分类管理教育实施方案。针对上海三个区的社区服刑人员重新犯罪风险评估的相关研究表明，他们当中无重新犯罪风险的占八成左右，重新犯罪风险较小的约占两成，仅有2.8%的人有中度的重新犯罪风险。[①] 社区服刑人员中的这部分有中度犯罪风险的人无疑是需要特别关注的，在对其加强监管的同时更要探讨建立预防其重新犯罪的相关机制。

三、弱者的反抗

美国社会学家斯科特(James C. Scott)曾经区分了两种反抗，一种是“真正”的反抗，即有组织的、系统的、合作的、有原则的、非自利的、具有革命性后果，将观念或动机具体化为对统治基础的否定。相对而言，另一种则是“象征的、偶然的或附带性的行动”，这种行动是无组织的、非系统的和个体的，也是机会主义的、自我放纵的、没有革命性的后果的，其意图含有一种与统治体系的融合，这种日常行为即是弱者的反抗。[②] 面对社区矫正制度的强制性和规定性，部分社区服刑人员也表现出类似的弱者的反抗。尽管对矫正社会工作者的访谈和对他们的问卷调查结果均显示绝大多数社区服刑人员能够按照社区矫正实施办法的规定约束自己，并完成相应的矫正内容，但不容忽视的是，在社区服刑人员群体中依然存在一些不同程度的或公开或隐匿的反抗行为。这些反抗的具体行为表现是多种多样的，如在完成各矫正规定项目过程中出现的消极、不配合、迟到、早退、效率低下、拖延、敷衍、不守信用、找借口、抗拒等，他们通过这样的方式来表达其对社区矫正制度

---

① 李光勇：“社区矫正人员重新犯罪风险评估与预防”，载《中国人民公安大学学报》(社会科学版)2013年第5期。

② [美]詹姆斯·C.斯科特：《弱者的武器》，郑广怀，等译，译林出版社2011年版，第354页。

规定的反抗，这在一定程度上影响了社区矫正制度的效力。

我刚进社区矫正一个多月，没有交过思想汇报，我不会写。（问：那你没交思想汇报，社工有催促你吗?）催了啊，但我不会写有什么办法。后来他继续叫我写，说随便写点什么都行，可我还是不会写。公益劳动我也没有参加，因为找不到地方，我不认识路，他们叫我下次去补一下。（问：你是否知道这些规定性要求如果没有做到是会受到处分的?）知道啊，我已经被警告过一次了。据说警告三次就会被抓进去。进去就进去，进去待几个月就是了，有什么好担心的。（问：对这些警告惩罚你也不担心吗?）嗯，主要是不会写，那有什么办法，该抓就抓呗。这是什么规定，对我一点不适用。我不是不会写字，我是不知道写什么内容。（F02：男，18 岁，初中肄业，缓刑，偷盗）

（问：这里的工作人员对你的要求你都会完成吗?）几乎都会完成。思想汇报，因为我没有文化，我叫我媳妇代写，我只是签个名。（问：你一般会把真实的思想写到汇报里吗？每个月写的都一样吗?）就算不真实每个月也不一样的，每个月学习的内容不一样，社工要求我们把学习的内容也写进去。因为我媳妇要上班嘛，这方面我们做得不好，我有时候问，有时候不问，不是不想问，感觉问多了会给她造成压力，怕她不高兴。有时候 20 号交(社工要求每月 20 号交)，有时候 20 几号才交，不一定准时交，提前交的情况比较少。（F14：男，45 岁，小学文化，缓刑，交通肇事）

以王某为代表的部分社区服刑人员在接受社区矫正期间，对矫正社工的监管有一定的抵触情绪，常常以自己文化程度低、不会写、不知道写什么为由，不愿服从工作人员的教育、管理，使得社区矫正的制度规定难以落实并发挥其应有的作用。而像蒋某这样，虽然勉强每月都能递交思想汇报，但其完成的质量并不能达到规定所预期的效果。这其实反映了两种不同的反抗策略，一种是直接抗拒，另一种则是消极应对。作为一种非监禁刑罚制度，社区矫正制度具有明显的强制性，其对矫正对象的监督管理、教育矫正的措施及要求均在社区矫正相关法律法规中做了规定，矫正对象有义务必须接受，对于违反规定者可能会被记过、警告、取消假释或重新收监服刑。王某的反抗行为极有可能会带来比较严重的制度性惩罚。社区矫正也具有针对性，应该要因势利导、因人施教、对症下药，针对矫正对象的具体问题及障碍制订个性化的矫正方案，针对不同年龄、不同案情及不同主观恶意的矫正对象有的放矢地采取不同的教育方式和矫正策略，以矫正其犯罪心理和行为恶习。[①] 蒋某因年纪较大，文化程度较低，采取了一些消极应对策略，但仍然是在遵守社区矫正规定性的前提下进行的。这表明需要矫正社会工作者针对这类群体的特性，在制度框架内更多地探索一些有针对性的矫正方案，以提高社区矫正的实际效果。

如前所述，缘于身份的特殊性，社区服刑人员在社会融入过程中首先要面对的就是强制性的制度适应，即对社区矫正制度的规定性做出符合制度规范性的有效回应。作为一种非监禁刑罚制度，社区矫正制度具有惩罚性与福利性的双重特性，惩罚性主要从监督管理和公益劳动两方面实施，福利性则主要体现在教育矫正和帮困扶助上。在社区矫正的实践运作中，组成矫正小组的司法行政机关工作人员、矫正社会工作者及志愿者在合力矫正社区服刑人员的犯罪心理及行为恶习的同时，也存在不同程度的角色、地位困扰。社区矫正日常监督管理中的思想汇报、公益劳动呈现出形式合理性与实质合理性的冲突，心理矫正总体上还比较薄弱。面对作为非自愿性服务对象的社区服刑人员服务供给的特殊性及当前流动人口中社区服刑人员矫正的复杂性，社区矫正资源供给系统中的正式资源支持作用有限，非正式资源建设及动员相对不足，这在一定程度上影响了社区矫正的效果。社区服刑人员通过遵从性守法逻辑、畏惧性守法逻辑或弱者的反抗等行为方式来回应社区矫正制度的规训要求。

① 张峰、连春亮：《行刑与罪犯矫治社会化研究》，群众出版社2007年版，第268—269页。

第五章　市场空间的过滤效应与社区服刑人员的经济分化

社区服刑人员社会融入的基础是经济融入，即他们进入社区服刑后在就业、收入等方面能够达到满足其日常生活需要的经济水平与经济地位。相对稳定的就业及收入有助于他们社会地位的提升及生活方式的改变，进而促使其心理认知转变及社会归属感的增加。本研究在前期调查中发现，在社区服刑人员中目前有工作的占64.5%，没有工作的高达35.5%。在其就业人员中，受雇者占43.2%，自雇者为21.3%。这说明，他们大多数能够通过就业或创业获得稳定的收入以实现经济融入，但仍然有相当比例的服刑人员没有获得稳定的工作及收入。他们的失业率远高于同时期我国城镇登记失业水平。[①] 社区服刑人员自身的人力资本、就业认知、就业选择不尽相同，加之其所具有的犯罪经历和服刑者身份使得他们社会地位贬损，信任资本匮乏，社会关系网络弱化或断裂，这些因素加剧了他们在市场竞争中的经济分化及弱势地位。本章

① 2012年我国城镇登记失业率为4.1%。中华人民共和国国家统计局编：《中国统计年鉴》(2013)，中国经济出版社2013年版。

主要探讨社区服刑人员的就业空间所蕴含的规训机制，及其对这一群体就业偏好、就业维持的影响，进而揭示和反思社区服刑人员经济融入的行动及逻辑。

第一节　理性选择与嵌入性：社区服刑人员就业单位的雇佣逻辑

从社区服刑人员就业单位的角度来看，其雇佣逻辑既要考虑规避市场运作中的风险和不确定性，也要考虑国家就业促进政策所带来的机遇及利益，尤其是近年来国家专门出台了针对社区服刑人员等特殊群体的就业帮扶政策，给予其就业企业以相应的税收优惠及财政补贴，这在一定程度上促进了这一群体的就业。但从社区服刑人员的角度来看，明显的身份限制使之不同于社会上其他弱势群体，他们很少能进入体制内单位，更多的人只能选择进入体制外的劳动力市场，从事非正规性、低稳定性和低保障性的工作。这种劳动力市场中的社会排斥，使得他们在就业及职业发展中面临更多的风险及不确定性，更有可能遭受到贫穷与边缘化，从而陷入发展性困境。

一、就业市场中的风险、不确定性与理性选择

一般而言，劳动力市场分割为正式劳动力市场与非正式劳动力市场两种。正式劳动力市场工作条件较好，工资收入较高，工作稳定且管理规范，职业发展空间大。与之相反，非正式劳动力市场工作条件较差，工资收入较少，工作稳定性差，晋升机会缺乏。“市场通常对所有来者都开放。但那些不具有成员资格的人在市场中是最脆弱和不受保护的。尽管他们自由地参与物品的交换，但那些共享的物品没他们的份。他们被排除在共同体的安全和福利供应之外……他们在集体中总是处于没有保障的位置。”[①]由于社

① ［美］迈克尔·沃尔泽：《正义诸领域：为多元主义与平等一辩》，诸松燕，译，译林出版社 2009 年版，第 38—39 页。

区服刑人员的身份仍然是服刑人员，他们缺少进入正式劳动力市场的门槛和资格条件，更多的只能进入非正式劳动力市场就业或自主创业。但他们的特殊身份使之在非正式劳动力市场的就业也遭遇到诸多排斥，他们的就业状况存在就业率低、就业质量差、自主创业困难多等问题。很多用人单位会将社区服刑人员作为具有潜在威胁的对象加以区隔化，他们一般不愿用也不敢用这一类型的人员。

就业排斥是社区服刑人员遭遇的最普遍的社会排斥之一。这既源于人们在文化心理上的“前科歧视”，认为作为犯罪人员的社区服刑人员就应该在监狱中接受惩罚，他们需要为自己的犯罪行为付出相应的代价，社会对其认可度、接受度较低；同时，更重要的是，就业市场中的企业、单位之所以不会选择雇佣社区服刑人员，是因为作为理性行动者的他们在选择员工时主要考量的就是实现自我利益最大化。而社区服刑人员在思想、行为上的不确定性可能会给其所在的企业、单位带来更多风险，从而对其经济效益乃至社会效益造成损害。在科尔曼看来，这些企业、单位等社会组织可称之为“法人行动者”，他们和“自然人行动者”一样，是现代社会重要的行动主体。法人行动者在内部结构上建立了规定各自权利及义务的法规、制度和权威结构①，其外在行为上的目的性非常明确，即采用理性选择策略，以最小的代价获取最大的收益。在科尔曼的理性选择理论中，所有的行动者都会“以一种与目的相一致的方式行事，不是以一种多少有些反常或乖戾的方式行事，而是以一种合目的的方式行事，这样我们就能考察这些行动者的功能系统的行为方式”②。这正反映了就业市场上企业单位面对社区服刑人员时以“目的合理性”为主的雇佣逻辑。

一般来说，犯盗窃罪的社区服刑人员找工作是相对较难的，像保安等一些职位是明确不招用犯盗窃罪人员的。以前在招聘会上，有的用人单位会

① 任慧颖：《当代中国非营利组织的社会行动研究》，济南出版社2007年版，第5页。
② 转引自[瑞典]理查德·斯威德伯格：《经济学与社会学》，商务印书馆2003年版，第69页。

直接对我们说，要是别的类型的犯罪人员我们可能会考虑，犯盗窃罪的我们是不会录用的，领导、同事都挺忌讳这个的。我不能找个小偷在身边，让大家每天提心吊胆的，同事之间以后也不好相处，互相戒备着也影响工作。这类社区服刑人员也是我们最头疼的，在社区服刑人员专场招聘会上，我们会尽量跟用人单位交涉，向他们介绍社区服刑人员在矫正期间的悔过表现，并告诉他们我们以后也会对这些对象进行管理、跟踪评估。希望这些用人单位不要老是看到社区服刑人员的过去，虽然他们以前有过盗窃行为，但盗窃的原因每个人都不完全一样，应该给他们一个独立的机会，有利于他们的改造，对社会秩序的和谐稳定也是有好处的。(S01：男，34 岁，本科，9 年社工工龄)

也有一些单位的领导还可以，他们招用了这些人(即社区服刑人员)之后，一般都不会把他们的身份告诉单位里的其他人，毕竟他们是犯过罪的人，社会对他们还是有点看法的，尽量减少不必要的矛盾的出现。这样对这些对象也有好处，减轻了他们工作时的心理负担。(S04：女，52 岁，中专，2 年社工工龄)

可见，社区服刑人员一般在就业市场中都会遭遇到比较严重的排斥。从作为法人行动者的用人单位自身的选择逻辑来看，这既是面对市场不确定性的一种风险规避措施，更是基于信息不完全基础上的理性选择行为。如前所述，法人行动者是理性行动者，其行为的目的就是获取利益，他们会最大限度地获取相关信息以做出最优选择。这需要依靠“一组共有的标志、一系列共有的社会准则和一套强制执行准则的制度”。但事实上，由于获取信息及处理信息的能力有限，行动者只能获得不充分信息，不可能做到“完全理性”，而只能是“有限理性”[①]，即在有限信息的基础上寻求最优或次优化选择，达到“搜寻性”和“满意性”的统一。在就业市场上，用人单位在社区服刑人员的性格、交往、行为等信息不完全及信息不对称的时候，更多采用简

① ［美］西蒙：《现代决策理论的基石》，杨砾、徐立，译，北京经济学院出版社 1989 年版，第 45 页。

化机制——排斥具有服刑者身份的对象——以规避雇佣社区服刑人员之后带来的风险及不确定性。这可能会导致社区服刑人员的就业困难，使得他们不仅容易陷入贫困陷阱，也不利于他们的社会融入。当经济贫困和心理落差积累到一定程度时，他们就可能与犯罪时期形成的交往体系继续互动以获取支持，或再次表现出反社会的行为。①

二、就业帮扶中的制度嵌入与就业促进

新经济社会学认为，无论是法人行动者还是自然人行动者，其行为在寻求自我利益最大化的时候，都会受到其所"嵌入"的社会结构、制度规定、文化习俗的影响。即在特定的社会规范与社会网络中实现行动者行动的目的与动机，因为行动者的行为既不是纯粹经济的，也不仅是个人主义的，而更是历史、社会的产物。② 对用人单位来说，其雇佣逻辑既要考虑规避市场运作中所面对的风险及不确定性，以获取利益最大化，也要考虑国家制度尤其是就业促进相关政策嵌入就业市场后对其行为选择的影响，尤其是近年来国家专门出台了针对社区服刑人员等特殊群体的就业帮扶政策，给予其所在的就业企业以相应的税收优惠及财政补贴，这在一定程度上促进了这一群体的就业。同时，现代企业的经济行为不仅存在于经济领域，更存在于广泛的社会领域，尤其是对企业社会责任的强调，使得企业行为成为追求经济价值、社会价值的统一体，以获取综合价值的最大化。企业雇佣一部分社区服刑人员，不仅有助于其享受一定的税收优惠及财政补贴，也是其履行社会责任的显著体现。

在市场空间中，作为国家权力代表的政府部门不断通过制定、颁布与社区服刑人员有关的就业促进政策，影响着用人单位的雇佣行为。2008 年，X 区人力资源和社会保障局根据《关于调整〈X 区促进就业政策实施意见〉有关激励就业等条款的意见》的相关规定，对招用经认定的本区户籍的特殊就业

① 张红：《社区矫正对象就业问题实证研究》，华东理工大学 2010 年硕士学位论文，第 34 页。
② 高和荣：《经济社会学》，高等教育出版社 2008 年版，第 101 页。

援助对象的用人单位，给予其当年社会保险费缴费基数下限100%的社会保险费补贴，若连续用工满五年，从第六年起按照每年递减10%的标准给予社会保险费补贴，同时给予特殊就业援助对象400元/人/月的就业补贴。2009年，上海市人力资源和社会保障局在《关于2009年加强就业援助稳定就业局势的若干意见》中规定，为促进社区服刑人员等“就业困难人员”就业，本市企事业单位、社会团体、民办非企业等吸纳其就业并签订一年以上劳动合同的用人单位，给予其5 000元或10 000元每人每年的一次性补贴，补贴期限最长不超过2年。对于吸纳新认定的“就业困难人员”就业的公益性岗位，失业保险基金按月给予岗位补贴、社会保险费补贴。在2010年的《进一步加强就业援助工作的若干意见》中，将针对吸纳就业困难人员就业单位的补贴期限延长为“最长不超过3年”。2011年，上海市国税局等联合下发《关于本市支持和促进就业有关税收优惠政策具体实施问题的公告》，规定企业在新增岗位中新招用下岗失业人员、享受最低生活保障且失业1年以上的城镇其他登记失业人员，与其签订1年以上期限劳动合同并依法缴纳社会保险费的，可享受企业税收减免政策。这些政策的颁布实施，在一定程度上增加了社区服刑人员的就业。

同时，自2007年起，上海市社区矫正办联合市劳动局、新航社区服务总站、社会帮教志愿者协会等，定期在各区县组织专门针对社区服刑人员、刑释解教人员的专场招聘会，引导各类企业为其提供更多的就业岗位，并通过举办社区服刑人员免费技能培训，提高这一群体的就业技能。2004年，市社区矫正办和市爱心基金会制定了《关于对社区服刑人员和刑释解教人员中部分青少年资助就学、职业技能培训经费的意见》，通过对其职业技能的培训提高其适应社会的能力。2010年，X区司法局依托区帮教社工站，成立了专门服务社区服刑、刑释解教等回归人员的“播爱新航就业服务社”（刚成立时叫“播爱新航工作室”），用于探索“就业—培训—管理”一体化帮教工作模式。服务社向企业宣传政府促进社区服刑等回归人员就业的优惠政策，挖掘就业岗位信息，鼓励企业积极看待该群体的特殊性，消除企业的用工疑虑，引导回归人员端正就业观念，继续做好回访帮教、跟踪帮教等工作。随后的三年间，服务社接待两类人员就业登记人数 224 人，安排面试 341 人次，成功推荐上岗 166 人，帮助众多回归人员重新开启职业之路。

我们通过去企业给他们宣传，介绍政策，最关键的还是推荐介绍去工作的对象要认真做，如果推荐去的人工作能力不行，到头来还是推荐不出去的。我们现在也发展了一些企业，不是说你在网上查到招聘信息然后就直接联系对方说要把这些人推荐过去，这是不行的，还是要对这些企业有一定的认识和了解，通过先跟他们宣传、介绍政策，再推荐人过去就业，最后看这个人工作得怎么样，如果可以，再推荐人过去，反反复复长期保持联系。长此以往，这些企业也了解了这些人的情况，知道了市里、区里针对这些人就业有哪些优惠补贴政策。就像我们区里有针对个人的岗位补贴，鼓励他们就业，只要你去企业，企业帮你缴纳了养老金等就算正式就业了，个人可以享受补贴，今年是每个月每人 500 元。这是针对个人的补贴，还有一块是鼓励企业吸纳这些人的补贴。对企业的补贴就是养老金等五金的补贴，企业招他们是要给他们交金的，补贴的推行是为了降低企业的用工成本，鼓励他们多吸纳需要重新被社会认可和接纳的人。（S04：女，52 岁，中专，2 年社工工龄）

可见，在制度嵌入的市场空间中，社区服刑人员在劳动力市场上的就业状况有所好转，但仍然存在一定的排斥。作为法人行动者的企业，其雇佣行为既是以理性选择行为实现自身最大利益的方式，也是在经济价值和社会价值之间相互协调、平衡的产物。雇佣社区服刑人员一方面是因为这些人正好是企业们所需要的，能够胜任工作，创造出价值，另一方面也和政府政策有关，由此会给企业带来税收优惠及相应补贴，这是企业吸纳社区服刑等特殊人员就业时的重要考量。当然，不同的企业主体会以不同的方式在其经济责任、社会责任之间进行调试。因而雇佣社区服刑人员的主要是民营企业和中小企业居多。“播爱新航就业服务社”也曾推荐过两类人员去大企业就业，并向企业宣传国家优惠政策，但大企业表示更关注就业对象本身合适与否，因而成功的案例比较少。

（问：你是怎么理解你的老板招用这样的员工的?）我可以给你介绍一下我的老板，我在公司上了四年班，我谈一点我的感触。这个人是一个有良心的人，他从东北到上海来，今天招这么多人，简单来说，上海给了他机会，他现在回报上海，回报政府。（问：这跟他经历有关还是他领悟到什么了？因为很多企业家在创业的时候都不容易，等自己发达了也不一定愿意接收这么多过去经历不太“光彩”的对象作为员工。）我是这样理解的，我老板作为一个东北人，从刚到上海开始做第一家市场到现在拥有三十多家市场，而且大部分市场是在我们区，我想区政府肯定给了他很多的支持，但是如果他没有能力政府也不会支持他的。他是一个有良心的人，也是有能力管好我们这一帮人的人，事实上也是如此。现在不断地还有一些人（有前科的）送进去，说实在的都是一些没什么文化的人，包括我自己，我只是高中没毕业。我们这些人都是些调皮捣蛋的，有些还吃了十八九年的官司，现在都能安安稳稳地在我们老板的公司干活，说明我们老板是有能力的，不但有经营公司的能力，也有管理人的能力。我们公司如果没有政府的补贴是要亏钱的，管理市场的工作也要有人做，我老板就承接了，属于公益性质的，政府考虑到公司要给员工发工资，每年政府给公司的补贴是600万元，补贴之后公司也不怎么赚钱的，差不多过得去。我们每年重阳节对孤寡老人、高龄老人以及生活有困难的人的补贴花费就很多，具体多少我不太清楚。我们单位有个菜市场报，每个月出一份，会把这些事刊登出来。老板付出了很多，公益事业做了很多。（F03：赵某，男，47岁，职高文化，缓刑，偷税漏税）

作为法人行动者的企业，其雇佣行为不仅涉及人力资源配置及经济利益最大化，也涉及更为广泛的社会、文化、价值等相关领域，其理性选择中的

"理性"也不止于行为上的意义。马克思·韦伯在理性化理论中提出社会行为的四种类型：传统行动、情感行动、工具合理性行动和价值合理性行动。在韦伯看来，后两种合理性行动是社会行动研究中需要重点关注的。其中，工具合理性行动是"通过外界事物的情况和其他人举止的期待，并利用这种期待作为'条件'或者'手段'，以期实现自己合乎理性所争取和考量的作为成果的目的"，价值合理性行动是"通过有意识地对一个特定的举止——伦理的、美学的、宗教的或作任何其他阐释的——无条件的固有价值的纯粹信仰，不管是否取得成就"①。这两者不是相互隔离、排斥的，可以实现有机结合。正如阿玛蒂亚·森所言："通过扩大信息基础，就有可能得到社会和经济评价的连贯一致的决策标准。"②可见，随着制度嵌入及"播爱新航就业服务社"等公益组织的努力，市场空间中的企业获得了更多充分的信息，其对社区服刑人员的雇佣行为不仅是工具理性行动，也是价值理性行动，在一定程度上实现了这两种理性的融合与统一。

第二节　社区服刑人员的就业状况及其分化机制

社区服刑人员的就业是其实现社会融入的重要手段。在我国目前总体就业形势比较严峻的背景下，这一群体的就业问题也更为突出。民政部、司法部在社区矫正的相关法律法规中多次规定，社区服刑人员在就学、就业、社会保障等方面的权利不受歧视。本节主要分析社区服刑人员的就业状况及其分化机制，从而为社区矫正机构及相关部门有针对性地开展对社区服刑人员的就业指导和职业培训、提高其就业技能提供现实依据，促进社区服刑人员社会融入的进程。

① ［德］马克斯·韦伯：《经济与社会》，林荣远，译，商务印书馆1997年版，第56页。

② ［印］阿玛蒂亚·森：《以自由看待发展》，任赜、于真，译，中国人民大学出版社2002年版，第254页。

一、社区服刑人员的就业状况

在前期调查的基础上，本书主要从就业观念、就业途径、就业收入及就业满意度等方面对社区服刑人员的就业状况加以分析。

1. 就业观念偏差

就业观念指的是就业主体对就业目的、意义等方面的根本意识和态度，这是由就业动机、就业定位、就业选择等多种要素构成的有机整体。就业观念受一定的社会政治、经济、文化状况的制约，具有社会性，同时又受就业者本人的世界观、价值观和个人的经验所制约，因而，又具有个体性。具体来说，对社区服刑人员而言，就业观念主要关注这一群体在职业选择上的种种心态，是其自我价值取向在职业选择领域内的表现形式。问卷调查中设计的相关问题有："我宁愿待在家里也不愿意做低工资的工作""我宁愿待在家里也不愿意做不对口的工作""我宁愿待在家里也不愿意做太辛苦的工作""我不愿意参加工作""我要为家庭承担起一份责任，做我力所能及的工作"等，数据结果经整理列于表 5－1。

表 5－1　社区服刑人员的就业观念(%，N=586①)

问　题	选　项					
	非常认同	比较认同	一般	不太认同	不认同	说不清
我不愿做低工资的工作	3.7	7.3	14.9	26.7	42.0	5.3
我不愿做不对口的工作	4.5	8.2	16.3	25.5	39.4	6.1
我不愿做太辛苦的工作	2.2	6.7	17.3	24.1	45.5	4.3
我不愿意参加工作	1.4	2.5	12.4	20.2	59.6	3.9
我要做力所能及的工作	45.1	31.4	18.4	1.3	1.5	2.3

资料来源：课题组调查数据。

① 需要说明的是，与就业相关的数据统计及模型建构，均只选取了年龄在 16～60 周岁(就业年龄)范围内的部分数据，有效样本量为 586。

统计结果显示，有 68.7%的调查对象可以接受低工资的工作，仅有 11.0%的调查对象宁愿待在家里也不做低工资的工作，还有 14.9%的人持中立态度。当问及对于不对口工作的态度时，64.9%的社区服刑人员表示会接受，12.7%的人表示宁愿待在家里也不愿意做不对口的工作，其余 16.3%的人表示视情况而定。有 69.6%的人可以接受辛苦的工作，仅有 8.9%的人宁愿待在家里也不做太辛苦的工作，17.3%的人对较辛苦工作的态度一般。89.8%的社区服刑人员就业意愿较强烈，仅有 3.9%的人不愿意工作，且 12.4%的人就业意愿一般。有 76.5%的调查对象表示要为家庭承担一份责任，做自己力所能及的工作，但仍有 2.8%的人表示不会因为家庭责任而选择自己力所能及的工作。可见，大多数社区服刑人员持有比较积极、主动的就业观念，他们希望通过自己的实际努力来承担其应尽的职责。但部分社区服刑人员在就业观念上存在偏差，他们的就业期望过高或过于理想化，而其在劳动力市场的就业竞争力又相对较低，使得其就业存在一定的困难。

有些社区服刑人员不太能吃苦，可能从小父母比较娇惯吧，找起工作来好高骛远，一般的工作看不上，好的工作又找不到，经常无所事事，宁愿吃低保、住廉租房也不去工作。我们也经常给他们推荐一些工作机会，如保安、保洁、家政服务等，但有的对象往往一开始去工作几天，后边就嫌工作苦、工资低，然后就不去了，弄得我们也很被动。他们不工作了，又没有固定收入，有的又跑来找我们介绍工作。我有时也会生气，问他们到底要找什么样的工作，现在就业形势这么不好，连很多大学生毕业都很难找工作，他们还挑三拣四的。有的社区服刑人员就直接说想找个工作相对轻松、赚钱也不能太少的。我说这怎么可能。你别看他们收入不多，年轻的尤其是没成家的，花钱还很大方，经常和朋友吃饭什么的，我也不知道他们这些花销的钱是从哪里来的。国家现在比较注重对他们的就业帮扶，我们也定期组织一些街道的企业、单位，给他们提供一些就业岗位和就业信息，成功的也有一些，但比例还是比较小的。(S02：男，50 岁，中专，10 年社工工龄)

这其实反映出部分社区服刑人员在就业观念上存在的定位偏差问题。他们的就业需求与实际提供的就业机会之间很难匹配，从而导致了其就业不稳定乃至就业困难。这无疑需要在加强对其就业帮扶的同时转变其就业观念，使其能更加客观地评价自我，正确认识自己的个性、爱好、就业竞争力，明确就业意向与就业目标，调整自己的就业预期，从之前的“高不成、低不就”转变为“高也成、低也就”，或先就业再择业，这样会更加有利于社区服刑人员的经济融入。

2. 就业途径：更多依靠家人、亲戚、朋友

就业途径主要指社区服刑人员获得就业或创业信息、就业岗位的具体方式和路径。一般而言，社区服刑人员既可以通过正式的渠道如街道、社区的劳动就业部门和社区矫正机构获取这些信息，也可以通过非正式渠道如家人、亲戚、朋友等获取就业或创业支持。就“你从哪些渠道收集就业或创业信息”这一问题，50.7%的社区服刑人员更多的是通过亲朋好友及其他个人关系收集就业或创业信息，27.8%的社区服刑人员通过互联网来搜寻就业或创业信息，16.4%的对象通过报纸、广播、电视台等媒体获取就业或创业信息，14.3%的对象通过职业介绍机构的中介方式获得就业或创业信息，通过政府劳动部门、学校或街道等组织获取就业或创业信息的分别只有4.5%和1.4%。可见，亲朋好友、新闻媒体等非正式渠道在社区服刑人员获取就业或创业信息上发挥了更为显著的作用，政府部门等正式渠道在其中的作用相对有限。就目前的工作状态来看，没工作的占1/3左右(35.4%)，在有工作的64.5%人员中，受雇者为43.2%，自雇者为21.3%，其创业者所占比例高于社会一般成员。很多社区服刑人员表示，在就业市场中屡屡受挫是他们选择自主创业的原因之一，当然还有部分社区服刑人员在入狱前就是自雇者，他们在社区服刑后很多人又重操旧业。具体如图5－1所示。

就社区服刑人员当前工作的获得途径而言，接近33.3%的对象选择了自主创业，34.9%的对象是自己直接应聘获取这份工作的，29.1%的对象是通过亲戚朋友、家人的帮助得到工作的。而通过街道、居委会工作人员或矫

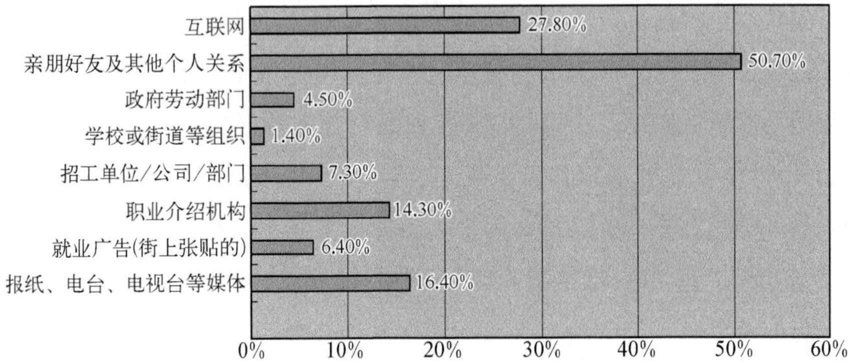

图 5－1　社区服刑人员就业信息的获得渠道

资料来源：课题组调查数据。

正社会工作者帮助获取工作的只有 1.4％和 1.1％。针对“在您找工作或创业过程中，哪些人给您提供过帮助”这一问题，选择比例较大的依次是家人(44.6％)、亲密朋友(44.3％)、亲属(29.4％)、同事(17％)、同学(16.4％)、生意或项目伙伴(12.2％)、一般朋友(11.1％)，政府相关部门所占的比例较低。这说明，在社区服刑人员的就业过程中，互动频率高、关系密切的家人、朋友、亲属等“强关系”能够提供更多有效的帮助，如提供就业或创业信息、给出具有针对性的意见、提供资金支持等，与之互动频率低、关系相对疏远的政府机构及其工作人员提供的帮助有效性则相对较弱。具体如图 5－2 所示。

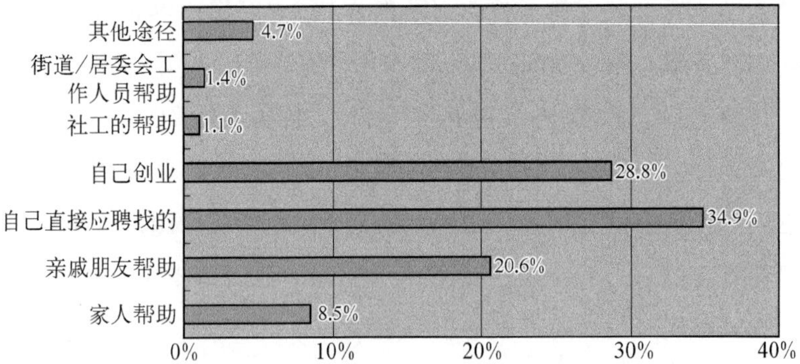

图 5－2　社区服刑人员目前工作的获得途径

资料来源：课题组调查数据。

我现在很少到劳动力市场去找工作，我认识的好几个人也都不是通过劳动力市场找到工作的。因为企业对我们社区服刑人员的身份还是很介意的，他们不愿意雇佣我们这种人，可能觉得不好听吧。再说我自己也不太好意思这样去找，双方都尴尬，没必要。社工有时也会给我们提供一些就业的信息和岗位，有的单位即便去了也还是容易被人瞧不起的。我是通过以前的朋友关系找的这份工作，他知道我的情况，我也了解他，这样效果更好一些。(F17：男，51 岁，本科，假释，受贿罪)

我以前做淘宝店，一直想做电商，这是现在的大趋势。出事(进监狱)后就没做了。之前我应聘了天猫的客服，想去学点东西，而且工作了一个多星期。但是是隐瞒自己服刑人员的身份去的，如果他们知道了应该会不要我的。但上班了又觉得不自由，我要经常参加集中教育活动，觉得这样会暴露自己的身份，所以干脆辞职算了。现在我开了一家淘宝店，做代购的。(F04：男，42 岁，本科，假释，虚开增值税发票)

他们找工作还是挺难的。虽然从表面上看没工作的比例还不是特别大，但是他们工作的稳定性很差，常常要面临重新找工作的境遇。他们一般都是自己找或通过家人朋友介绍，我们社工包括司法所这边资源很有限。当然之前我们也有帮他们介绍过，我们区每年都会有一次针对他们的就业招聘会，每个街镇会推荐几家企业，然后一个区大概有二三十家企业。但是成功的很少，这些企业招聘的岗位，社区服刑人员都不太愿意去。比如超市的保安、服务员这种，比较低端的岗位，可能对他们来说没有达到他们心里的标准，他们可能想找轻松一点、工资高一点的工作，所以到最后找工作成功的很少。(S05：女，28 岁，大专，5 年社工工龄)

从以上个案的访谈资料中可以看出，社区服刑人员在就业市场中所面对的社会排斥还是比较明显的。他们很少通过劳动力市场求职，而更多通过家人、亲戚、朋友的帮助获取就业信息或选择自主创业。即便是部分社区服刑人员不得不到就业市场寻找工作，他们大多也需要隐瞒自己作为“服刑人员”的身份才能成功获得职位。这一方面说明他们对自己身份的不自信，认为这种身份必定会受到就业单位的歧视进而影响其就业，另一方面也表明他们对社会的认同度不高，这或许与他们在过往求职过程中所遭遇的实际排斥密切相关。统计结果显示，社区服刑人员认为找工作的困难主要是没有技术或特长（32.3%）、年纪偏大（31.9%）、没有文凭（26.7%）、身份歧视（19%），等等。当然也有部分用人单位并不是很介意社区服刑人员的特殊身份，他们更加关注求职的个体特质。有的社区服刑人员最初是通过隐瞒身份获得工作的，但当其就业单位了解到真实情况后，因其工作中的优异表现并没有辞退他们，反而主动调整其工作时间使之能更好地参加社区矫正的教育矫正活动。但总体上看，社区服刑人员在就业中遭遇到歧视还是普遍的。

3. *就业收入及就业满意度偏低*

就业收入是反映就业质量的重要指标之一。从统计结果来看，社区服刑人员就业后的月平均收入集中在 2 000 元到 3 000 元之间，占 22.7%。月收入在 2 000 元以下的高达 42.2%，月收入在 3 000 元到 5 000 元之间的占 21.3%，高于 5 000 元的为 11.7%。据上海市社保局公布的统计数据显示，当年（即进行本调查时的 2013 年）上海市职工月平均工资为 5 036 元。据此标准，90%左右的调查对象月收入均在平均水平之下，说明社区服刑人员平均月收入明显偏低。这无疑在一定程度上制约了社区服刑人员生活质量的提升。相关研究也表明，12.3%的社区服刑人员月收入是入不敷出的，需借款度日，37.7%的人员无存款，16.1%的人员月结余不超过 500 元，14.6%的人员月余款在 500 元到 1 000 元之间，月结余超过 1 000 元的为 19.3%。[①]这在一定程度上降低了部分社区服刑人员的劳动意愿。与外出辛苦工作且收入微薄相比，他们更愿意在家领低保度日。甚至不少社区服刑人员反映，在扣除社会保险相关费用后，其工作后的实际收入反而要比领最低生活保

① 张红：《社区矫正对象就业问题实证研究：以上海市 Y 区为例》，华东理工大学 2010 年硕士学位论文，第 15 页。

障金时收入更低。

社区服刑人员总体收入偏低，他们中35.9%的人处于无业、失业或半失业状态，其中，12.5%的人依靠最低生活保障金生活，11.9%的人依赖父母或子女的收入，5%的人靠亲戚朋友的资助，也有4%的人没有任何生活来源。更重要的是，这样的收入水平与社区服刑人员的就业岗位类型是密切相关的。他们自身的文化资本相对有限，而且又有“服刑人员”的外在标签，他们在劳动力市场上处于弱势地位，很难进入体制内单位工作，更多的是在私营企业就业。具体而言，他们中在私营企业就业的占43.5%，在个体经营中就业的占22.8%，在三资企业、股份制企业就业的分别为8.5%和6.1%。比较而言，在国有企业、集体企业及事业单位就业的更少，分别为6.6%、6.1%和5.8%，其中，在党政机关工作的最少，仅为0.5%。可见，社区服刑人员主要在非正式劳动力市场就业，这类市场所提供的工作在工资收入、社会保障、职业发展等方面总体上与正式劳动力市场存在一定差距，导致了其就业群体的低收入状态。具体如图5-3、图5-4所示。

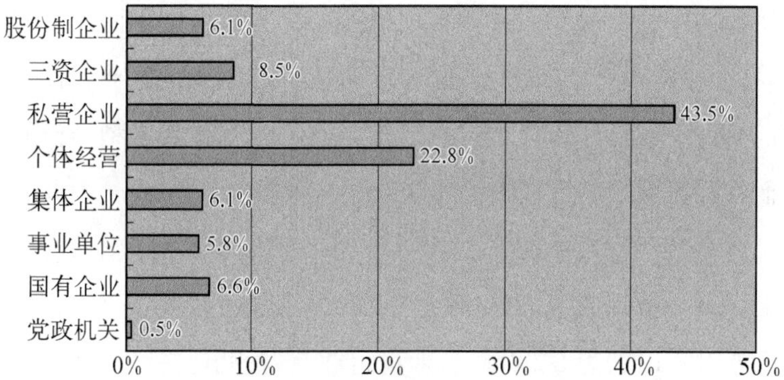

图5-3　社区服刑人员的工作单位类型

资料来源：课题组调查数据。

从具体工作类型上看，大部分社区服刑人员就业层次较低。他们中约33.3%的人没有正式工作，即便在66.7%的就业人员中，其从事的岗位大多也是低端工作。其中，从事商业服务业的人数最多，占16.2%，如保安、保

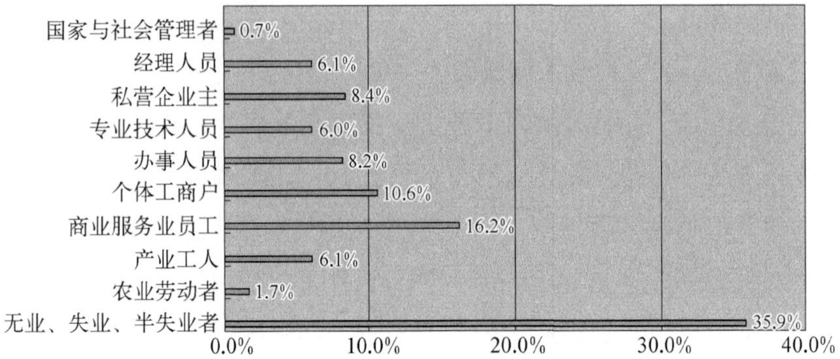

图 5－4　社区服刑人员的工作类型

资料来源：课题组调查数据。

洁、搬运、快递等工作；个体工商户和私营企业主次之，为 10.6%和 8.4%；一般办事人员及产业工作分别为 8.2%和 6.1%。社区服刑人员大多因犯罪行为而失去了以前的工作，其实现再就业的就业岗位往往也与之前有较大差异，但有一定技术者例外。他们中从事专业技术工作的占 6%，成为经理人员的为 6.1%，成为国家与社会管理者的仅为 0.7%。这些社区服刑人员可能是违法犯罪中的缓刑者，他们因罪刑轻微、社会危害性小而没有进入监狱服刑，其社会生活没有中断，大多也还继续从事着原来的职业。他们的文化资本、社会资本相对较高，其之前的工作岗位可能就是技术型、管理型岗位，使得他们在社区服刑的过程中仍然能继续从事类似工作。

大部分社区服刑人员在非正式劳动力市场从事相对低端的工作，其工作类型多以体力劳动为主，占比约为 73%，劳动强度较大，工作时间较长，日工作量大于 8 小时的为 51.2%；就业稳定性差，其就业持续时间为 3 个月以下的约占 1/3，就业持续 1 年以上的也只有 1/3；加之其就业单位为节约用工成本，一般没有为其缴纳相应的社会保险费用，他们在社会保障方面普遍存在参保率低、欠缴率高、连续性差等显著问题。[①] 社区服刑人员在养老保险、

① 张红：《社区矫正对象就业问题实证研究：以上海市 Y 区为例》，华东理工大学 2010 年硕士学位论文，第 16—17 页。

医疗保险、失业保险、社会救助等方面都面临着一定程度的社会排斥，使之在相关社会保障中呈现出“弱势镜像”。[①] 这使得社区服刑人员的就业满意度相对较低，满意与不满意的比例均为 1/3 左右。其实，社区服刑人员在就业市场中所面临的不利局面，影响的不仅是其当前的收入，还有其对自我和对社会的认知，以及建立在这些认知基础上社会融入的信心和希望，这无疑是需要更加关注的。

二、社区服刑人员就业分化的形塑机制

如前所述，社区服刑人员的就业状况总体呈现出就业观念偏差、就业途径以自己或亲戚朋友为主、就业收入及就业满意度偏低等特点。这受到社区服刑人员自身、社会、制度等多维度因素的影响。尤其是大多数社区服刑人员人力资本匮乏，加之其所具有的犯罪经历和服刑者身份使之社会地位贬损，社会关系网络弱化或断裂，社会资本不足，国家的相关就业帮扶制度也存在一定缺陷，加剧了这一群体在市场竞争中的经济分化及弱势地位，也对他们的社会适应产生了一定的负面影响。

1. 人力资本匮乏

从个体维度来看，人力资本是影响社区服刑人员就业状况的关键性因素。人力资本主要是体现在个体身上并表现为个体能力和素质的知识、技术、能力、经验等因素。从社会群体的角度看，人力资本也被认为是“存在于一个国家或地区人口群体每一个人体之中，后天获得的具有经济价值的知识、技术、能力及健康等质量因素的整合”[②]。对社区服刑人员而言，文化程度较低、工作技能缺乏、工作经验不足是他们在求职时面临的普遍性问题。据上海被调查社区服刑人员反映，其在找工作过程中遇到的困难排在前几位的是没有技能（32.3%）、年龄偏大（31.9%）、没有文凭（26.7%）、服刑人

① 骆群：《弱势的镜像：上海市社区矫正对象的社会排斥研究》，上海大学 2008 年博士学位论文，第 120 页。
② 李建民：《人力资本通论》，上海三联书店 1999 年版，第 42 页。

员的身份受到歧视(19.0%)，这对他们在劳动力市场的就业产生了显著影响。尤其是那些经历过监狱矫正的社区服刑人员，在与社会环境一定时期的隔离之后，他们所掌握的知识结构、技术能力、工作经验等已经很难满足急速发展的社会需求。即便是部分社区服刑人员通过社区矫正机构或矫正社工的帮助获得相应职位，大多也是低技能的工作岗位，就业质量较差。

在社区服刑人员当中，有两个群体的就业问题更为突出。一部分是年龄较大的社区服刑人员，其文化程度更低，健康状况更差，难以适应面向他们的劳动强度较大的体力劳动，他们在竞争激烈的劳动力市场屡遭拒绝，使得这部分社区服刑人员求职意愿降低。总体上看，这部分群体所占比例并不高，他们在退出劳动力市场后，更多依靠政府、社会的帮助或家人的资助维持日常生活。另一部分则是年龄较轻的社区服刑人员，他们大多为80后，同样存在文化程度较低、就业技能缺乏等现实问题，但他们对工作的要求却不低，大多希望寻求一份相对轻松、稳定且收入不菲的工作。他们大多在社区矫正机构帮助联系的低技能工作上难以持久，但凭借自身实力又难以获得较为满意的岗位，使其就业经常呈现不稳定、不连续、不主动的状态。而用人单位也可能不愿意雇佣太过年轻的社区服刑人员。

好多单位都觉得这些小年轻思想不成熟、不稳重、冲动易怒、做事讲究哥们义气。他们很多人之前犯事就是因为帮朋友打架，有的根本不认识，碍于情面也去帮忙，结果把自己也搭进去了。有些人出来之后也没能认识到自己的问题。有的单位就怕他们去了之后再搞出这些事情不好处理，所以跟我们说尽量不要太年轻的，他们倒愿意招一些中年的、做事稳重的人。(S04：女，52岁，中专，2年社工工龄)

2. 社会支持不足

从社会维度来看，社会资本缺乏、社会支持不足是影响社区服刑人员就业状况的又一重要方面。一般认为，法国社会学家布迪厄率先在《社会资本随笔》一文中对“社会资本”进行了重新界定并引起广泛关注，随后经过科尔曼、普特南、林南等众多学者的发展，使得社会资本具有更加丰富的内涵及广泛的影响力。布迪厄认为：“社会资本是那些实际的或潜在的、与对某种持久网络的占有密切相关的资源的集合体，这一网络是众所周知的、体制化的网络，或者说是一种与某个团体的成员身份相联系的网络，它在集体拥有的资本方面为每个成员提供支持，或者提供赢得各种各样声誉的‘凭证’。”① 布迪厄将社会资本看作行动者所在的社会网络为成员所提供的支持。那么，行动者所拥有的社会资本的总量，在很大程度上就取决于其能有效动员的社会关系网络中所有行动者各种资本的总量。科尔曼认为：“就有目的的行动而言，许多社会资本具有的公共物品特征是社会资本与其他形式资本最基本的差别。社会资本是影响个人行动能力及生活质量的重要资源。”② 虽然科尔曼研究的对象主要是法人行动者，但其对社会资本特性的界定也同样适用于普通的自然人行动者。

在社会资本与求职的相关研究中，格兰诺维特(Granovetter)提出了“弱关系假设”。他认为面对劳动力市场中信息不对称时，联系不太密切的“弱关系”，如一般同事等能够起到桥梁的作用，他们传递的信息内容丰富且重复性低，更有助于工作的获得，而亲戚朋友等“强关系”则因同质性太强而难以提供有效的信息。与之相对，边燕杰则提出了“强关系假设”。他认为处于社会转型时期的中国，社会网络不仅是信息收集、传递的渠道，更是影响信息决策及资源分配的结果，强关系在其中发挥着更为有效的作用，它成为“平衡工作控制当权者和工作变动者之间不平衡关系的权力关系的一种社会力量”③。研究者调查发现，由于被贴上“服刑人员”的标签，社区服刑人员的社会地位贬损，社会信任降低，交往圈子狭窄，受到社会成员的排斥和疏

① ［法］皮埃尔·布迪厄：《资本的形式》，社会科学文献出版社 2005 年版，第 14 页。
② ［美］詹姆斯·科尔曼：《社会理论的基础》(上册)，社会科学文献出版社 1992 年版，第 349—350 页。
③ ［美］林南：《社会资本：关于社会结构与行动的理论》，上海人民出版社 2005 年版，第 80—84 页。

离。他们有时也能获得“朋友”的就业帮助，但其结果可能会适得其反，使得他们再一次误入歧途。当这种社会联结发生偏离、断裂、失衡等现象时，个体的生活无疑也会产生偏离、断裂、失衡。[①] 即当他们在求职过程中，社会支持网络的缺乏会使他们的生活更加艰难。他们不得不寻求家人、亲戚、朋友等强关系的帮助。上文的统计结果也显示，社区服刑人员在此过程中更多依靠家人和亲戚、朋友等强关系获得就业或创业相关的信息，及获取对当前工作或创业行为的实际支持，正式的社会支持较为缺乏。他们找工作或创业的过程符合“本人→雇主或顾客”路向的占 66.8%，呈现“本人→一个中间人→雇主或顾客”状态的占 20.3%，是“本人→多个中间人→雇主或顾客”关系路径的为 10.7%。部分社区服刑人员出狱后，不得不面对由于家庭变故等原因带来的其与家人关系的削弱或断裂，造成了这一群体社会支持的总体不足。

3. 就业帮扶政策缺陷

从制度维度来看，司法行政机关针对社区服刑人员开展的就业帮扶政策较以往有所加强，但其针对性、有效性仍然存在一定的不足，这显然是今后社区矫正就业帮扶中需要着力解决的问题。国外社区矫正机构针对社区服刑人员职业技能缺乏、工作能力不足等问题，大多是通过职业培训机构对其进行职业技能培训，或通过不断训练提供寻找职业的帮助。就业帮扶也是我国社区矫正的重要内容之一。《中华人民共和国宪法》第四十二条明确规定：“劳动是一切有劳动能力的公民的光荣职责”“国家对就业前的公民进行必要的劳动就业训练”。社区矫正相关的法规也对司法行政机关为社区服刑人员提供的就业帮扶做了具体规定，主要包括开展就业指导、培训就业技能、提供资金支持、安置就业基地、鼓励自主创业等。但这些就业帮扶政策尤其是就业培训项目许多与社区服刑人员自身的特点并不契合，导致他们参与培训的积极性不高，即便他们在矫正社会工作者的不断动员下参与

① 张昱、费梅苹：《社区矫正实务过程分析》（第二版），华东理工大学出版社 2008 年版，第 5—6 页。

到职业技能培训中去，最终能够获取职业资格证书的对象却往往很少，通过这种资格证书成功求职的人员更是少之又少，因为他们仍然不得不面对其他方面的制度壁垒和社会排斥。

同时，针对社区服刑人员等社会弱势群体的就业帮扶包括开发社区公益性岗位、组织实施社区就业项目等。但社区公益岗位一方面总量相对有限，经过多年的开发已逐渐趋于饱和，另一方面作为公益性岗位，它所面向的群体不仅是社区服刑人员，也包括其他下岗、失业及离退休再就业人员，且随着社区矫正人数的增加，需要就业帮扶的对象也越来越多，社区公益性岗位供不应求的矛盾更加突出。另一种就业帮扶形式是过渡性就业基地，它主要面向刑释解教人员和社区服刑人员，有的依托社会企业建立，有的则以政府投入为主。截至 2010 年，上海共有 356 个“过渡性安置就业基地”，此基地为 6 000 人次有就业愿望但就业困难的刑释解教、社区服刑人员安排了就业。但过渡性就业基地在培训项目的针对性、岗位设置的完善性等方面有待进一步完善①，以更好地促进社区服刑人员的就业。但以目前社区服刑人员的就业来看，其就业分化还存在其他制度性、政策性影响因素，这将在后文中继续论述。

当然，这三个维度的因素并不是独立发挥作用的，而是针对不同的社区服刑人员既“相互交织又有所差别”地影响着他们的职业分化。尤其是不同犯罪类型的社区服刑人员所遭遇的排斥状况是不尽相同的。一般而言，暴力型犯罪和财产型犯罪的社区服刑人员面临的市场排斥较强。他们在社区服刑人员中所占比例较高，且自身文化素质较低，知识技能也较为缺乏，因而社会标签效应最为明显。经济类犯罪的社区服刑人员在纯劳动力市场中就业的比例相对较低，他们对工作的要求相对较高，往往通过自己以前的社会关系和网络能获得一份收入、地位等各方面相对不错的职业而非纯劳动

① 郝丽琼：《社区矫正对象就业问题研究》，华东理工大学 2008 硕士学位论文，第 32—34 页。

力型职业。[①] 缓刑人员由于没有进监狱服刑，他们遭遇的就业排斥相对较少，部分还是从事其原来的工作或类似工作。

第三节 “前科”歧视与社区服刑人员的职业发展

在市场空间中，社区服刑人员往往因其“服刑人员”“犯罪人员”的特殊身份而遭遇“前科歧视”。这里所说的“前科”是指社会个体因违法犯罪行为而受到有罪宣告或被判处刑罚、记录在案的事实。“歧视”则是对特定个体或群体成员的不合理、不公正的态度和行为。“前科歧视”意味着“针对有前科的公民实施的旨在克减、限制或剥夺其法律权利的、任何不合理的区别对待措施”[②]。对社区服刑人员在就业中的“前科歧视”，不仅侵犯了他们的平等就业权，也引发了不少社会问题。这既需要社区服刑人员通过积极的行动策略重塑自我形象，也要从制度上给予其平等的就业权保障，以促进这一群体的职业发展和经济融入。

一、“前科歧视”与社区服刑人员的就业限制

一般而言，针对社区服刑人员的“前科歧视”主要包括两个方面，一方面是制度区隔，即我国现行相关法律法规对有前科公民就业资格的限制或剥夺；另一方面则是社会歧视，即社会普遍对社区服刑人员存在一定的刻板印象，将其标签化乃至污名化，从而形成了对他们的就业限制。

1. 社区服刑人员就业的制度区隔

制度区隔主要是现存的劳动就业制度及相关法律规定，使得社区服刑人员等特殊群体被排斥在一定的行业之外，使其就业资格受到相应限制。

① 骆群：《弱势的镜像：上海市社区矫正对象的社会排斥研究》，上海大学 2008 年博士学位论文，第 101—103 页。

② 王彬：《就业中的前科歧视研究》，中国政法大学出版社 2009 年版，第 59 页。

《中华人民共和国刑法》第一百条规定："依法受过刑事处罚的人，在入伍、就业的时候，应当如实向有关单位报告自己曾受过的刑事处罚，不得隐瞒。"这无疑将受过刑事处罚的群体——包括社区服刑人员——与其他社会群体制度性区隔开来。这种"前科报告制度"或"前科歧视"将社区服刑人员与其他社会群体隔离开来的制度，虽然从社会管理的角度来看存在一定的必要性和合理性，却在一定程度上强化了其作为犯罪人员的身份，对他们的就业存在较大的负面影响。社区服刑人员如果将自己正在接受刑事处罚的事实如实告知应聘单位，其求职必然很难获得成功。因而为了获取工作机会，他们时常不得不向企业、雇主隐瞒自己受过刑事处罚的事实，但这种行为实际上又违背了法律规定，造成其两难境地。正如某些学者所言：当实现个人价值目标的合法性手段相当稀缺，便使得借助非法手段谋取个人利益，成为当事人逃避道德谴责和对抗法律的一种自我解释。[①] 因而，部分社区服刑人员在劳动力市场屡次碰壁后就业意愿低下，或更多依靠亲戚、朋友获取就业信息和就业帮助。

在其他法律法规中，对社区服刑人员的就业限制也同样存在。《中华人民共和国劳动法》第二十五条及《中华人民共和国劳动合同法》第三十九条明确规定：被依法追究刑事责任的劳动者，用人单位可以解除劳动合同。而"被依法追究刑事责任"又包括：被人民检察院免予起诉的、被人民法院判处刑罚的、被人民法院依据刑法相关规定免予刑事处罚的。社区服刑人员显然属于这里的"被依法追究刑事责任"的对象，用人单位当然也就可以据此解除其劳动合同。对此，不同法律法规对这类人群的就业限制不尽相同。针对所有刑事处罚者，《中华人民共和国法官法》《中华人民共和国检察官法》《中华人民共和国公务员法》《中华人民共和国警察法》《中华人民共和国新闻记者证管理办法》等永久剥夺其在这些行业的就业资格，《中华人民共和国注册会计师法》《中华人民共和国执业医师法》《中华人民共和国证券

① 陈月："'边缘社区'的犯罪问题及其社会控制"，载《郑州大学学报》(哲学社会科学版)1997 年第 1 期。

法》等则是2年到5年的定期限制从业。针对故意犯罪的违法犯罪人员，《中华人民共和国律师法》《中华人民共和国拍卖法》《中华人民共和国公证法》《典当管理办法》《导游人员管理条例》等终身剥夺其从事该职业资格，《保险营销员管理规定》《土地估价师资格考试管理办法》等规定执行期满5年内不得从事该项职业。同时，《中华人民共和国教师法》《中华人民共和国会计法》《中华人民共和国公司法》《中华人民共和国商业银行法》《中华人民共和国兵役法》《基金会管理条例》《娱乐场所管理条例》等做了类似的规定。[①] 这使得社区服刑人员在劳动力市场上不得不面临森严的制度壁垒，他们的就业选择受到极大限制，他们中更多的人只能从事市场上的低端岗位、政府或社会企业提供的公益性岗位，总体就业质量较低。

2. “服刑人员”身份的标签化效应

与监狱矫正相比较，社区矫正是在更为宽松和开放的社区环境中，动员社会各方面力量实施对社区服刑人员的不良心理及行为进行矫正的刑罚执行活动，以促进他们的社会融入。但从实际情况来看，社区服刑人员仍然时常受到“服刑人员”身份的困扰，这种身份甚至成为他们的一种符号和标签，使之受到社会大众的歧视和排斥。因为人们历来把罪犯看成是社会规范的越轨者，是社会生活的对立面，从而将其排除在正常生活之外。卢梭曾经说过：“一个为非作恶的人，既然他是在攻击社会权利，那么便由于他的罪行而成为祖国的叛逆；他破坏了祖国的法律，所以就不再是国家的成员，他甚至于是在向国家开战，这时保全国家就和保全他自身不得相容，两者之中就有一个必须毁灭。对罪犯处以死刑，与其说把他当作公民，不如说把他当作敌人。”[②]这显然不利于他们的社会融入。标签理论认为，当社会给某些人或行为贴上犯罪标签，那么这种标签就有可能成为其重新违法犯罪的催化剂。当他们发现自身很难摆脱这种社会标签的时候，就会逐渐认同这种新的越轨者的角色，从而在思想及行为上表现出相应的行为趋向。这显然违背了

---

① 王彬：《就业中的前科歧视研究》，中国政法大学出版社2009年版，第34—44页。

② ［法］卢梭：《社会契约论》，何兆武，译，商务印书馆1980年版，第46—47页。

社会化刑罚的初衷，也不利于这一群体的社会融入。

社区服刑人员的身份标签效应体现在其交往、求职等诸多领域。劳动力市场中的用人单位及职业中介机构对他们普遍缺乏信任，他们意味着风险和不确定，往往在面试时即被拒绝。他们中有的人虽然通过面试，但在政审或人事审查中常常因有犯罪记录而不被录用。

我们之前去一家企业宣传，说我们是播爱新航工作室的，到访的目的是帮助推荐一些就业困难的人就业。那个人事专员也是比较仔细的人，等我们走以后他在网上查到我们是介绍两劳释放人员就业的，后来打电话跟我们确认推荐的两个人是不是有前科。人家问了我们也没有隐瞒，就说是。后来他说这样的人他们公司没有招过，还是要跟领导汇报一下。最后没有推荐成功。可能他们觉得用这些人会有风险，另外也可能是他们没有用过，觉得不足以信任这些推荐的人。现在社会上对社区服刑人员总归还是有偏见的。(S04：女，52 岁，中专，2 年社工工龄)

企业作为法人行动者，这种选择偏好无疑是一种风险规避机制。当他们在劳动力市场上有更多选择的时候，一般是不愿意招收社区服刑人员等“出过事的人”的。对此，社区服刑人员更多通过人情、关系网络或专场招聘会寻找工作，或在求职时刻意隐瞒自己社区服刑人员的身份。但在日常工作中他们也时常担心自己的犯罪者身份被单位和同事知晓，或社区矫正中的教育矫正、公益劳动等安排与其工作相冲突。在自主创业时，社区服刑人员也多因有刑事处罚记录而难以申请到银行贷款，这严重影响了他们自主创业的信心及成效。

二、社区服刑人员职业维持与发展的双重路径

面对普遍存在的就业歧视，部分社区服刑人员通过积极的行动策略促进职业维持和职业发展，以自我证明的方式逐步重塑他们的群体印象。这

当然也需要从制度上规避“前科歧视”，广泛开发就业援助、中途之家等特殊渠道就业，以保障社区服刑人员的平等就业权。

1. 社区服刑人员的职业发展与自我证明

面对就业市场的前科歧视和不平等待遇，部分社区服刑人员会感到社会更多的排斥和拒绝，从而使其就业意愿逐渐降低。也有部分社区服刑人员能够在获得工作之后积极表现，在职业维持和发展中重新获得尊重和认可。符号互动理论认为，自我是在与他人的交往互动中产生的，个体通过感知他人对自己的反映和评价，形成个体的自我意识、自我形象和自我评价。行动者依据其对事物所赋予的意义采取相应的行动，这种意义源于社会互动。当行动者为了赋予社会情境以意义并选择行动策略时，都要经历一个内在阐释的过程。换言之，行动者对于他人行动做出的反应，取决于其自身如何看待和感受在社会互动中产生行为的意义和价值，进而用以确定自己的行动决策并通过对方的反应来及时修正自身的行为表现。部分社区服刑人员在就业市场中的行为表现正是如此，当他们获得工作时，他们将之视为积极的接纳信号并调整自我行动以符合工作规范的要求。这带来的不仅是他们职业的发展及经济水平的提高，更是其自我效能感和心理认同的显著改善。

我对现在的工作比较满意，我觉得对我来说比较适合。我以前开公司做生意也是做管理的，现在在菜市场也是做管理，但性质有点区别，一个是打工，一个是自己做老板。我很感激老板给了我这样一个工作机会。我刚才跟你说过了，在我们公司像我这样的人大概有六七十人。有些人可能对公司有些看法，觉得工资比较低，我不这样认为。我觉得每天干这点活，拿这些工资已经足够了，付出与得到我认为是平衡的。他只是一个私人企业老板，给了我一个就业机会，通俗点讲，给了我一口饭吃，我必须学会感恩，好好工作。我不能说我工作做得百分之一百完美了，但至少上层领导、中层领导都是认可的。至于其他六十几个人，有跑江湖的，做一天和尚撞一天钟

的也有。(F11：男，51岁，高中文化，缓刑，合同诈骗罪)

以我现在的岁数我是不会选择跳槽了，即便有一个工资稍高于现在的工作我也不会选择换工作。我刚才也说过，我现在的工作比较适合我。至于其他人，我认为如果他们自己去找工作，不一定找得到。原因是，如果你想隐瞒过去的经历也瞒不掉，包括你身上的习气，你一坐下来人家人事科的跟你一交谈就能大致感觉到你是个什么样的人，他们不会要你的。最多去做做保安之类的，那肯定比我们现在累得多。包括我自己，如果出去找也不一定能找到这么好的工作，我自己觉得现在的工作很舒服，因此我对这份工作很珍惜。从某种程度上来说，这份工作可能也体现了我的自我价值吧。这份工作适合我的年龄、文化程度、脾气秉性，所以我很愿意在这里(工作)，而不去计较工资、待遇什么的。(F18：男，46岁，初中文化，缓刑，非法经营罪)

当社区服刑人员从就业单位感受到尊重、认同等符号时，他们会更加积极地调整自己的心态并努力工作。标签理论提醒我们，社会对待社区服刑人员的态度显著影响着他们的行为表现。贴上犯罪者的标签可能导致他们犯罪行为的再发生，去除这一标签则能在一定程度上有助于其改过自新。这其实也是在恢复他们的社会联结，但当这种社会联结发生偏离、断裂、失衡等现象时，个体的生活也会产生偏离、断裂、失衡①，进一步影响他们的自我认知、行为表现与社会融入状态。社区服刑人员的职业维持和发展使得他们在获得自我证明的同时，也提升了其社会经济地位和社会融入的能力及信心，从而达到自我发展的良性循环。

2. 社区服刑人员平等就业权的保障

对社区服刑人员平等就业权的保障，首要的一点就是从制度上规避对他们的“前科歧视”。尽管国家为促进社区服刑人员的就业已经采取了一些措施，社区矫正的相应法律法规也对此做了明确规定，但从法律制度上保障

① 张昱、费梅苹：《社区矫正实务过程分析》(第二版)，华东理工大学出版社2008年版，第5—6页。

其平等就业权无疑是更为根本和有效的。正如卢梭所言：恰恰是因为事物的力量总是倾向于摧毁平等的，所以立法的力量就应该总是倾向于维持平等。[①] 国家应当将社区服刑人员的就业纳入社会弱势群体的保护范围之内，给予其相应的法律法规及政策支持，在国家立法中明确禁止"前科歧视"，并逐步修改或废除现行法律法规中对社区服刑人员等受过刑事处罚人员就业限制的条款。[②] 同时，尽快制定一部与社会经济发展水平相适应的社区矫正法，在实现社区矫正工作法制化、规范化的同时，明确社区矫正相关部门的职责，加强对社区服刑人员的就业帮扶，或就社区服刑人员的犯罪情况、人格特征、行为表现等向用人单位提供相应证明，以促进社区服刑人员就业率及就业质量的提升。[③] 从而实现《中华人民共和国宪法》及《中华人民共和国监狱法》所规定的这一群体依法享有的与其他公民平等就业的权利。

同时，要提升对社区服刑人员就业援助的针对性和有效性，开发符合社区服刑人员特点及需求的社区公益性岗位及过渡性就业基地，或通过财政税收优惠政策鼓励更多的服务性企业吸纳社区服刑人员就业。

据我所知，有很大一部分人是隐瞒了服刑人员的身份去找工作的。因为他们不隐瞒的话找工作难度会大很多。上海现在也有一些企业是由我这种身份(有前科)的人办的。我们电子设计这个行业不一样，可能技术含量高一点，不适合他们做，像一些偏向体力和服务业的企业是可以吸纳很多这样的人的。如果我是做偏向体力和服务行业的，我也愿意招这样的人，因为这样的人相对好管理。虽然进监狱的人都是犯过事的，但是绝大多数一次犯罪的人，不包括二次犯罪的，都是因为一念之差才出事的。跟痛过的人制订规则比外面的人好做多了。因为我自己经历过，我知道怎么带他们，哪些应该松哪些应该紧。很多信任方面的问题除了靠人与人的相处，还可以通

① ［法］卢梭：《社会契约论》，何兆武，译，商务印书馆 1980 年版，第 70 页。
② 王彬：《就业中的前科歧视研究》，中国政法大学出版社 2009 年版，第 90 页。
③ 张红：《社区矫正对象就业问题实证研究》，华东理工大学 2010 年硕士学位论文，第 32 页。

过技术或制度去约束的。比如跟朋友做事，除了信任之外也要把契约、合同放进来。（F10：男，37岁，本科文化，假释，虚开增值税发票）

当然，在开展对社区服刑人员就业帮扶的同时，也需要从培育其人力资本、社会资本，转变其就业观念，鼓励自主创业等方面推进这一群体的就业，从而在根本上改变这一群体的生存境况，促使其经济融入与社会回归。

第四节　自雇佣：社区服刑人员的另一种就业取向

本次问卷调查结果显示，64.5%的社区服刑人员目前有工作，其中43.2%的人为受雇佣者，21.3%的人为自雇佣者。在一个相对隔离的劳动力市场中，社区服刑人员群体的就业状态是如何在其群体内部分化成受雇佣和自雇佣的？这样的分化是否表明社区服刑人员内部的进一步分层？与受雇佣者相比，自雇佣者的个体特征是否存在着显著的差异？哪些因素影响着他们的自雇佣选择？这些问题的探讨不仅有助于进一步加深对社区服刑人员群体就业状况的理解，在一定程度上启发有创业打算的个体做好创业评估和创业准备，而且对促进社区服刑人员就业融入的针对性政策制定具有一定的现实借鉴意义。

一、理性抑或无奈：社区服刑人员的自雇佣选择

自雇佣（self-employment）是与受雇佣相对的一种就业形式。斯坦梅茨和赖特（Steinmetz & Wright）认为，自雇佣者是指那些通过自己的劳动获取部分或全部收入，而不是通过出卖自己的劳动给雇主获得工资的人。[①] 有研

① Steinmetz, George and Wright, Erik Olin. The Fall and Rise of the Petty Bourgeoisie: Changing Patterns of Self-Employment in the Postwar United States, American Journal of Sociology, 1989, 94(5), 973－1018.

究表明，被歧视群体选择自雇佣就业是应对市场歧视的一种理性选择，即那些不利于劳动力就业的障碍一定程度上降低了他们从事自雇佣就业的机会成本，因此，在其他条件相同的情况下，为了生存和自我保护的需要，更倾向于做出自雇佣就业的选择。从某种程度上说，自雇佣就业并非一直都是主动选择的结果。在我国城乡劳动力市场分割制度尚未被彻底打破的背景下，歧视使很多外来劳动力不得不选择自雇佣、接受较低且不稳定的收入。[①]学者吴晓刚（2006）也曾指出，20 世纪 90 年代中国国有企业改制导致大批原国企员工为满足基本生存发展的需要而被迫进入自雇行业，他们与私营企业主创业略有不同，属于生存型的基本自雇形态。[②] 国外学者 Muehlberger 认为，自雇佣者只是看起来具有独立的资本，但实际的社会地位和工作环境还不如有固定工资收入和工作时限的受雇佣者。[③] 但也有学者研究发现，自雇佣的就业形式让自雇佣者拥有更多的自主性、弹性、技巧性使用时间以及更强的工作安全感。[④]

我刚开始的时候也去应聘过几家单位，但是都没有成功。有的单位直接说我年龄大，不适合做他们的工作。大多数都是叫我回去等通知，后来也都没有回复，我也知道自己年纪大，现在年轻人找工作都不容易，何况我这样的。现在我也不再继续找了，家人和朋友都建议我自己做点小本生意，不求高收入，只要够生活开支就行。我在家里待着没事做也闷得慌，想试试看能卖点什么。（F09：男，53 岁，初中文化，缓刑，走私物品罪）

我出来以后没有去过劳动力市场找工作，不想去碰壁，看别人脸色过日

① 王美艳：“城市劳动力市场上的就业机会与工资差异——外来劳动力就业与报酬研究”，载《中国社会科学》2005 年第 5 期。

② 吴晓刚：“‘下海’：中国城乡劳动力市场转型中的自雇活动与社会分层（1978—1996）”，载《社会学研究》2006 年第 6 期。

③ Muehlberger U. Dependent Self-employment：Workers on the Border between Employment and Self-employment，Theory and Society，2001，20(2).

④ Hundley G. Why and When Are the Self Employed More Satisfied with Their Work，Industrial Relations：A Journal of Economy and Society，2001，40(2).

子。我现在自己租了个店面做服装生意，忙是忙了点，但自由啊。有时候我妈还能帮我照看一下，也不耽误我去陈老师（社工）那边学习、劳动，我觉得挺好的。（F12：女，45 岁，本科，假释，职务侵占罪）

在我们的访谈调研中，也有部分被访者反映在外面找工作会受到别人的歧视，因而选择自己创业开公司或做些小生意，这样既自由又不用暴露自己的特殊身份；还有一些调查对象表示在社区矫正期间之所以选择暂时不工作、灵活就业或自雇佣就业，一个很重要的原因是能够更好地遵守社区矫正的各项规定，顺利度过社区矫正期。对社区服刑人员来说，自雇佣就业既是理性的选择也是无奈的选择。

二、谁成为自雇佣者：影响因素分析

在现实中，自雇佣者能够通过创业实现就业的，除了有冒险精神以及创业冲动外，还受到其他诸多因素的影响。

1. 文献回顾及研究设计

个体职业获得的同时伴随着其社会地位的获得。布劳和邓肯（Blau & Duncan）在其地位获得模型中强调，个人地位的获得除了直接或间接受到先赋资源的影响，如父亲职业、父亲教育等，更多是受到个人先前职业情况及自身文化水平的影响。[①] 也就是说，个体进入劳动力市场后会经历身份、职业活动等方面的转变，并且这些经历会对下一次的职业获得产生影响。此后，林楠等学者对该模型做了进一步的修正与扩展，逐渐关注到社会资本在地位获得过程中的作用，认为社会资本对地位获得的影响比个人资源重要得多。[②] 相关研究表明，个人能力更强、拥有社会资本更多的农民工具有更高的自雇佣概率，而且物质资本是影响自雇佣者的一个关键因素[③]；与受雇

① Blau P M & Duncan O D. The American Occupational Structure, New York: Wiley, 1967.
② Lin N. Social Capital: A Theory of Social Structure and Action. New York: Cambridge University Press, 2001.
③ 叶静怡、王琼："农民工的自雇佣选择及其收入"，载《财经研究》2013 年第 1 期。

佣者相比，自雇佣者在某些社会资本方面具有相对优势，特别是"拜年网"和"餐饮网"的特征差异显著，但"讨论网"的差异不显著。[①] 张玉利等的研究还发现，创业者社会交往面广、交往对象趋于多样化、与高社会地位个体之间关系密切的创业者更容易发现更具创新性的机会，而创业者先前的工作生活经验调节着上述影响机制。[②] 国外学者也就社会网络对自雇佣就业的作用做了大量的研究。研究结果显示，个体拥有的社会网络资本存量越多，选择自雇佣的意愿相对越强，其自雇佣的可能性也就越高。[③] 家庭作为社会资本的重要来源之一，是个体使用最便捷、最频繁的部分，能够为自雇佣者提供经济支持、经验支持、人力支持和情感支持。比如经济基础较好的家庭，父母能够为子女提供一定的资金或经验帮助，子女更容易出现自雇佣行为；婚姻状况为已婚的个体由于家庭带来的情感支持和帮助，相对产生自雇佣行为的可能性也会更大。[④] 因此，个体能够真正实施自雇佣行为是受一定条件约束的，即使大多数个体具有自雇佣就业的意愿，仍可能会因资金不足、经验匮乏、资源难以获得等障碍而不得不放弃创业。这在前期的访谈调研中也得到了一定的印证。

（问：你有想过创业或做个体户吗?）想过这个，但是你想要有启动资金吧，启动资金对我来说是最难的事情了。像我这种现在没有工作的，启动资金贷款有没有优惠我也不知道。想是想过，但没想好做什么，自己做个体户灵活一点，我带小孩也方便。但是现在个体户也不好做，再看吧。找个机会，有机会也是重要的。（F08：女，33 岁，职业高中文化，缓刑，盗窃罪）

（问：你现在每天都做些什么?）几乎没事做，就待在家里，非常无聊。之

① 邹宇春、敖丹："自雇者与受雇者的社会资本差异研究"，载《社会学研究》2011 年第 5 期。

② 张玉利、杨俊、任兵："社会资本、先前经验与创业机会——一个交互效应模型及其启示"，载《管理世界》2008 年第 7 期。

③ Allen David. Social Networks and Self-Employment. Journal of Socio-Economics, 2000, 29(5), 487 - 501.

④ 王文彬、赵延东："自雇过程的社会网络分析"，载《社会》2012 年第 3 期。

前我是搞运输的，没有生意，没有这么巧又这么近的运输工作。如果转行呢，把车子卖了做点小生意、卖点东西，还要找摊位办手续，这边手续还没办好我可能矫正也快结束了，而且生意没这么好做的，到时候如果亏了也买不起车子了，所以只好待着吧。(F13：男，41岁，初中文化，缓刑，信用卡诈骗)

笔者在已有研究及前期访谈的基础上，提出以下几个假设：在社区服刑人员群体中，已婚人士比未婚人士更容易成为自雇佣者；经济状况越好，越可能选择自雇佣；文化程度越高，选择自雇佣的概率相对越大；犯罪前为自雇佣对象的，更可能继续从事自雇佣行为；其父亲或母亲的文化程度越高，越可能选择自雇佣就业；其父亲或母亲(曾经)为自雇佣就业的，更可能帮助其从事自雇佣；自雇佣者与受雇佣者的“拜年网”及“饭局网”的社会网络特征存在显著差异。需要说明的是，本书的社会网络资本测量之所以选取“拜年网”和“餐饮网”，主要基于以下几个原因：首先，在中国的传统节日春节到来之际，个体往往会以拜年的形式来扩展或维护其社会网络资源，拜年总人数多少、职业是什么、社会地位如何，都能较好地显示出中国社会里个体的社会网络资源存量。其次，餐饮文化在中国比较盛行，甚至已成为一种社会互动的规则，在一些重要的工具性行为的达成中起到了不可忽视的作用。个体可以在社交餐饮活动过程中拉近彼此的距离，维持或建构新的社会关系。因此，通过餐饮吃饭生成的关系网络是工具性的社会网络。[①] 在“餐饮网”中亲属关系所占的比例相对较小，而其他家庭之外的人员出现的比例较大，且网络成员间的稳定性相对较低。[②] 再次，已有的研究也表明，不同雇佣形式就业者的“拜年网”和“餐饮网”的特征差异显著，但“讨论网”的差异不显著。[③]

① 张文宏、李沛良、阮丹青：“城市居民社会网络的阶层构成”，载《社会学研究》2004年第6期。
② 边燕杰、刘翠霞、林聚任：“中国城市中的关系资本与饮食社交：理论模型与经验分析”，载《开放时代》2004年第2期。
③ 邹宇春、敖丹：“自雇者与受雇者的社会资本差异研究”，载《社会学研究》2011年第5期。

有关“拜年网”的测量，根据以往赵延东和罗家德的研究①，具体指标主要有三个：网络广度(extensity)，即拜年对象所从事的各类不同职业数目的总和，反映其网络资源的多样性和异质性；网顶(upper reachability)，即拜年对象所从事的各类不同职业中职业声望最高的得分，以代表网络内职业地位最高的人所对应的资源数量；网差(range)，即所有拜年对象中职业声望最高得分和最低得分的差值，表明所有网络对象中资源最丰富和最匮乏之间的差异。除此之外，还建构了包括“拜年网”总人数、“拜年网”的构成(其中亲人、好朋友、一般朋友或相识人的数量)等指标用以评量个体的网络资源。同样，“餐饮网”的测量指标也借鉴并吸收了以往边燕杰等的研究设计②，具体构建出三个相关指标：请人吃饭频率，测量个体建构和维持社会网络资源的积极性和主动性；被人请吃饭频率，反映个体自身拥有的社会网络资源的丰富性；陪人吃饭频率，反映出个体在社会关系网络中的中介和桥梁作用。③在本研究中，餐饮频率均处理为三个等级：1＝较少、2＝一般、3＝经常。

2. 数据来源及其分析

本书实证分析采用的调查数据是运用多阶段分层随机抽样的问卷调查方法，依托《上海市政府购买矫正社会工作服务实践研究》课题(简称课题组)的研究成果，于2012年12月至2013年1月在上海市8个区21个街道及镇对社区服刑人员所进行的样本规模为630份的问卷调查。本次调查，有效样本601份，有效回收率为95.4%。在此，笔者只选取了目前有工作且在工作年龄(16～60周岁)范围内的样本数据，一共是366个有效样本，其中受雇佣者有121个，自雇佣者有245个。

表5-2给出了样本中社区服刑人员自雇佣者与受雇佣者的各变量描述统计结果。首先，从社区服刑人员的基本情况来看，自雇佣者的平均年龄比

① 赵延东、罗家德：“如何测量社会资本：一个经验研究综述”，载《国外社会科学》2005年第2期。
② 边燕杰、刘翠霞、林聚任：“中国城市中的关系资本与饮食社交：理论模型与经验分析”，载《开放时代》2004年第2期。
③ 邹宇春、敖丹：“自雇者与受雇者的社会资本差异研究”，载《社会学研究》2011年第5期。

表 5－2　自雇佣者与受雇佣者的各变量描述性统计

变　　量	自雇佣 N=121		受雇佣 N=245	
	均　值	标准差	均　值	标准差
年龄	41.09	10.62	39.11	11.25
性别(0=女,1=男)	.80	.40	.80	.40
婚姻状况(0=非在婚,1=在婚)	.83	.37	.57	.50
月收入①	4.96	1.71	4.43	1.49
本人受教育年限	11.97	3.03	12.75	2.65
本人犯罪前自雇佣经历	.74	.44	.12	.33
父母受教育年限	10.32	3.31	10.47	2.90
父母自雇佣经历	.12	.33	.08	.27
“拜年网”测量指标				
网络广度	3.27	2.55	3.11	2.04
网顶	66.22	24.62	67.40	23.94
网差	33.09	28.90	35.15	26.88
总人数	52.78	153.62	33.47	112.93
亲人数	19.83	72.94	9.26	9.51
好朋友数	10.78	14.42	10.38	35.06
“餐饮网”测量指标				
请客频率	1.65	.73	1.52	.65
被请频率	1.60	0.64	1.56	0.64
陪同频率	1.74	.73	1.61	.64
矫正类型	频数	频率	频数	频率
缓刑	111	91.5	207	84.3
假释	5	4.3	30	12.2

① 问卷中月收入为分段选项，在此对月收入处理如下：1=无经济收入，2=1 000 元以下，3=1 001 元到 2 000 元，4=2 001 元到 3 000 元，5=3 001 元到 4 000 元，6=4 001 元到 5 000 元，7=5 000 元以上。

续 表

变　量	自雇佣 N=121		受雇佣 N=245	
	均　值	标准差	均　值	标准差
管制	0	0	2	.9
暂予监外执行	5	4.3	5	2.2
剥夺政治权利	0	0	1	.4

资料来源：课题组调查数据。

受雇佣者略大一些（自雇佣者的平均年龄为41岁，而受雇佣者的平均年龄为39岁）；他们的婚姻状况存在明显的差别，83％的自雇佣者已婚，而已婚的受雇佣者仅为57％；与受雇佣者相比，自雇佣者的经济状况略好一些；本人过去有过自雇佣就业经历的社区服刑人员继续从事自雇佣的比例远远大于受雇佣者；自雇佣者的受教育年限略低于受雇佣者；而不同雇佣状况的社区服刑人员在性别及其父母的受教育状况等方面没有很明显的差异。由此可见，配偶、同类工作经验、经济状况等会对社区服刑人员的自雇佣行为选择产生一定的影响，即已婚、有自雇佣经验且经济状况相对较好的更可能从事自雇佣。但较低的经济收入和较小的收入差距也说明从事自雇佣就业的社区服刑人员依然处于劳动力市场的边缘。其次，在社会网络资源方面，“拜年网”的测量结果显示，自雇佣者在春节期间平均交往的总人数整体上高于受雇佣者，尤其是亲人的数量（自雇佣者拜年对象中亲人规模平均为19个人，而受雇佣者为9个人）；自雇佣者“拜年网”中职业多样性（网络广度）高于受雇佣者，但网络顶端及网络成员社会地位的高低落差低于受雇佣者。这说明自雇佣者认识的人更多，社会交往的范围要比自雇佣者更广泛，但这些交往对象的社会阶层相对较集中。“餐饮网”的数据显示，无论是请客频率、被请频率还是陪同频率，自雇佣者都比受雇佣者高，这表明自雇佣者的餐饮网络资源的调动能力要显著高于受雇佣者，自雇佣的就业方式更加离不开餐饮社交。

鉴于因变量（是否是自雇佣）是一个二分虚拟变量，因此采用二项逻辑回归(Binary Logistic)模型进行分析。两个模型的似然值(—2Loglikelihood)分别为 172.14 和 220.89，卡方检验结果十分显著(显著性水平为 $p<0.001$)，R^2 为 61%和 58%，说明模型具有一定的解释力。表 5－3 给出了社区服刑人员自雇佣选择的影响因素回归分析结果。

表 5－3　社区服刑人员自雇佣选择的影响因素回归分析

自 变 量	是否为自雇佣(参照组：受雇佣者)			
	模型一		模型二	
	B	Exp(B)	B	Exp(B)
常量	—3.09	.05	—2.89	.06
年龄	—.04	.96	—.07	.94
年龄平方	.00	1.00	.00	1.00
性别(0＝女)	.03	1.03	—.21	.81
婚姻状况(0＝非在婚)	2.05***	7.76	1.43***	4.20
矫正类型(0＝缓刑)				
假释	—1.52**	.22	—1.67***	.19
暂予监外执行	.90	2.47	.60	1.83
月收入	.17*	1.19	.23**	1.26
本人受教育年限	—.10	.90	—.131*	.88
本人犯罪前自雇佣经历(0＝受雇佣)	3.93***	50.75	3.33***	28.06
父母受教育年限	.09	1.10	.08	1.08
父母自雇佣经历(0＝受雇佣)	.70	2.01	.52	1.69
“拜年网”				
网络广度	—.04	.96		
网顶	—.02	.98		
网差	.01	1.01		
总人数	—.00	1.00		
亲人数	.06**	1.06		

续 表

自 变 量	是否为自雇佣(参照组：受雇佣者)			
	模型一		模型二	
	B	Exp(B)	B	Exp(B)
好朋友数	—.01	.99		
“餐饮网”				
请客频率			.109**	1.12
被请频率			—.78*	.46
陪同频率			1.02***	2.76
似然估计值(—2 LL)	172.14		220.89	
卡方检验(Chi-square)	144.85***		161.35***	
Nagelkerke R^2	.61		.58	

资料来源：课题组调查数据。显著度水平为：*** $p<0.01$，** $p<0.05$，* $p<0.10$。

在控制了其他变量的情况下，已婚社区服刑人员从事自雇佣的可能性是未婚者的7.76倍(模型一)和4.2倍(模型二)。有研究者认为，已婚者更容易从事自雇佣就业的原因是，其配偶和亲戚朋友的加入是自雇佣就业者解决人力资源和启动资金困难的重要途径。[①] 实际上，与未婚者相比，已婚劳动力本身在社会资源和工作经验上都相对丰富，从而更具备自雇佣就业的条件。[②] 与缓刑人员相比，假释人员更不易于从事自雇佣就业，其自雇佣发生比仅是缓刑人员的五分之一左右。假释人员由于或长或短的监禁生活，他们正常的社会化进程被迫中断，原来的就业、人际交往等社会联结都发生改变甚至断裂，在重新回归社会时，要进行多方面社会关系的链接和重构，因而自雇佣就业对他们来说困难更大。经济状况对社区服刑人员的自雇佣选择具有正向的显著影响(Exp[B]为1.19和1.26)。经济收入状况对

① Yueh L. Self-employment in urban China：Networking in transition economy，China Economic Review，2009，(20)，471－484.

② 胡凤霞：“农民工自雇佣就业选择研究”，载《宁夏社会科学》2014年第2期。

就业选择的影响可以从两个方面来解读：一是经济状况较好能够解决自雇佣者的启动资金问题，使其更可能从事自雇佣；二是从事自雇佣所带来的相对较高的收入水平是吸引社区服刑人员从事自雇佣就业的一个重要原因。同时，有自雇佣经历的社区服刑人员继续选择自雇佣就业的概率远远高于没有同类就业经历的，前者是后者的50.75或28.06倍。自雇佣经历使他们积累了更丰富的经营管理经验和人脉资源，这在一定程度上会增加自主创业成功的可能性。值得注意的是，社区服刑人员本人受教育年限与其自雇佣的就业选择概率呈负相关，即随着受教育年限的增加，自雇佣就业的概率反而会略微降低。也就是说，文化程度较高的对象更多会选择到劳动力市场找工作。这从侧面反映了社区服刑人员的自雇佣就业选择更接近于一种无奈、被动的选择。

社会网络资源对社区服刑人员的自雇佣选择也产生了重要的影响。模型结果显示，拜年对象中的亲人数与自雇佣选择成正比，亲人数每增加一人，自雇佣的发生比会在5%的显著性水平上提高6%。与朋友相比，亲人在社区服刑人员自雇佣就业中给予的潜在帮助更加突出。但传统“拜年网”中的网络广度、网顶、网差等指标对自雇佣行为的影响并不显著。从“餐饮网”的回归结果可以看出，餐饮社会资本对自雇佣就业状态具有显著的影响。请客与陪同就餐的频率越高，越有可能从事自雇佣就业。即积极主动地投入更多的物质、时间、精力去维持和建构丰富的餐饮社会资本更有助于自雇佣就业的达成。在控制了其他变量后，被人请吃饭的频率越高，越可能是受雇者，其回归系数为(−0.78)。这说明受雇佣者的社会地位要比自雇者高，所具有的社会资源也更丰富。由此可见，不同的社会资本对就业状态的影响存在很大差异。换句话说，一般强度的拜年等交往活动和网络建构对是否成为自雇佣者的作用不大，但更高频率地构建或动用餐饮社会资本对成为自雇佣者作用十分显著。

3. 结论与讨论

自雇佣已成为社区服刑人员这一特殊群体获得就业的重要途径之一。

自雇佣行为的实现是一系列内外部因素综合作用的结果。本研究发现：首先，已婚的、拥有一定经济基础且有过自雇佣就业经历的缓刑人员更有可能成为自雇佣者，而父母的受教育程度及自雇佣经历没有对社区服刑人员的自雇佣选择产生显著影响。其次，建构或动用更优的“餐饮网”（社会资本）也会提高社区服刑人员从事自雇佣的概率，而一般强度的拜年社交活动网络中只有亲人数对社区服刑人员的自雇佣选择产生了显著的正向影响；同时，研究还发现，受教育年限的增加反而降低了社区服刑人员从事自雇佣的概率，且被请客频率越高，选择自雇佣的概率越低。换言之，自身条件越好（受教育程度更高、社会地位更高）的社区服刑人员更倾向于通过劳动力市场实现就业进而成为受雇佣者，这说明从事自雇佣就业的社区服刑人员依然处于劳动力市场的边缘，他们的自雇佣选择是被迫无奈的，其自雇佣形态属于“基本生存型”。

本节以社区服刑人员受雇群体为参照，对比了自雇群体与受雇群体的个体基本特征和社会网络特征的差异，进一步辨识出对社区服刑人员而言，自雇佣就业产生影响的相关因素，为了解社区服刑人员群体内部的就业分化起到补充作用，也为相关政策决策者提供了更丰富的决策参考，如加强对社区服刑人员的就业指导，对自雇佣社区服刑人员而言，更要帮助其做好自我评估及职业发展规划，以协助其解决在创业过程中的启动资金不足、管理经营经验缺乏及社会网络资源建构等问题。

综上所述，就业是改善社区服刑人员的生存境况、促使其顺利回归社会的重要保障。在就业市场中，社区服刑人员的就业受到作为法人行动者的企业、单位的雇佣逻辑——规避风险和不确定性，追求效益最大化——的影响，也受到嵌入其中的国家力量在就业、财政、税收方面政策的影响。加之大多数社区服刑人员自身人力资本匮乏、社会地位贬损、社会关系网络弱化或断裂、社会资本不足，使得他们在就业市场中遭遇比较严重的区隔和排斥。其就业更多表现为就业层次低、工资待遇低、稳定性和保障性差、职业发展受限等特点，呈现出“弱势的镜像”，加剧了他们在市场竞争中的经济分化。部分受教育程度更高、社会地位更高的社区服刑人员更倾向于通过劳动力市场实现就业进而成为受雇佣者，拥有一定经济基础、社会资本且有过自雇佣经历的缓刑人员更有可能成为自雇佣者。他们通过积极的行动策略促进职业维持和职业发展，以自我证明的方式逐步重塑他们的群体镜像。

第六章　社会交往融入与社区服刑人员的支持获得

社会交往是个体社会生活的重要组成部分，是其社会实践开展的基本形式。社会交往不仅仅是个体社会适应能力的综合体现，也在很大程度上影响其生活与工作的质量。正如马克思所说："人的本质不是单个人所固有的抽象物，在其现实性上，它是一切社会关系的总和。"[①]社区服刑人员是一个社会的存在，其行为必定受到社会环境的塑造，尤其是其社会交往体系的影响。在正常状态下，社会交往是维持个体正常生活的社会支持系统。当其交往体系发生偏离、断裂和失衡时，个体的社会生活往往也会产生偏离、断裂和失衡[②]，从而导致偏差心理及违法犯罪行为的产生。对社区服刑人员而言，其特殊的身份和经历必然会导致其社会交往网络的动态变化，他们必须采取社会交往维持、建构的相应策略，使之能够在与生活世界的不断互动

① 马克思、恩格斯：《马克思恩格斯选集》(第一卷)，中共中央马克思恩格斯列宁斯大林著作编译局编译，人民出版社 1995 年版，第 60 页。

② 张昱、费梅苹：《社区矫正实务过程分析》(第二版)，华东理工大学出版社 2008 年版，第 6 页。

中进行资源动员和支持获得，促进其实现顺利回归社会的目标。

第一节　社区服刑人员社会交往的结构与差异

社区服刑人员的社会交往，是其在社会生活中为满足自我需求、实现自身利益，通过社会关系和社会网络的建构与维持而产生相互作用、相互影响的活动与过程。对社区服刑人员交往行为的研究，既要从理论上把握交往行为研究的理论蕴意，也要从实践上分析这一群体社会交往的现实图景，尤其是比较其在犯罪前后交往网络的差异，以更加全面地认识社区服刑人员的社会交往。

一、社区服刑人员社会交往的现实图谱

社会交往既是社会理论研究的重要议题，也是社区服刑人员在回归主流社会时面临的重要问题。[①] 马克思主义认为，社会交往是社会生产力发展的必然结果，社会交往也成为社会生产发展和社会结构变迁的必要条件。“美洲和东印度航线的发展扩大了交往，从而使工场手工业和整个生产的发展有了巨大的高涨……所有的这一切产生了历史发展的一个新阶段。”共产主义社会“推翻了一切旧的生产和交往关系的基础”，使得“过去被迫交往转化为所有个人作为真正个人参加的交往”[②]。马克思主义对社会交往的宏观剖析，对我们考察日常生活中的社会交往无疑具有显著的指导意义。现代西方哲学对交往行为的研究主要有以下几个面向：以胡塞尔为代表的认识论框架，尝试从自我意识和先验主体性立场来解决人们之间存在的现实交往和文化交往的可能性问题；以伽达默尔、利科等为代表的哲学解释学框

---

① 张昱：《矫正社会工作》，高等教育出版社 2008 年版，第 205 页。

② 马克思、恩格斯：《马克思恩格斯全集》（第三卷），中共中央马克思恩格斯列宁斯大林著作编译局编译，人民出版社 1960 年版，第 64、79、77 页。

架，试图在生活世界和文化传统中来解决文本交往的可能性问题；以海德格尔、马丁·布伯为代表的生存论框架，立足人本主义立场来阐释现代社会人类所面临的交往困境和生存危机；以哈贝马斯为代表的社会批判论框架，在超越传统论域的基础上思索交往理性及人类社会的自由解放问题。[①] 此外，管理学在发展过程中，基于"经济人""关系人""社会人""自我实现人""复杂人"等不同的假设，运用需要层次理论、科学管理理论、人际关系理论、一般管理理论、行为科学理论等对人们的社会行为进行了不同的研究和实践。心理学对影响交往行为的心理认知机制、印象形成因素、社会认同因素、交往障碍因素等进行了具体研究。犯罪学家萨瑟兰(Edwin H. Sutherland)的"差异交往理论"则对犯罪行为与社会交往的关系进行深入研究。这些不同学科的理论，为我们研究社区服刑人员的社会交往行为提供了更多的解释框架与分析路径。

在社会生活中，每个个体都处在各种各样的社会交往与网络联结之中。从社区服刑人员交往关系的统计数据中可以发现，他们与父母(89.2%)、子女(88.9%)、配偶(87.3%)的关系最好，其次是社工(84.9%)、兄弟姐妹(88.6%)、街道/居委会/司法干部(76.8%)、朋友(75.3%)，最后是其他亲属(67.8%)、同学/同事(67.3%)、邻居(58%)。这种比例正好与费孝通所说的差序交往格局相吻合。同时，与其交往关系不好的即压力源主要来自兄弟姐妹(2.7%)、配偶(2.4%)、邻居(2.4%)、子女(2.1%)、其他亲属(2%)、同学同事(1.4%)、父母(1.2%)、朋友(1.1%)、街道/居委会/司法干部(0.6%)、社工(0.4%)，具体如表6-1所示。由此可见，社区服刑人员与配偶、子女的关系既是支持源也是压力源。这些交往关系能有效回应他们在社区矫正过程中的经济、情感需求，但也容易转化为压力来源。这些压力一方面来自客观存在及他们感知到的社会歧视和偏见，另一方面则来自生活和工作中与家人、朋友、同事产生的人际冲突。这些人际冲突可能带来三

① 王晓东：《日常交往与非日常交往》，人民出版社2005年版，第17—25页。

个后果：其一，化解人际冲突需要耗费时间和精力，这会带来直接的情绪困扰；其二，原本期待可以获得支持的关系反而变成了压力源(尤其是婚姻、家庭关系)，可能造成失落和不满[①]；其三，对社会歧视的无力改变产生无奈，带来负向的自我评价。数据还反映出，除了父母、子女、配偶这些最亲密的关系人之外，在社区服刑人员看来，社工是与其关系最好的交往对象，超过了街道/居委会/司法干部。这从某种意义上表明，在关系层面社工已经得到了社区服刑人员一定程度的认可，这对社工作用的更好发挥无疑具有积极影响(参见表 6 - 1)。

表 6 - 1　目前社区服刑人员与以下对象的交往关系(%,N=601)

	非常好	较　好	一　般	较　差	很　差
配偶/男、女朋友	65.5	21.8	10.3	1.0	1.4
父母	64.1	25.1	9.7	0.4	0.8
子女	70.4	18.5	9.1	1.4	0.7
兄弟姐妹	50.9	27.7	18.7	1.9	0.8
其他亲属	33.6	34.2	30.2	1.3	0.7
朋友	33.2	42.1	23.6	0.9	0.2
同学/同事	27.8	39.5	31.4	1.0	0.4
邻居	25.7	32.3	39.6	1.8	0.6
社工	43.3	41.6	14.7	0.4	0
街道/居委会/司法干部	36.5	40.3	22.6	0.2	0.4

资料来源：课题组调查数据。

从社会交往中的人际信任来看，社区服刑人员对关系人的信任程度由高到低的顺序是：父母(97.2%)、子女(95.8%)、配偶(94.9%)、社工(96.3%)，其次是街道/居委会/司法干部(92.8%)、兄弟姐妹(91.5%)，最后是其他亲属(86%)、朋友(82.4%)、同学同事(81.1%)、邻居(72.5%)，具

① 何雪松，等："城乡迁移与精神健康：基于上海的实证研究"，载《社会学研究》2010 年第 1 期。

体如表6－2所示。这基本上与之前所反映的交往关系类似，也呈现出差序交往信任格局。这也说明与同一交往对象的关系友好程度与信任程度基本一致。

表6－2 社区服刑人员社会交往中的人际信任(%,N=601)

	完全可信	大多可信	大多不可信	完全不可信	说不清
配偶/男/女朋友	71.1	23.8	2.1	0.4	2.5
父母	83.2	14.0	1.3	0	1.5
子女	78.8	17.0	1.8	0	2.4
兄弟姐妹	55.5	36.0	4.8	0.4	3.3
其他亲属	28.7	57.3	8.1	0.6	5.3
朋友	18.6	63.8	11.8	0.7	5.1
同学/同事	16.0	65.1	11.8	0.8	6.3
邻居	16.1	56.4	14.2	1.5	11.8
社工	61.5	34.8	2.0	0.2	1.6
街道/居委会/司法干部	56.7	36.1	3.0	0.7	3.4

资料来源：课题组调查数据。

在人类社会生活中，闲暇普遍存在。闲暇作为社会时间的存在，是实现人的全面发展的重要条件。[①] 闲暇具有社会意义，人们不仅在闲暇时间中获得放松，闲暇也是产生复杂意义结构的媒介。[②] 对闲暇时间的处理和闲暇方式的选择，既是个体自我展现的重要场所，也是其社会经济地位、社会交往差异的显著体现。调查结果表明，社区服刑人员在闲暇时间里待在家里的比例高达90.4%，其次是去朋友家(22.1%)、公园或广场(15.9%)，去娱乐场所的比例较小，只有5.2%。从闲暇方式上看，选择最多的也是在家里看电视或上网(74.5%)、与家人聊天散步(30.4%)、与朋友相聚(27.3%)，其

① 郭星华、胡文嵩："闲暇生活与农民工的市民化"，载《人口研究》2006年第9期。

② 王越平：《乡民闲暇与日常生活：一个白马藏族村落的民族志研究》，民族出版社2011年版，第183页。

中，在家睡觉（19.6%）和参加健身运动（19.3%）的比例相当。由此可以看出，社区服刑人员的社会交往活动并不是很多。这可能与他们在客观上遭遇到的社会网络排斥[①]密切相关，也和他们自身的交往网络、交往意愿有关。对社区服刑人员扩大社会交往意愿的统计分析发现，62.3%的人愿意扩大社会交往，27.4%的人无所谓，10.3%的人不愿意扩大社会交往。从总体上看，社区服刑人员大部分主观上希望扩大社会交往圈子，他们也在实践中通过对延续性交往网络的维持、拓展性交往网络的建构来增进其社会交往对象。但他们的交往圈子在其"出事后"又会发生怎样的变化，下文的分析将对此做出回答。

二、犯罪前与进入矫正后社区服刑人员的社会网络差异

社会网络的相关研究表明，多种要素可能导致社会网络的动态变化。交往和互动有利于形成社会网络，并获取相应的资源。[②] 行动者之间的"距离"也可能导致行动者网络意义上的社会分层。[③] 同时，规范，无论是正式规范还是非正式规范，也可以使人们采取一致性的行动和形成网络差异。[④] 或将文化、结构和能动性因素联结起来，以整合性的视角理解社会网络动态变化过程的复杂性。[⑤] 对社区服刑人员而言，不同犯罪类型的对象其网络变动和差异不尽相同。暴力型犯罪和财产型犯罪的对象在社会网络中遭遇的排斥最显著，但经济类犯罪的网络排斥相对较小，其他罪名如重婚罪和交通肇事罪的社区服刑人员的网络排斥也相对较轻。[⑥]

本研究在上海的调查统计表明，从"出事后"社区服刑人员交往圈子的

---

① 骆群：《弱势的镜像：上海市社区矫正对象的社会排斥研究》，上海大学 2008 年博士学位论文，第 73 页。

② ［美］林南：《社会资本：关于社会结构与行动的理论》，上海人民出版社 2005 年版，第 37 页。

③ 刘军：《社会网络分析导论》，社会科学文献出版社 2004 年版，第 83—84 页。

④ Coleman James S. Social Capital in the Creation of Human Capital, American Journal of Sociology, 1988, (94), 95 - 119.

⑤ 何雪松："社会网络的动态过程及理论探索"，载《上海行政学院学报》2005 年第 3 期。

⑥ 骆群：《弱势的镜像：上海市社区矫正对象的社会排斥研究》，上海大学 2008 年博士学位论文，第 92 页。

变化来看（见表 6－3），样本中 8.5％的社区服刑人员交往圈子变大了，54.5％的社区服刑人员交往圈子不变，37.0％的社区服刑人员交往圈子变小。从不同矫正类型的社区服刑人员来看，缓刑人员中超过一半（59.2％）的交往圈子不变，交往圈子变小和变大的分别占 31.5％和 9.3％；大多数假释人员交往圈子变小了（66.2％），不变和变大的各占 32.4％和 1.4％；45％暂予监外执行的对象交往圈子变小，15％暂予监外执行的对象交往圈子变大，其余的没有变化。管制和剥夺政治权利的社区服刑人员总数较少，在此不做具体分析。可见，社区服刑人员中假释对象交往网络变小的比例更多，约三成的缓刑人员交往网络变小。这一方面可能与假释人员经历监狱矫正导致的社会隔离密切相关，另一方面也和他们“服刑人员”的身份引起的网络排斥有关。

表 6－3　不同社区矫正类型的社区服刑人员“出事后”交往圈子的变化（N＝601）

			“出事后”交往圈子的变化			合计百分比	卡方检验 Sig.
			变大百分比	没有变化百分比	变小百分比		
社区矫正类型	缓刑	社区矫正类型	9.3	59.2	31.5	100.0	
		“出事后”交往圈子变化	89.1	88.5	69.5	81.5	
	假释	社区矫正类型	1.4	32.4	66.2	100.0	
		“出事后”交往圈子变化	2.2	7.8	23.5	13.1	***
	管制	社区矫正类型	0.0	60.0	40.0	100.0	
		“出事后”交往圈子变化	.0	1.0	1.0	.9	
	暂予监外执行	社区矫正类型	15.0	40.0	45.0	100.0	
		“出事后”交往圈子变化	6.5	2.7	4.5	3.7	
	剥夺政治权利	社区矫正类型	25.0	.0	75.0	100.0	
		“出事后”交往圈子变化	2.2	.0	1.5	.7	
合计		社区矫正类型	8.5	54.5	37.0	100.0	
		“出事后”交往圈子变化	100.0	100.0	100.0	100.0	

资料来源：课题组调查数据。显著度水平为：*** $p<0.01$，** $p<0.05$，* $p<0.10$。

社区服刑人员社会交往问题的重要关注点即是他们与不良对象之间的社会交往，这可能会导致他们之间偏差心理、行为的相互模仿和传染，而不利于对他们矫正工作的开展。矫正社会工作者一般会更加注意社区服刑人员的交往体系，社区服刑人员则往往采取隐匿化、地下化的策略加以应对。表6－4的统计结果表明，进入社区矫正以后，社区服刑人员交往圈中的不良交往对象不仅数量减少了，而且他们与之前的交往对象之间的关系也更加疏远，但依然有少部分社区服刑人员与不良交往对象往来且关系密切。这显然表明需要矫正社会工作者展开对这部分社区服刑人员交往体系的干预，尤其是改善社区服刑人员的交往认知，使之意识到继续与不良对象之间的社会交往可能会产生的严重后果。或通过交往阻断法、结构松动法、替代法等[①]矫正技术，改变社区服刑人员的交往体系。

表6－4　社区服刑人员交往圈中不良交往对象[②]的变化情况

不良交往对象的数量	犯罪前	入矫后	关系情况	犯罪前	入矫后
非常多(10个及以上)	2.1%	1.2%	很好	5.8%	7.1%
比较多(7～9)	2.7%	1.4%	较好	22.7%	13.5%
一般(4～6个)	6.8%	5.5%	一般	62.8%	65.2%
比较少(1～3个)	19.8%	13.6%	不好	7.7%	9.0%
没有	68.5%	78.3%	很不好	1.0%	5.2%

资料来源：课题组调查数据。

表6－5　犯罪前与进入社区矫正后社区服刑人员各类社会网络的差异

社　会　网　络		犯罪前	入矫后	T检验 Sig.
“讨论网”	网络规模	3.34(1.96)	3.16(1.99)	***
	亲属人数	2.62(1.48)	2.55(1.52)	
	亲属比例	.52(.30)	.51(.30)	

① 张昱：《矫正社会工作》，高等教育出版社2008年版，第205—206页。
② 这里的不良交往对象指的是那些正在做违法的事情或曾经有过违法行为的人。

续　表

社　会　网　络		犯罪前	入矫后	T 检验 Sig.
“讨论网”	网络成员密度	2.95(.90)	2.88(.91)	**
	网络成员年龄异质性	10.69(6.63)	23.17(8.13)	***
	网络成员教育异质性	.23(.17)	.23(.17)	
	网络成员性别异质性	.95(.57)	.99(.58)	***
“拜年网”	总人数	32.84(77.05)	33.26(104.84)	
	亲属人数	10.49(32.07)	10.74(34.31)	
	好朋友人数	8.75(12.51)	8.77(24.41)	
	一般朋友人数	13.02(42.60)	13.00(58.25)	
	网络广度	3.00(2.31)	3.00(2.31)	
	网顶	62.72(26.71)	64.00(26.33)	
	网差	32.78(27.74)	32.59(27.63)	
“餐饮网”	请人就餐	1.73(.72)	1.47(.65)	***
	被请就餐	1.78(.71)	1.50(.63)	***
	陪同就餐	1.82(.73)	1.56(.66)	***

资料来源：课题组调查数据。显著度水平为：*** $p<0.01$，** $p<0.05$，* $p<0.10$。

西方的社会网络理论对本土化的社会交往研究产生了深远影响。社会交往中的“关系”蕴含三种理论含义：作为亲族义务延伸的网络，作为非对称性交易的社会交换网络，或作为特殊主义工具性纽带的交换网络。① 这尤其体现在中国人的“讨论网”“拜年网”和“餐饮网”中。其中，“讨论网”主要询问与哪些人讨论了自己遇到的重要问题，“拜年网”侧重考察人们在春节期间相互拜年的社会交往行为，“餐饮网”关注在吃饭、聚餐行为中的网络关系，以把握其核心交往圈的结构特征及潜在的社会资本。②本研究主要从网络规模、密度、异质性来测量社区服刑人员的“讨论网”，从网络规模、网络顶

①② 边燕杰：《社会网络与地位获得》，社会科学文献出版社 2012 年版，第 9—10 页；第 3 页。

端、网络异质性和网络构成来测量其“拜年网”，从请人就餐、被请就餐、陪同就餐来测量其“餐饮网”。[1] 对社区服刑人员犯罪前与进入社区矫正后各类社会网络指标均值进行配对 T 检验后发现，总体上“讨论网”与“餐饮网”的变化十分显著，“拜年网”的变化不显著。具体来看，“出事后”社区服刑人员“讨论网”的网络规模和网络成员间的密度变小，网络成员的年龄异质性和性别异质性变大，这说明犯罪以后社区服刑人员可调动的社会资源减少，能够提供支持的成员中年龄差距更大，异性更多了。从就餐频率来看，无论是请人、被请还是陪同就餐的频率都降低了，这说明犯罪以后社区服刑人员通过餐饮社交活动建构、维持、强化及动员社会关系的行为有明显的减少。

从监狱出来以后，刚开始我主要还是在家里面，调整一下自己，以适应社会的节奏为主，每天小孩在家，接送她上下学，辅导一下她的作业之类的，基本上以家庭生活为主。这样的生活持续了大概一个月，后来就慢慢走出来了。回来以后，以前的同学、朋友慢慢地会来家里看看我，聊一聊。整个社会的信息渐渐聚集连通起来。然后我就会慢慢分析，哪些东西适合我做，哪些不适合我做，哪些我现在能做，哪些资源、人脉我现在能连接上。因为我这样的背景已经超越了那种只为了生存而做一两件事的状况。当整个社会资源就像一张网连接起来以后，逐渐就进入工作的节奏。在这个过程中，我主动找朋友一起商量和朋友们找我的概率大概是一半一半吧。一部分人是我主动联系的，因为也只有一部分关系比较好的朋友知道我回来了，一部分人并不知道。等我慢慢适应以后我想我会主动联系他们的。基本上还好，没有遇到让我很伤心的人和事。我自己也认为我虽然违反了法律，但是我内心还是善良的，违反法律和人性善良是不冲突的。我的朋友也基本认可我这个人，知道我的情况，还是会互相帮助的。就是说，我的核心交往圈子基本上没有因为我犯的这件事而远离我，我原来能做的事我现在也还是

[1] 边燕杰：《社会网络与地位获得》，社会科学文献出版社 2012 年版，第 51、30、73 页。

能做那么多，有些不太经常来往的人不来往也罢了，无所谓。（F25：男，40岁，大专学历，假释，信用卡诈骗）

不仅统计数据显示社区服刑人员交往网络的变动，实际访谈也印证了这样的发现。社区服刑人员在走出监狱进入社区矫正之后，可能会面临一段时间的封闭期，然后他们的社会网络在一定程度上又会逐渐联结起来。部分社区服刑人员如上述访谈中所说的“我的核心交往圈子基本没有因为我犯的这件事而发生变化”，更多社区服刑人员则要经历社会网络的排斥、重组或新的建构等动态变化过程。他们的关系网络既具有正功能也具有负功能，即在进行资源动员和支持获得以解决他们在生活、工作中的实际问题的同时，也可能导致他们之间心理倾向和行为习惯的相互影响，或引起不同社会群体之间的区隔乃至对立。

第二节 社区服刑人员交往网络动态变化的逻辑

从矫正社会工作的经验来看，有近半数的社区服刑人员在犯罪前后其交往网络发生了变动。这既可能与社区服刑人员的社会联结中断有关，也可能与社会歧视、社会偏见有关，还可能与社区服刑人员自身交往选择相关。[①] 本节主要从结构性因素、文化性因素和个体行动选择等方面来考察社区服刑人员交往网络动态变化的逻辑。

一、社会经济地位与生活方式的变革

从结构性因素的角度来看，社区服刑人员犯罪前和进入社区矫正后社会经济地位的变化及由此导致的生活方式变革是其社会网络变动的重要原

① 张昱：《矫正社会工作》，高等教育出版社2008年版，第205页。

因。正如马克思所言，人是社会关系的总和，社会是人们交往互动的产物。人们在交往互动中建构了错综复杂的社会关系和社会网络，这一方面使个体嵌入更广泛的社会联结体系，从中获取自身社会行动所需要的社会资源和社会支持，另一方面也使社会系统不断发展和完善，社会力量得到增强。“发展的前提是人们之间以商品和服务、信息和符号为形式的交往”的普遍开展。[①] 同时，社会交往中的个体也是经济学中所说的理性经济人，他们交往行为的根本动机也是为了获取自身利益的最大化。他们在关系网络中寻求资源和接受支持的过程，正是通过成本-收益原则对实现其需求的手段进行选择、比较和运作的过程，以最小的成本获取最大的收益。这里的成本既包括物质、金钱等经济成本，也包括情感、信息、时间等非经济成本。从一定程度上来说，社会经济地位是社会交往中最直接、最现实的显性基础，它决定着社会交往关系的亲疏远近及发展趋向。[②] 社会经济地位的变动往往也引起交往关系的变动。

我现在的交往圈子跟过去比还是有很大变化的，以前的圈子现在基本上不交往了，就是跟同事下班以后也不怎么接触。一个是没时间，也没钱。什么叫交往？有时间跟同事到周边旅游一下，有钱就跑得远一点，或者晚上约好到哪个小酒馆一起吃饭，你说我现在的收入能有这种消费吗？消费不了的。所以就上班下班，也不出去，能不花的钱就尽量不花，也没钱花。我觉得现在这个社会不论你真犯罪还是假犯罪，大家不会认这个的，你是否有经济实力，才是关键。(F21：男，34 岁，大专，缓刑，挪用公款)

我出事以后，家庭关系在整个过程中是有一些变化的。我现在跟我老婆就只是法律上的一张纸。因为我经济状况变化太大了，另外我心情不好可能也有责任。我大约花了两年的时间才渐渐回归社会上班。对我来说，

① ［美］佩鲁：《新发展观》，张宁、丰子义译，华夏出版社 1987 年版，第 12 页。

② 骆群：《弱势的镜像：上海市社区矫正对象的社会排斥研究》，上海大学 2008 年博士学位论文，第 78 页。

夫妻关系不好也没给我带来什么压力。只不过说夫妻关系不好，家庭就像少了一个人在管，有点手忙脚乱。她现在经常不回来，我要一个人接送孩子、做家务、上班。有时候同事之间也有一些饭局，我就觉得时间特别紧。我现在要是说有困难呢，就是缺时间。我和孩子的关系比较好，但现在她对我多少有点意见，说我陪她的时间几乎没有。我们一年到头几乎没有假期，她想叫我带她去旅游，我没时间也没钱。（F26：男，47岁，职高，缓刑，故意伤害罪）

一般而言，社区服刑人员因其违法犯罪行为受到刑事处罚之后，往往都会带来其社会经济地位的变化。当然，这种影响对于不同犯罪类型的社区服刑人员不尽相同。暴力性犯罪（故意伤害、故意杀人、聚众斗殴等）社区服刑人员会涉及民事赔偿；侵财类犯罪（盗窃、抢劫、诈骗等）和经济类犯罪（贪污、受贿、职务侵占、挪用公款等）社区服刑人员则可能被罚款，他们同时也会失去原有的工作。这使得他们之前所具有的社会经济地位在服刑之后明显降低，部分社区服刑人员甚至面临夫妻关系破裂、家庭变故、生活难以为继的状态。经济状况的限制，使得部分社区服刑人员不得不脱离原有的社会关系网络，其生活方式也更为简朴。他们为了维持基本生活，不得不将更多的时间耗费在工作中，他们在闲暇时间更多选择待在家里而不是外出，这在客观上造成其社会交往时间及机会的减少。如上述资料中所反映的访谈对象，他因自身经济收入降低而减少了与朋友的互动，甚至也影响了和妻子、子女的关系。这也可以看作社区服刑人员在社会交往关系上的自我排斥和自我区隔，他们在社区服刑中产生了对自我价值和地位的负面评价，从而将自我置于社会联结的边缘化地位。当然，在社会交往变动中也存在着对社区服刑人员的社会排斥，他们往往因为犯罪人员的特殊身份及经济地位的降低受到之前交往群体的歧视、污名、疏远和边缘化。

二、差序交往格局中的面子与人情

从文化性因素的角度来看，差序交往格局中的面子与人情是社区服刑人员交往网络动态变化的重要原因。梁漱溟认为，中国社会既不是个人本位也不是社会本位，而是关系本位。处于社会交往体系中的行动者，“不把重点放在任何一方而从乎其关系，彼此相交换，因此重点是放在关系上的。”[①]对中国社会的关系本位，费孝通所提出的“差序格局”则更为形象。“以己为中心，像石头一般投入水中，和别人所联系成的社会关系，不是团体中的分子一般，大家立在一个平面上，而像水的波纹一般，一圈圈推出去，越推越远，也越推越薄。”[②]基于差序格局的内在关系网络，“心理社会均衡”成为人们社会交往互动时重要的考量之一，即努力维持精神与人际平衡，使之保持在相对满意的水平上。[③] 这其中的重要纽带即是人情、面子。人情中包含的不仅是情感联系，更多体现的是互动、互惠的内涵。面子则是个人在社会交往和关系网络中的社会地位或与之相连的社会声望。人们“顾面子”牵涉的除了相互接受度、认可度，更指向社会交往中的地位高低和权力分配。[④]

我出事（虚开增值税发票被判缓刑）后，为了争取不被收监，花了很多钱聘请律师为自己做辩护，也动用了一些关系，希望能判得轻一些。这当中花了很多钱，连房子都卖了，来支付这些费用。后来判了缓刑，但还是要交很多罚款。有些亲戚朋友是愿意借钱给我的，可我自己不愿意接受帮忙，感觉欠的人情很难还，宁可把房子卖掉，自己过得苦一些。另一方面也因为自己被拘留出来后还没有找到工作，一年多了一直没正经工作，不知道要是借别人的钱什么时候才能还上，所以宁可不借。（F19：男，44 岁，中专，缓刑，虚开增值税发票）

对于朋友我是这样理解的，有钱就有朋友，没钱哪来的朋友。但是这个

---

① 梁簌溟：《中国文化要义》，上海人民出版社 2011 年版，第 93 页。

② 费孝通：《乡土中国・生育制度》，北京大学出版社 1998 年版，第 27—28 页。

③ Hsu F L K. Psychosocial homestasis and jen：Conceptual tools for advancing psychological anthropology，American Anthropologist，1971，(73)，23 - 33.

④ 黄光国：《儒家关系主义：文化反思与典范重建》，北京大学出版社 2006 年版，第 17 页。

社会也不是说所有的朋友在你没钱的时候就都不是朋友了，但是很少，我是这样认为的，没有什么朋友来关心我。但是我妈妈有一点退休工资，我父亲过世了，她每个月会从退休工资中多少资助我一点。但我跟政府说了，我妈现在也80岁了，如果你们不关心我，叫我妈从她有限的退休工资中拿钱给她儿子——一个1米8个子的人用，我后面的话就不说了。再说，以我的性格，我也不想叫我的朋友来帮我，我以后没钱还人家的人情，拿什么报答人家呢，我现在50多岁了，拿这点工资已经到头了，也不可能中500万元报答人家，我也不愿意低头做人，除非政府资助我，其他人的钱我基本不接受，也不愿意欠人情。（F23：男，53岁，高中，缓刑，偷税漏税）

通过对社区服刑人员的访谈可以发现，当他们在社区服刑中面临经济、工作、生活等困难时，他们也不愿意向之前社会交往圈子的一般对象求助。这既出于“没面子”的现实顾虑，觉得“被别人知道不光彩”，也缘于“不愿意欠别人”的人情考量。他们在社会交往中“争面子”，以维护自尊和自身威望。依靠人情建立的稳固关系模式使得社区服刑人员和其交往对象在资源、权力上可以实现一定程度的共享和流通，但人情背后却是“欠”和“报”往复交替的运作逻辑。[①] 因而，部分社区服刑人员在进入社区矫正以后交往网络有所萎缩，即便朋友主动邀约，往往以“需要带孩子”“家务事忙”等理由推脱，也很少向他们倾诉和求助，而更多的是转向自己的家人和亲属。这其实从深层次上反映了中国人“消极的求助模式”。人们的求助行为非常谨慎和消极，“万事不求人”和不背人情债成为大多数人的基本信念，进而转向自我解决问题的动机和行为。即便在迫不得已求助他人时，也奉行“最小求人原则”，在需求物品的偿还价值和获得帮助的潜在代价之间进行比较和计算。这表明，消极求助心理和行为也可以看作在成本-收益之间的理性决策。[②]

---

① 汤林弟：《中国式管理的文化性格》，知识产权出版社2011年版，第184页。
② 王思斌：“中国社会的求-助关系：制度与文化的视角”，《社会学研究》2001年第4期。

三、个体行动中的选择性亲和与疏离

社区服刑人员对交往对象的选择性亲和与疏离，也导致了其交往网络的动态变化。马克斯·韦伯在分析新教伦理与资本主义精神之间的关系时，使用了"选择性亲和"(elective affinity)一词，用以分析新教伦理即禁欲主义如何影响并产生了"以自由劳动的理性组织方式为特征的有节制的资产阶级资本主义"。选择性亲和反映的不是因果关系，而是相关关系。正如韦伯所说："我们只是希望弄清楚宗教力量是否和在什么程度上影响了资本主义精神的质的形成及其在全世界的量的传播。更进一步地说，我们的资本主义文化究竟在哪些具体方面可以从宗教力量中找到解释。"[①]齐格蒙特·鲍曼也用"亲和性"来分析现代性和大屠杀之间的内在关系。与之不同的是，这里的"选择性亲和"主要指社区服刑人员对交往对象有目的的选择心理和行为。具体而言，他们在这个阶段选择性亲和的对象主要是家人、居委会工作人员及部分同事和朋友。同时，社区服刑人员对亲戚、邻居、一般朋友则更为疏远和隔离。这在实质上也反映了社区服刑人员在身份特殊化和经济地位变化时主动采取的应对策略。

关系比较近的亲戚都知道我们家这个事。这不是我自己说的，是其他亲戚说的，也不是故意说的，人家也是好心，就想劝劝我，没办法也挡不了。因为这事现在我基本不愿意出门。我这人本身不太愿意到公共场所去，打麻将打牌都不会。跟别人聊天你自己觉得讲得很有道理，可人家听了不舒服，没事找事。我以前就这样，我喜欢到田野里转转，兜一兜，跟别人有话就说，没话也不想说多余的话。以前会到朋友那儿玩玩喝喝酒，现在别人不叫我我不会主动去，不大想出去。我本来就不开心，如果再主动向别人讲出来，别人也不开心就没意思了。出这么大的事，就好像是新闻一样的说着说

① [德]马克斯·韦伯：《新教伦理与资本主义精神》，于晓、陈维纲，等译，三联书店1987年版，第68页。

着就说到这件事了，讲着讲着我就控制不了了，伤心流泪，别人也不舒服。我不想给他们讲话，别人有事叫我去我会去，我自己不会主动去。你跟别人讲他嘴上说理解，可他心里怎么想呢？你不知道。你给别人带去痛苦有什么意思呢，没必要。我有时候发脾气就是因为一直放在心里，压抑太久了。(F06：男，50岁，初中文化，缓刑，故意伤害)

按照社区矫正的规定，这一年(即社区服刑期间)我不能(外出)做生意，不过跟生意伙伴的关系还是能维持的。我们合作这么多年了，也是朋友关系。对朋友没有秘密，我也跟他说了，他就叫我做不了的先不要做了。他的活有的时候我做不了，他没这个圈子资源或认识人的时候需要跑(外出做生意)，我就帮他找找人，反正我也不赚钱，就为了把关系搞搞好，等我服刑结束了他应该会再找我。(F27：男，29岁，初中，缓刑，交通肇事)

社区服刑人员对交往对象选择性亲和与疏离的潜在逻辑是不尽相同的。他们在受到刑事处罚之后，愿意花更多的时间与家人在一起，有的社区服刑人员甚至不主动去工作，专门在家陪伴家人。这一方面是为了向家人倾诉自己的苦楚，获取家人的情感支持和慰藉，另一方面也是希望以这种方式起到对家人因自己所受伤害的愧疚和弥补作用。在这个阶段，出于工具性的考虑，自雇佣的社区服刑人员会更多建立与生意伙伴的交往关系，在劳动力市场就业的社区服刑人员则主要建立与部分同事的交往关系，从而获得对方在创业/就业中的信息、资源等实际支持。同时，因为不可避免地会面临生产、生活困难，社区服刑人员与其所在的居委会的交往关系也会更加频繁，他们在寻找创业/就业信息、申请低保、申办廉租房和临时补助等方面需要后者的协助和支持。然而，社区服刑人员对亲戚、邻居及一般朋友等则会表现出不同程度的疏离，其与对方的互动频率、互动内容、互动形式等都有所减少，这是为了避免引起对方的关注，不愿揭开“伤疤”，维持面子与尊严。当然，由于具有犯罪人员的特殊身份，社区服刑人员也在一定程度上受到交往对象的歧视、区隔乃至污名，从而形成双方继续交往的无形阻碍，这也会造成其交往网络的收缩和交往关系的疏离。

第三节　社区服刑人员交往网络维持与建构的策略

如前所述，社区服刑人员的交往网络不是一成不变的，而是在其社会融入过程中呈现出动态变化趋向的。这具体可以从延续性交往网络的维持和拓展性交往网络的建构两个层面来理解这一动态过程，以厘清这一群体在具体的社会情境中的行动选择策略，也为进一步研究其交往网络中的资源动员和支持获得提供必要的理论准备。

一、延续性交往网络的维持

交往网络的维持是促进关系网络延续的重要方式，也是社会交往结构稳定和动态变化的显著体现。一般而言，关系网络的维持主要包括如下四方面：确保关系的存在，将关系稳定在某一水平，将关系保证在一个满意的水平，修补关系。[①] 人们通常采取正面回应、开放、交往、共同完成某项活动、认同、互惠等策略，以保证交往对象的稳定性，避免关系断裂。[②] 对社区服刑人员而言，因遭到刑事处罚而形成的特殊身份，使得他们的关系网络维持的主要对象是家人、邻居、部分朋友和少数工作关系密切的同事和客户等。他们基于情感性需求、工具性行动等多种目的，通过进一步的交往互动强化与这些对象的原有关系，使得他们之间的联系更加密切，资源流通、动员和使用的渠道也更加畅通。相对的，这也会弱化那些没有得到延续和强化的关系网络，对应的关系人则会逐渐淡出自己的关系网络。总体上看，这可以看作是社区服刑人员在社会融入过程中对自己整体交往网络的进一步梳理、

① Dindia, Kathryn and Daniel J Canary. Definitions and Theoretical Perspectives on Maintaining Relationships, Journal of social and Personal Relationships, 1993, (10), 163 - 173.

② 何雪松："社会网络的动态过程及理论探索"，载《上海行政学院学报》2005 年第 3 期。

改造和完善，从而使其关系网络更加优化，实用性更强。[1]

社区服刑人员通过情感回馈实现家人关系的维持。他们往往因违法犯罪行为给家庭带来巨大的冲击和伤害，使家庭蒙受污名，家庭成员的社会声望、地位受损，因而其在出狱后感到对家人有所亏欠，进而愿意花费更多的时间与家人在一起。在上海的调查统计发现，“出事”后，51.8%的社区服刑人员对家人的关心没什么变化，还是和以前一样，44.3%的社区服刑人员更加关心和更多地陪伴家人，2.9%的社区服刑人员对家人不怎么关心，较为自我封闭，而完全不理家人的仅有1%。对有过监狱服刑经历的社区服刑人员而言，他们对家人的情感回馈心理和行为会更多。如假释人员大多会选择给予家人更多的关心和陪护。当然，他们与家人之间的关系维持是相互的。社区服刑人员在“出事”后，家人对其更加关心和在意的为49.7%，家人对其态度没有变化（仍然和以前一样）的为46.4%，不像以前那么关心但有事还是会帮忙的为1.7%，完全不关心的为2.2%。但不可否认，社区服刑人员的家庭属于高风险家庭，他们因受到刑事处罚使得家庭成员在经济、情感、健康等方面面临压力，从而引起夫妻关系紧张、亲子关系疏离、家庭功能障碍等现实问题。[2] 部分社区服刑人员也会受到家庭成员的指责和埋怨，但绝大多数家庭对社区服刑人员还是接纳的，并给予其在心理安慰、物质帮助、工作获得等方面不同程度的正向支持。

我现在的生活方式跟入狱前比还是有变化的。以前在外面应酬的时间多一些，现在在家里陪家人看书的时间会多一点。以前以事业为中心，现在以家庭为中心。出过这样的事以后，我意识到这个世界上很多东西是可以放弃或者重新来过的。唯独家庭、亲情这一块是没办法重新来过的，这是能够陪你一辈子的东西，金钱、地位什么都可以重新来过。对我而言家人的开

---

① 边燕杰：《社会网络与地位获得》，社会科学文献出版社2012年版，第71页。

② 杨旭：《社区矫正对象的家庭问题研究》，华东理工大学2008年硕士学位论文，第1—2页。

心才是我的开心。这几年在里面看书看得比较多，历史书、传记类、悲剧性的东西看得多了就领悟到这一点。对我来说，这也是生活理念的转变，不是因为不想见人。(F05：男，55岁，硕士研究生，剥夺政治权利，贪污罪)

我现在的交往圈子跟过去比没有明显的变化，做的事情跟以前80%是一样的，也是做电子设计、芯片这一块的。我在其中具体负责跟客户、供应商的沟通。现在主要是帮朋友做的，他付我工资，股份这一块，我们谈好今年年底再看，因为我刚出来也不知道自己能做多少事情。这份工作是朋友找我更多一点，因为我之前做这个，有一些人脉，我刚出来也没多少事情做，双方都有意向合作。这个工作时间比较灵活，工作之余我会看些新闻或者哲学类、历史类的书。(F10：男，37岁，本科，假释，虚开增值税发票)

有人告诉我，我选择"加金"(交社保金)我老板是很高兴的。因为政府让我去"加金"有政府的考虑，以后老了我有口饭吃，这是政府最要做的事，以后政府没有养老负担。我老板是帮教协会的会长，他跟政府有密切的联系，他们有共同的目标，站在统一战线上。但是刚才我说了，我觉得我们老板人不错，既然公司也帮你交了社保金我个人也要交，我不会去计较少拿多少钱。我也想在这个公司长久做下去，我肯定要尽可能地与身边的人保持好关系，更不要说老板了。虽然长远来看我也没有吃亏，但是我目前很缺钱。老板知道我这个情况也很照顾我，事实上升至副经理工资增加了1 000元，也够交金的。(F11：男，51岁，高中文化，缓刑，合同诈骗罪)

社区服刑人员通过交往、关系链接、资源共享实现对邻居和熟人及部分朋友关系网络的维持。邻居和熟人是社区服刑人员在社会生活中不可避免要面对的人，他们的态度会直接影响着社区服刑人员走出家门、回归社会的勇气和信心，因为这涉及社区服刑人员的"面子"问题。"面子"(或称"脸面")是中国语境下重要的文化心理现象，是"解释中国人诸多行为的关键"①。调查显示，

① Stover L E. The Cultural Ecology of Chinese Civilization. New York：Mentor，1974. 转引翟学伟：《人情、面子与权力的再生产》，北京大学出版社2005年版，第130页。

社区服刑人员的邻居、熟人对其态度与之前相比没有变化甚至更热情的超过一半，大多数社区服刑人员也会如之前一样与他们在日常生活中进行更多的交往互动。同时，对社区矫正服刑人员而言，良好的朋友关系可以在诸多方面帮助其更快地走出犯罪阴影，融入社会。正如英国唯物主义哲学家弗兰西斯·培根说："如果你把快乐告诉一个朋友，你将得到两个快乐，而如果你把忧愁向一个朋友倾吐，你将被分掉一半忧愁。"[①]虽然相关研究表明社区服刑人员因犯罪行为会使其朋友交往圈缩小，但他们仍然会对其中的部分朋友进行选择性维持，以获取相应的支持。如上述访谈中反映的，社区服刑人员也通过自己之前的人脉、技术等积累为朋友进行关系链接，以资源共享的方式帮助朋友解决遇到的问题，"帮他找找人"，从而实现对部分朋友关系的维持。

社区服刑人员通过隐瞒身份、顺从等方式实现与工作关系中的部分同事、客户交往关系的持续。部分社区服刑人员，尤其是缓刑人员，因为没有被置于监狱进行心理和行为矫正，他们的社会关系、社会联结和社会生活并没有受到太大的影响，基本还是以以前的交往圈子为主。虽然会有一些新结识的朋友，但总体较少。正如有的社区服刑人员所说：毕竟人与人之间的信任建立是需要时间的，我们做商业的更是这样。很多东西的信任超出了对契约的信任，更多的是对多年交情的信任，这样效率会更高一些。[②] 他们中接近一半的人仍然从事之前或类似的工作，担心自己的犯罪经历和"服刑人员"身份会影响工作关系，因而在与同事、客户进行交往时更多的是隐瞒自己的真实身份。社区矫正制度要求社区服刑人员在进入社区矫正以后必须定期接受集中教育和公益劳动，这势必与他们的工作时间、工作任务相冲突。部分社区服刑人员则会以生病调班、请假或带孩子等家庭事务为由对工作单位及同事进行隐瞒。他们觉得"这不是什么光彩的事，不愿意让别人知道，怕别人议论"。社区服刑人员也通过对单位领导的顺从来维持其工作

① [英] 培根：《培根论人生》，上海人民出版社 2011 年版，第 52 页。
② 实地访谈资料，访谈对象：F10，男，37 岁，本科，假释，虚开增值税发票。

关系。如案例中所展示的对象，他虽然对缴纳社保金有自己的看法，但为了维持好与老板的关系、获得相应的帮助，还是接受了对方的参保建议，尽管这会导致其当下收入减少，加剧其经济紧张程度。从总体上看，在社区服刑人员延续性交往网络的维持中，工具性关系和情感性关系都存在，且这两者比重相似，共同为他们的社会融入提供保障和支持。

二、拓展性交往网络的建构

交往网络的建构主要是通过网络规模的扩大、网络成员的增加或人际交往的深入来改变网络的构成，使得网络资源的存量增加，以便于行动目标的达成。[①] 在中国传统社会中，人们的关系网络更多局限于基于血缘、地缘而形成的“熟人社会”。正如费孝通在《乡土中国》中所描述的：“在差序格局中，社会关系是逐渐从一个一个人推出去的，是私人联系的增加，社会范围是一根根私人联系所构成的网络。”[②]差序格局的文化传统塑造了中国人“特殊主义”的交往原则，“因人而异、区别对待”的处事策略和“有限信任”“差别信任”的行为惯习。[③] 在当下，随着社会流动的加速和市场经济体制的建立，传统的“熟人社会”逐渐瓦解，基于公共的、理性的契约关系为基础的“陌生人社会”正在形成，这势必对长期以来的社会交往模式产生显著的改变。人们除了通过亲戚介绍、寻找以前的关系、内群体成员为中介建立交往关系之外，也通过第三方建立关系、通过社会参与建立关系或在现有关系网络的基础上增加新的关系。[④]从而实现对交往网络的建构和扩展，以获取相应的资源和支持。

社区服刑人员通过配合监管，寻求帮助，政策咨询等方式实现与矫正社会工作者及所在街道、居委的交往关系建构。社区矫正制度规定，社区服刑人员在进入社区矫正后的前三个月必须定时向司法所工作人员签到，三个

---

① 边燕杰：《社会网络与地位获得》，社会科学文献出版社 2012 年版，第 73 页。
② 费孝通：《乡土中国・生育制度》，北京大学出版社 1998 年版，第 30 页。
③ 高和荣：《经济社会学》，高等教育出版社 2008 年版，第 208 页。
④ 何雪松：“社会网络的动态过程及理论探索”，载《上海行政学院学报》2005 年第 3 期。

月之后则需向负责其监管工作的矫正社会工作者签到和递交思想汇报，并定期参加集中教育和公益劳动活动。虽然部分社区服刑人员的内心并不一定认同这些监管措施，但这些强制规定性制度要求是他们必须遵守的。这其实也在客观上使之建立了与矫正社会工作者之间的交往关系，而且这种联结是相对正式、稳定的，交往频度也是固定的。当他们在日常生活中遇到相应困难时，也会不定期向矫正社会工作者寻求帮助。同时，社区服刑人员也会向所在居委、街道寻求帮助或进行政策咨询，通过他们为自己办理低保、临时补助、廉租房等事宜或获取相关工作信息。正如以下案例中所谈到的，该社区服刑人员会主动向社工或政府寻求帮助。他甚至认为“人本来就是政府的”，寻求其帮助理所当然。也就是说，社区服刑人员在社区矫正过程中，与矫正机构工作人员和基层政府工作人员建立了较为正式的、新的交往关系，这种交往关系一直延续到其社区矫正期满。部分社区服刑人员逐渐将与他们的正式关系转化为工作关系之外的、更为亲密的私人关系，实现了关系性质和交往内容的深化。

现在我们家经济比较困难，朋友很少，也帮不上什么忙，主要还是靠政府，人本来就是政府的。我要是有个什么事情去找居委会，他们能帮的也帮。现在街道每个月补助一点，居委会也补助一点，我就不去找他们了。一个人要有一番事业要干，如果没有事业是没有好日子的，而我们要过好日子是绝对离不开政府的。(F24：男，61岁，高中文化，暂予监外执行，诈骗罪)

有事也会联系一下这边的社工老师，就是那段时间我也没什么生意。他们会问我生意怎么样，还有人告诉我有一个招聘会，我可以过去看一下。他给我介绍了几个工作，有的嫌我年龄大，有的嫌我没有文凭，因此到现在我也没有找到合适的工作。总的来说，社工、区街道司法所的人对我还是可以的。(F28：男，56岁，初中肄业，缓刑，诈骗罪)

当时许老师(志愿者)介绍我去这个公司上班，是老板亲自接待的我，据我所知我这个规格算高的，一共来了六七十人，不是每个人都是老板接待的。老板在旁边听我讲了我的经历以后，就马上叫我来上班。实际上当时我并没有想要上班，以前我也算个自谋职业者，开个小公司，我自己想干嘛就干嘛，真叫我去给别人打工、守规矩，我觉得自己不一定做得到。所以一开始我并不是很卖力地工作，我认为也许做一段时间人家就不要我这种人了。结果后来却越来越认真，原因是我认为自己碰到了一个合得来的人。当时我只是管理员，我碰到我的经理，大家在一起工作非常开心，简单来说就是他把我的工作欲望调动起来了。他也是一个有过前科的人，但他人不错，比我年轻得多，今年 32 岁。他给了我具体的工作机会，下面的管理员有好几个，他可以给我干也可以给其他人干，他肯给我干我就高兴，我们也是肯干的人，不喜欢闲着。（F11：男，51 岁，高中文化，缓刑，合同诈骗罪）

社区服刑人员通过就业实现与同事、客户等群体交往关系的建构，这是他们新社会关系建构的主要渠道。就社区矫正的两大主要群体——缓刑人员和假释人员而言，缓刑人员没有被收监执行的经历，他们有的仍然在继续从事之前的工作，但也有部分缓刑人员不得不寻找新的工作机会。假释人员从监狱出来之后则必然面临就业的现实问题。如前所述，他们虽然遭遇不同程度的"前科歧视"和市场排斥，但也能通过政府、社会组织开发的社区公益岗位和过渡性就业基地实现就业，或在矫正机构和矫正社会工作者组织的专场招聘会上获得工作信息和工作机会。由于社区服刑人员的特殊身份，他们必定遭受部分新同事、新客户的交往排斥，认为他们是"出过事的人"，而对其敬而远之。社区服刑人员为了自尊及保住工作机会往往采取隐瞒身份的策略。但在实际调研中发现，他们面对的交往排斥并没有预想中的严重，部分新同事和新客户在了解社区服刑人员的身份和经历之后，至少能在表面上仍然与之形成较为稳定、正式的交往关系，他们之间在信息、资源传递、工作支持等方面互动较多，这无疑对增强社区服刑人员的自信心有着显著作用，这也成为其社会融入的积极动力之一。但社区服刑人员与新同事、新客户的交往更多的是正式关系，双方在交往方式、交往内容等方面也存在一定的限制。

部分社区服刑人员在人际交往及情感生活中，更喜欢与“具有陌生感”的人建立新的交往关系。这其实可以看作是社区服刑人员的自我减压机制。按照马斯洛的需求层次理论，每个人都有生存的需求、安全的需求、社会交往的需求、尊重的需求和自我实现的需求。社区服刑人员在实现社会交往需求的过程中，与熟人的交往不可避免地会面临一定的身份歧视和交往排斥，这给社区服刑人员的内心带来较为沉重的压力，他们有时更喜欢与陌生人交往。调研中发现部分社区服刑人员喜欢到敬老院参加公益劳动，他们认为能在与这些不熟悉的老人的交谈中获得满足感，没有压力。也有的社区服刑人员因家庭关系紧张，会花费更多时间在虚拟的网络空间找人倾诉或寻找情感寄托。德国社会学家齐美尔（Georg Simmel）在《大都市与精神生活》中指出，现代社会的“大都市型人格”中重要的一点即社会交往的“匿名性”。在《陌生人》中，齐美尔认为：“在与陌生人的关系以及与其建立的关系中，那些增加了距离和对抗的因素如何促成了一种合作与持续互动的模式。”①与陌生人的社会交往，使得社区服刑人员能够避免环境压力和身份尴尬，“在与陌生人抽象的关系中找到了实际的表达”，在更加平等、自由、自信的氛围中开展交往互动与社会生活。总体上看，在社区服刑人员拓展性交往网络的建构中，工具性关系占据主导，情感性关系相对较少，以满足他们在社会融入过程中的现实需求。

第四节　社区服刑人员社会交往中的资源动员与支持获得

社会网络的维持与建构的重要目的在于资源动员与支持获得。即在具

① ［德］格奥尔格·齐美尔：《陌生人》，载《现代社会心理学名著菁华》，周晓虹主编，社会科学文献出版社2007年版，第89—90页。

体的社会情境中，个体通过发挥主观能动性，谋划及动员等目的性行为和过程，激发嵌入社会交往圈中的资源，使其从静止或休眠状态转化为运作状态，促进其行动目标的达成。这在我国关系主义的研究，尤其是对“求职网”“拜年网”“餐饮网”“婚丧网”的研究中得到了较多体现。[①] 本节主要关注社区服刑人员在身份限定下获取资源的有限性，以及他们如何动员社会关系网络尤其是非正式支持获取社会资源，以帮助他们解决其在社会融入中遇到的相应困难和问题。

一、社区矫正中非正式资源的建设与动员

社区矫正中涉及的资源体系包括正式资源和非正式资源两大类，正式的制度资源主要是国家为保障社区矫正顺利进行所提供的制度性支持，非正式资源主要是由志愿者、社区居民、同事、朋友、家人等提供的非正式支持，它是正式资源的重要补充。在社区矫正中，除了运用正式资源之外，更要广泛利用非正式资源，尤其是动员各种社会力量积极加入社区矫正工作中来，对社区服刑人员开展形式多样的教育、帮助活动，解决其遇到的相关困难和问题，实行专群结合，这既是社区矫正的制度特色，也是社区矫正实践的经验总结。以社区矫正小组为依托，立足社区环境，依靠社区资源，动员社会力量如相关社会组织、社区矫正工作志愿者、社区居民等，促进社会公众参与对社区矫正人员的监督管理和教育矫正，从而提高社区矫正质量。

本研究在第四章已经对社区矫正中的正式制度资源及非正式资源中的社区矫正志愿者进行了相关论述，发现这两者的建设及动员存在一定程度的不足，导致其支持作用有限。这里主要展开对社区矫正中社会组织和社区居民参与及社区服刑人员的同事、朋友、家人支持作用的分析。从实践来看，我国的社区矫正是“政府主导型”，政府相关机构是决定和实施社区矫正

---

① 边燕杰、王文彬，等：“跨体制社会资本及其收入回报”，载《中国社会科学》2012 年第 2 期。

的主体，社区、相关社会团体、民间组织及社会志愿者的角色更多的是协助专门国家机关开展社区矫正工作[①]，其作用还有较大的发展空间。“组织化社会”是21世纪社会最显著的特征[②]，尤其是社会组织的发展壮大能更多关注弱势群体的生存状态，对其公共服务需求能做出快速、灵活的反应。在这方面比较成熟的是上海的新航社区服务总社和北京的阳光社区矫正服务中心，他们均是政府专门扶持的社区矫正民间组织，没有完全摆脱政府的影响。两者的不同在于上海是按照“政府主导推动、社团资助运行、社会多方参与”的格局推进社区矫正工作，通过“政府购买服务”的方式整合社会资源，探索替代性公共服务产品的生产、供应机制。北京则仍然是传统的政府控制模式，从组织组建、人员配备、服务提供、考核考评各方面都是政府主导，社会组织行政化倾向明显，独立性缺乏，降低了其行动的自主性和积极性，影响了社会资源的利用效率。这在一定程度上也是当前我国社会组织发展所具有的共性。在“创新基层社会治理体制”的背景下，有必要加强社会组织的发展培育，使之逐渐成长为社区矫正的中坚力量，以为社区服刑人员提供更多有针对性的服务和帮助。

社区矫正非正式资源建设和动员的另一方面是社区居民的认同及参与不足。社区矫正是在社区环境中进行的，社区居民对社区服刑人员的理解和接受以及对社区矫正工作的认同和参与无疑十分重要。国外社区矫正的成功很大程度上得益于社区发展成熟、公众强烈的社区意识及广泛的社区参与。而我国部分城市社区居民的参与意识较弱，认同心理不明显，权利义务观念淡薄，社区矫正的社区基础相对不足。这也与我国社区自治发展状况密切相关。西方的社区发展经历了漫长的阶段，它非常注重调动社区居民参与社区事务的主动性和积极性，培育社区居民的自治、互助精神。我国的社区发展起步较晚，且对长期实行的“单位制”产生了严重的路径依赖，造成政府成为社区发展的全能主体，社区居民对社区实务热情不高、动力不

① 梁根林：《刑事制裁：方式与选择》，法律出版社2006年版，第244页。
② ［美］彼得·德鲁克：《后资本主义社会》，傅振焜，译，东方出版社2009年版，第29页。

足。相关学者认为，社区就是一个“亚社会”，我国社区存在的价值被低估、社会角色不清晰、社区功能萎缩、社会机制发育不良、居民参与度低、单一行政化等明显弊端①，这样的社区显然不能满足社区矫正的要求。要想提高社区矫正质量，国家应加大对社区矫正的宣传力度，提高社区居民对社区矫正的知晓度和认同度，增强公众的参与意识，培育由社会组织、社区志愿者、社区居民等组成的多元化参与主体，并从制度建构、文化营造和身份认同等角度健全激励机制②，形成社区参与的持续动力及强大合力，推动社区矫正工作的发展。

我平时接触的人就只有女儿和母亲，同事也只是上班的时候有接触，社会上的朋友一个也没有。单位同事在工作之余或我有困难时他们起的作用不大。可以这样说，大家都差不多，就这点钱，人家怎么会给你呢。即使关系好的，大家一起吃饭，有时候对方不让你买单，已经算好的了，给你钱你也不敢要。有困难应该找政府，朋友就是大家聊得来，有时候让你到他家里喝喝小酒，是情感上的支持，不可能有经济上的资助，大家都挣得不多。所以有困难我首先想到的是政府，觉得政府的作用更大，政府没有什么事情不能做。如果你说要运用民间力量，也需要政府出面，你个人也用不到民间力量。我还是认为政府是老大，没有政府是不行的。(F29：男，35 岁，大专文化，缓刑，诈骗罪)

面对社会组织及社区资源建设与动员的不足，社区服刑人员更多依靠的只能是同事、朋友、家属、亲戚等关系网络中的资源。如前所述，同事、一般朋友常归结为弱关系，家属、亲戚则属于强关系，两者在社会支持中所起的作用是不一样的。以格兰诺维特为代表的新经济社会学研究者大多认为弱关系在信息传递与资源获取过程中更具重要性。因为强关系双方彼此了

① 徐永祥：《社区发展论》，华东理工大学出版社 2000 年版，第 69 页。
② 邵锋：《社区矫正工作中社会资源的配置》，上海交通大学 2012 年硕士学位论文，第 35—37 页。

解，他们在知识背景、经验结构等诸多方面具有相似性，很难在交往互动中为对方带来新的信息和资源，即便有增加的信息和资源也大多是“冗余”的。弱关系则可以在不同交往行动者之间搭建某种形式的“桥梁”，传递相应的信息和资源。① 但这与中国社会的关系网络运作不太相符，边燕杰在对天津居民职业流动的研究中发现，强关系更加有效。对社区服刑人员而言，他们的弱关系也很难发挥有效的支持作用，更多还得依靠强关系的支持。如上述访谈所反映的，社区服刑人员交往网络中新增加的朋友相对较少，同事大多也经济收入有限，因此他们之间相互的实际支持作用有限。因而部分社区服刑人员将责任归结给政府，认为政府应当在他们遇到困难时发挥更加重要和积极的作用。这不仅和我国“政府主导型”社区矫正制度有关，制度资源都在政府掌控之中，也和社会资源、社区资源的建设与动员不足有关，使得社区服刑人员可能会面临正式资源和非正式资源双重不足的局面。

二、交往网络中社会支持的获得

在社区服刑人员社会交往中资源动员与支持获得首要关注的是他们的现实困难和主要需求，以考察其所获得支持的针对性和有效性。正如林南所言，社会支持是“意识到的或实际的由社区、社会网络和亲密伙伴提供的工具性或表达性资源”②。交往网络中的社会支持是一个动态变化的过程，它既涉及宏观、中观和微观层面，也在功能、结构、互动和主观评价方面具有相应的意涵。③ 一般认为，社区服刑人员在社会融入过程中会面临就业、收入、住房、心理、家庭、子女教育等多种问题。这些问题可能相互交织，构成

① Grannovetter M. The Strength of Weak Ties, American Journal of Sociology, 1973, 78(6), 1360-1380.

② 林南等：“社会资源和关系的力量：职业地位获得中的结构性因素”，载《国外社会科学》1999年第4期。

③ 金碧华：《支持的“过程”：社区矫正假释犯的社会支持网络研究》，上海大学2007年博士学位论文，第38页。

一个复杂的“问题体系”，从而影响他们的正常生活。[①] 从图 6－1 和图 6－2 的数据中可以看出，社区服刑人员目前遇到的困难既有收入太低(46.2%)、就业困难(21.9%)、子女教育(14.4%)、无固定住所(15.4%)等日常生活中的现实问题，也有对未来感到迷茫(19.8%)、情绪焦虑烦躁(14.1%)、遭受歧视(10.7%)、环境不适应(9.4%)、社会关系不佳(9.1%)等情感性问题，其中最大的困难是经济收入十分有限和就业困难。这在本书第四章的相关研究中已经有所反映。针对这些实际困难，他们最希望获得的帮助包括就

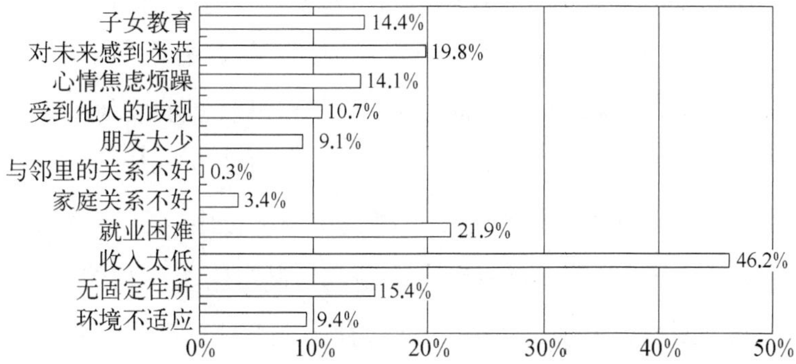

图 6－1　社区服刑人员目前存在的困难

资料来源：课题组调查数据。

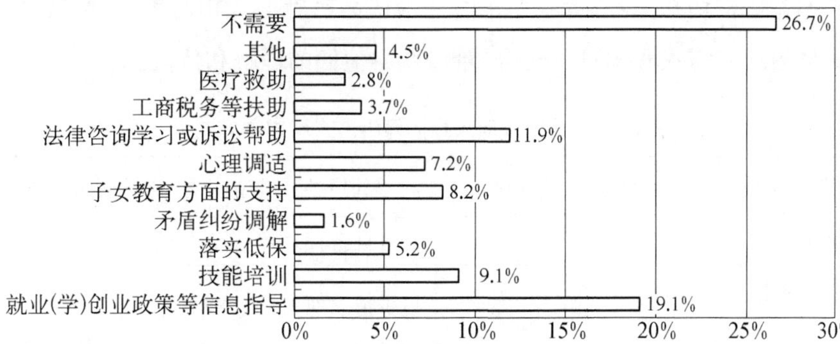

图 6－2　社区服刑人员最希望得到的帮助

资料来源：课题组调查数据。

① 张昱：《矫正社会工作》，高等教育出版社 2008 年版，第 203—206 页。

业(学)创业政策解读(19.1%)、法律咨询学习或诉讼帮助(11.9%)、子女教育(8.2%)、心理调适(7.2%)、技能培训(9.1%)、落实低保(5.2%)、矛盾纠纷解决(1.6%)等方面的支持。由此可以看出，部分社区服刑人员目前面临比较严重的是经济类困难，这是他们基本生活的保障及开展其他社会活动的前提，其次是其心理压力、精神健康也需要更多的关注，再次则是他们的家庭相关问题。只有这些需求得到有效回应，他们的社会融入才能顺利进行。

从求助意愿和求助方式来看，当遇到烦恼时选择只向关系极密切的1～2人倾诉的比例最大，占到了61.7%，其次是主动倾诉以获得理解和支持的占15.9%，从不向任何人倾诉的比例为13.5%。与之相对，在遇到烦恼时的求助方式统计中，比例最大的是向家人、亲友和组织请求援助(32.8%)，很少向别人求助或根本不求助的占到46.2%，具体如表6-6和6-7所示。社区服刑人员的倾诉方式及求助方式可能受传统文化中“面子”思想的影响，注重自尊和个人独立，在一定程度上控制或压制自己求助情绪的表达。在他们的实际求助行为中，也有较多的通过社会交往处理困难、烦恼的行为习惯，因为他们的倾诉、求助对象除了家人之外，也包括更多的关系亲密的朋友。当然，这也可能和社区矫正实践运作中有效的求助渠道不易获得、求助效果不显著密切相关，或者制度化的帮困扶助措施形式相对单一，与社区服刑人员的现实需求和困难不契合，难以获得他们的理解和认同。

表6-6　社区服刑人员的倾诉方式和求助方式

您遇到烦恼时的**倾诉**方式(百分比)		您遇到烦恼时的**求助**方式(百分比)	
从不向任何人倾诉	13.5	只靠自己，不接受别人帮助	16.4
只向关系极为密切的1～2个人倾诉	61.7	很少请求别人帮助	29.8
如果朋友主动询问您会说出来	8.9	有时请求别人帮助	21.0
主动倾诉自己的烦恼，以获得支持和理解	15.9	有困难时经常向家人、亲友、组织求援	32.8

资料来源：课题组调查数据。

表 6－7　社区服刑人员遇到困难时首选的求助对象(%)

	遇到生活实际困难（住房/经济收入/工作等)时	遇到情绪情感方面的困难时
家人(父母/子女等)	77.5	63.0
亲戚	5.1	3.1
朋友	7.3	20.4
同学/同事	1.0	1.0
社工	2.7	5.4
街道/居委会/司法干部	3.0	2.0
其他人	.7	.8
不知道向谁寻求帮助	.8	.5
不想寻求别人的帮助	1.9	3.7

资料来源：课题组调查数据。

从更具体的情形来看，社区服刑人员遇到生活实际困难或情绪情感困难时，其求助对象最主要的都是家人（分别为 77.5%与 63%）和朋友(7.3%和 20.4%)。需要注意的是，家人是他们在遇到住房、经济、工作等现实困难时的首要求助对象，朋友则在解决其情感苦难中的选择比例更高。这实际反映了中国社会差序交往格局中的面子与人情。如黄光国将华人的社会交往关系分为由相对稳定和持久的社会关系人组成的“表意关系”、经由人情和面子影响的关系人组成的“混合关系”、由个人与陌生人建立的“工具关系”三大类。其中，表意关系受需要原则的影响，混合关系受人情原则的影响，工具关系则受公平原则的影响。① 以此来看，社区服刑人员的求助对象主要是表意关系和混合关系中的交往对象，工具关系对象所占的比重较少。

从支持获得来看，社区服刑人员从家人帮助中获得的主要是日常生活照料（66.5%）、经济支持（43.1%）、心理疏导（42.1%）和帮助找工作

① 何雪松：“社会网络的动态过程及理论探索”，载《上海行政学院学报》2005 年第 3 期。

(12.5%)。他们从朋友处获得的帮助依次是心理疏导(47.6%)、帮助找工作(22.7%)、经济支持(18.2%)和日常生活照料(13.3%)。从朋友处没有获得任何支持和帮助的比例(19.6%)远高于家人(3.4%),具体如表6－8所示。这再次说明关系网络中家人与朋友的社会支持作用有所不同,家人的帮助既包括经济性帮助也包括情感性帮助,朋友的帮助则主要是情感性的,或是充当信息、资源传递的“信息桥”。

表6－8　家人及朋友支持的获得(N=601)

内容(可多选)	家人支持的获得	朋友支持的获得
日常生活照料	66.5%	13.3%
经济支持	43.1%	18.2%
心理疏导	42.1%	47.6%
帮助找工作	12.5%	22.7%
没有提供以上任何帮助	3.4%	19.6%

资料来源：课题组调查数据。

与之相对的是,作为矫正小组的重要成员,矫正社会工作者为社区服刑人员提供的支持主要是个别访谈(76.1%)、心理支持(59%)、小组互动(45.7%)、法律咨询(37.2%)、了解就业信息(20.8%)和社区资源(19.3%),在帮助争取经济支持(16.9%)和改善家庭关系(15.2%)方面所起的作用相对较小。作为配合社区矫正机关实施对社区服刑人员进行社区矫正的街道、居委会所起到的主要作用是“定期保持联系(59.7%)、家庭随访(33.7%)、组织参加社区团体活动(30.2%)、法律咨询(30.4%)、心理辅导(27.1%)、就业信息或帮助(17.1%)、帮助办理最低生活保障金(16.8%)”。具体如表6－9所示。可以发现,社工和街道、居委会在提供帮助的侧重点上有所不同,前者主要是配合社区矫正日常监督管理、教育矫正的相关措施,后者则主要是对社区服刑人员日常生活的帮困扶助。对比社区服刑人员的现实需求与从家人、朋友、社工、街道、居委会等获得的实际支持可以看出，他们在经济、就业、心理、法律等方面的需求得到了一定的回应和满足，但其在子女教育、创业指导与帮助、家庭关系改善等方面的问题仍然较为突出。

表 6－9　社工和街道/居委会支持的获得(N=601)

内容(可多选)	社工支持的获得	内容(可多选)	街道/居委会支持的获得
进行个别访谈	76.1%	家庭随访	33.7%
参加小组互助活动	45.7%	定期保持联系	59.7%
改善家庭关系	15.2%	最低生活保障金	16.8%
帮助争取经济支持	16.9%	申请医疗保险	8.6%
提供心理支持	59.0%	讲解廉租房或经济适用房政策	8.7%
协助了解就业信息	20.8%	组织参加社区团体活动	30.2%
协助获得免费体检	7.2%	动员参加家庭联谊活动	7.5%
了解社区资源	19.3%	就业信息或帮助	17.1%
法律咨询	37.2%	节假日探视	7.1%
		法律咨询	30.4%
		心理辅导	27.1%

资料来源：课题组调查数据。

综上所述，对社区服刑人员而言，他们特殊的身份和经历大多会引起其社会经济地位和生活方式的变革，加之差序交往格局中的面子与人情，以及个体行动中的选择性亲和与疏离，使得其在犯罪前和进入社区矫正后的社会交往网络呈现出明显的变化。为解决日常生活中遇到的各种问题，他们往往通过情感回馈实现家人关系的维持，通过关系链接及资源共享实现对邻居、熟人和部分朋友关系网络的维持，通过隐瞒身份和顺从等方式实现与同事、客户关系的延伸。他们也通过配合监管、寻求帮助、政策咨询等方式，实现与矫正社会工作者、街道、居委会的交往关系建构，通过就业与同事、客户或陌生人的互动等实现社会网络的拓展，并从这些交往体系中进行资源动员或支持获得。反之，那些没有得到延续和强化的交往网络则会不断萎缩与弱化。这无疑需要加强对社区服刑人员社会交往网络的引导和社会支持网络的建构，并提高制度性资源体系的针对性和有效性，两者共同作用，以提升社区服刑人员的社会适应力，促进其社会融入的进程。

第七章　限制性分层融入：社区服刑人员的空间体验与行动选择

在分别对社区服刑人员所在的制度空间、市场空间和社会空间进行深入研究之后，他们的社会融入究竟呈现出怎样的状态？这是本章需要关注和解决的主要问题。对这一问题的探究，首先要从形成其融入状态的形塑机制上加以分析。从客观维度上看，这是对指向社区服刑人员的社会区隔机制进行类别建构的结果，这种社会分类不仅体现在制度设置中，也体现在他们的日常互动中，从而形成了社区服刑人员的群体符号边界。从主观维度上看，这也和社区服刑人员在空间体验中的身份认同有关。在他们进入社区矫正之后，通过一定的自我调节和内在转换机制，建构起针对多维空间秩序的自我理解与自我阐释，形成相应的空间体验与身份认同，这进一步影响了他们在不同社会情境中的行动选择，并形塑了他们社会融入的状态。

第一节　社会区隔与社区服刑人员群体边界的生成

社会空间是意义展示和社会象征的表达场所，也是符号边界和群体分化的生成装置。社区服刑人员在多维空间中遭遇的社会区隔是社会建构的产物，这既包括一系列制度安排对其身份和权利的类别化限定，也包括他们在日常互动中不得不面临的区别性语言和异样目光。这种差异化对待在一定程度上强化了他们的心理落差和身份感知，也塑造了他们的群体符号边界。

一、指向社区服刑人员的制度安排与类别建构

社会身份是一种社会类别化机制，它是个人在情感归属和价值认同上将自己视为某个社会群体成员的认知。社会身份的形成是社会建构的产物。这个社会建构的过程，是具有同质性的人群对其相似性进行强化的过程，也是具有异质性的人群对其差异性进行标识的过程，从而形成了他们之间的类型分化。① 社会身份的建构过程，也是社会系统形成对该群体成员的普遍规范及共识性评价的过程。如 20 世纪 80 年代以来的“农民工”身份就是当时的制度与文化共同建构的区别于“农民”和“城市居民”的第三种身份。在其身份建构过程中，户籍制度、城市行政管理制度、劳动就业制度和社会保障制度等客观上强化了他们在社会结构中的类别化存在，大众传媒和文化生产者在对此问题的讨论中扩展、强化了这种类属划分，乡城迁移者在城市社会遭遇的相对剥夺和差异化对待也促使他们逐渐接受这种特殊身份。② 这对考察社区服刑人员的社会身份建构无疑具有重要的启示意义。

① 佟新：“社会变迁与工人社会身份的重构——‘失业危机’对工人的意义”，载《社会学研究》2002 年第 6 期。

② 陈映芳：“‘农民工’：制度安排与身份认同”，载《社会学研究》2005 年第 3 期。

而且，缘于群体的特殊性，社区服刑人员在制度、文化及社会认同上面临的社会区隔更甚于农民工群体。

具体而言，社区矫正制度是社区服刑人员社会身份的重要建构机制。作为与传统监狱矫正相区别的非监禁刑罚制度，社区矫正制度将管制、缓刑、假释、剥夺政治权利和暂予监外执行等服刑人员置于相对自由和宽松的社区环境中，在社区矫正机构、社会组织和民间力量参与下，改变社区服刑人员的偏差心理和违法犯罪行为，使其更好地回归正常社会生活。社区矫正制度兼具惩罚性与福利性的二重属性。① 一方面，社区矫正制度依法保障社区服刑人员的人身安全、合法财产和辩护、申诉、控告、检举以及其他未被剥夺或者限制的权利，并对他们在就学、就业、社会保障等方面遇到的问题展开帮困扶助。另一方面，作为刑罚执行制度，社区矫正也对社区服刑人员的日常行为进行相应的监督、管制和约束。一是报告义务，社区服刑人员需要定期向社区矫正机构汇报其接受监督管理、教育矫正及参与公益劳动的情况，并在居所变动、工作变动、家庭变故时及时报告；二是外出应当审批，当他们因就医、家庭或工作原因离开其居住的市或县时，需要司法行政机关审批；三是进入人民法院禁止令确定的特殊区域或场所需审批；四是变更居所需审批。社区矫正制度还规定了在日常管理或重点时段、重大活动期间对社区服刑人员进行有针对性的实地检查和信息化核查等措施。这种制度安排在强化社区矫正效果的同时，也形成了空间秩序中的类别化建构。

在制度空间之外，对社区服刑人员的制度区隔也体现在市场空间及社会交往空间中。如前所述，我国现存的劳动就业制度及相关法律法规均将社区服刑人员等受过刑事处罚的群体排除在部分行业、岗位之外，使之进入正式劳动力市场的资格条件受限，更多的只能在非正式劳动力市场从事相对低端的工作，其职业收入、稳定性、发展性等方面都不太理想。与之关联的是，社区服刑人员在养老保险、失业保险及最低生活保障上也面临着制度

① 史柏年：“刑罚执行与社会福利：社区矫正性质定位思辨”，载《华东理工大学学报》(社会科学版)2009 年第 1 期。

排斥，使之呈现在社会保障中的“弱势镜像”。[①] 这种制度壁垒在一定程度上有利于加强对社区服刑人员等特殊群体的监督管理，但也使得他们的差异化身份进一步被凸显。在社会交往空间中，制度区隔首先体现在社区矫正制度对社区服刑人员交往场所、对象的监管上，当他们离开居住地或接触对其矫正产生不利影响的人员时，均应当及时向司法行政机关报告，这使得社区服刑人员为了避免遭受制度惩罚而放弃部分的工作、社会交往的机会，他们更多选择留在原居住地或原活动空间。社区服刑人员在进入社区矫正前后社会经济地位、生活方式的变革，影响了他们社会交往方式、交往网络的动态变化，也使得他们的交往互动呈现出不同的类别图景，这也可以看作结构性因素在空间秩序中积淀形成的身份建构机制。

也就是说，社区矫正制度的核心理念是通过在社区环境的刑罚执行，促进社区服刑人员回归正常社会。劳动就业及社会保障制度也应保障和实现他们在这方面的平等权利。但制度实践却在一定程度上不断强化了这一群体的特殊身份和弱势地位。他们既要逐渐淡化自身服刑人员的身份以实现社会融入，又要在工作、交往和日常生活中不断被特别标识和区别对待，他们与普通社会成员的边界在逐渐消融的同时也更加清晰。这体现了制度理性与其运作逻辑之间的矛盾，它在促进社区服刑人员社会融入的同时，也建构了社区服刑人员的制度区隔和社会类别化。

二、日常互动中社会区隔机制的表达

在制度区隔之外，社区服刑人员在日常互动中，也会时常因身份的特殊性而面临邻居、朋友、社区居民等的区别对待，如话语。话语是一种基本的表达形式，各式各样的话语既是交往双方的自我言说，在一定程度上也蕴含了话语权力的呈现及其运作过程。这里主要关注指向社区服刑人员话语的

---

① 骆群：《弱势的镜像：上海市社区矫正对象的社会排斥研究》，上海大学 2008 年博士学位论文，第 120 页。

表达方式和发生路径，以及社区服刑人员对这种话语的内在理解和自我阐释，进而剖析潜藏在话语表达中社会区隔机制的建立。

1. 面向社区服刑人员的话语表达

在哲学、语言学、文化研究等不同学科及研究范畴中，话语研究都是广受关注的议题。在文化研究中，"话语"主要是指对事物进行推理、演绎和叙述的过程。在法国著名思想家福柯看来，话语也是一种"思考权力"，是知识与语言之间关系的表达方法。话语不仅是"一个为知识确定可能性的系统"和"用以理解世界的框架"，也作为一系列正式或非正式的"规则"而存在，这些规则决定了可以进行陈述的类型，决定了真理的标准，以及何种事情可以被谈论及谈论些什么。[①] 由话语实践按特定规则形成的，并为专门科学之建立所不可缺少的成分的整体则是知识。[②] 话语是关于权力与知识的关系，而权力与知识两者之间则是互为前提、相互建构的。"正是知识的体制——话语，我们称为'犯罪学'的东西，才生产了一种作为知识对象的'罪犯'，并提供了处理他的方式。"从本质上看，福柯试图通过对话语的关注以剖析对话语机制具有重要作用的机构和实践，即生产这些话语的实际场所及社会环境。[③]

也就是说，话语不仅是思想和静止的结构，更是一种社会实践。这种话语体系是在经济形态、社会机制、行为方式、规范体系、分类结构及特征化方式之间确立的。它表明了指向对象的社会意涵及对象之间的相互关联和差异。话语实践的关系体系也是一个历史的、有确定时空定位的规则体系，从而使话语对象及其社会呈现得以可能。话语生产是按照特定的程序进行组织、挑选和分配的结果。话语表面呈现的是一种表意系统，实际却可能成为"强加于事物的暴力"。话语暴力体现为三种不同的控制形式：一是话语禁忌，话语主题、仪式、场合、身份等都是被限定的；二是理性原则，即话语言说

① [英]阿雷恩·鲍尔德温：《文化研究导论》(修订版)，陶东风，等译，高等教育出版社 2004 年版，第 32 页。
② [法]米歇尔·福柯：《知识考古学》，谢强、马月，译，三联书店 1998 年版，第 203 页。
③ [英]阿雷恩·鲍尔德温：《文化研究导论》(修订版)，高等教育出版社 2004 年版，第 32 页。

的逻辑；三是真理原则，即话语的价值标准。福柯的话语理论重在对人们交谈时的话语、观点和立场的制度性基础的关注，以剖析这些观点、话语来表达背后潜藏的权力关系。①

当然也怪自己，过去做错了事。现在老婆走了，离了婚，自己身体又不好，过去在新疆那个地方生活经济还凑合。现在每个月的经济来源只有400块的低保金，怎么够生活。我们是社会中最底层的弱势人群。你问我现在与家人、朋友、邻居、熟人有没有来往？就这么跟你说吧，无论是家里人还是过去的熟人，都不怎么跟我来往了。就是住在一个小区的左右邻居也都不讲话的，偶尔碰到一些年长一点的，还会点点头。有的人甚至一看到我这个杀人犯过来就走开了，从他们的眼神里就能看出很不一样的感觉，还是会有歧视的。没办法，我平时一般也不出门，就在家里看看电视，时间能过得快一点。有时在家待久了也闷得慌，就跑到父母那边去坐坐，聊聊天，但他们年纪也都大了，就是见了面也不知道跟他们聊些什么好。所以有时我就到社工张老师这里来，找他们谈谈还觉得心里轻松些。他们平时要工作也都很忙的，我不可能总来找他们，你说是吧？总之，我现在的生活是既单调又乏味。(F30：男，59岁，大专学历，假释，故意杀人罪)

现在有些朋友见了我，我能感到他们的不自在，像眼神、表情什么的。我一般会想方设法把他们带进正常人的角色，把他们的不自在转过来。比如我会随便开几句玩笑，人嘛，我觉得多对别人笑一下，整个气氛就变了。我大概在一两秒钟之内就能改变这种尴尬的氛围。人际沟通方面还是有一些技巧的，有时候调侃别人，有时候调侃自己。其实我蛮不习惯别人一见面就问我：怎么样？你在里面受苦了吧？虽然他是出于关心这样问，但是这句话也透露出社会人跟我们这种刚回归社会的人的隔阂。因为大家都好多年没见了，每个人都会有一些变化，很容易就会拿相貌来调侃，这是我用得最

① 牛海彬、曲铁华："基于福柯教师话语观的师生对话特征解读"，载《外国教育研究》2010年第1期。

多的回应方式。有些人可能保持得很好，就像女孩子有些还是跟以前一样，你就夸两句，有些人变得很胖，就调侃一下。我觉得这是一个很好的话题，大家笑一笑很快就进入正常的气氛，这不是太大的问题。（F22：男，49 岁，本科学历，假释，贪污罪）

话语从其诞生开始，除了基本的表达、交流和言说功能之外，还成为承载社会功能的载体，话语研究的显著意义即在于揭示这种功能性。[①] 福柯认为，话语由四种要素构成：对象、表达方式、概念群和主题。“我们将把这种分配的成分（对象、陈述行为的方式、概念、主题的选择）所屈从的条件称为形成的规则。形成的规则是一定话语分布中的存在条件（也是它们共存、保持、变化和消失的条件）。”[②]首先，从话语的指向对象上看，社区服刑人员无疑是个特殊的身份群体。他们共同的特征是走出监狱或看守所而进入社区的“服刑人员”，是“刚回归的人”。其次，从话语的陈述方式上看，社区服刑人员是其周边的家人、邻居、朋友话语指向的主体，并通过话语传递对他们的感知和评价，如“你在里面受苦了”。社区服刑人员所在的社区、单位或其他活动场所，成为话语实践的社会空间。社区服刑人员与言说者的关系则影响了话语表达的客观效果、主观感受和内在体验。再次，话语概念是不断变化的，从一开始相对“不自在”“尴尬”到玩笑之后的“正常气氛”。当然，也可能如第一个案例中所反映的“绕着走”“不说话”的情形，这表达了对社区服刑人员的“歧视”乃至漠视。最后，话语对象、表达和概念的有机整合则构成了话语主题。话语主题也受到其所属的话语群体的影响。社区服刑人员在与朋友的交往互动中，指向他的话语主题如嘘寒问暖等就会逐渐形成。

2. 话语理解与社区服刑人员的自我阐释

按照福柯的理论，话语表达是社会情境中话语权力的一种体现。这种

---

① 储琰：“躲不开的符号：指向刑释人员的话语规训”，载《华东理工大学学报》（社会科学版）2014 年第 3 期。

② ［法］米歇尔·福柯：《知识考古学》，谢强、马月，译，三联书店 1998 年版，第 48 页。

权力有别于以往人们所关注的指向国家机器、意识形态等领域的宏观权力，是一种指向日常生活世界的微观权力，需要关注它在其中的发生机制、支配策略与实践运作。因而，权力不是实体而是一种关系网络，不是一元的而是多元的，不是固定的而是流动的。社会生活中的每个行动者既是这种权力关系的实施者和载体，也是这种权力关系的作用对象和建构产物。[①] 社会交往和互动是一个大舞台，给予人们言说的机会，在这个舞台背后存在的是权力的支架在挥舞交错。[②] 话语规训作用的发挥除了通过对话语分析挖掘其背后隐藏的权力机制之外，更重要的一点还在于接受者对话语的理解。作为人类认知活动表现形式之一的话语理解，它的作用过程在于受话人接收到发话人的话语信息之后，启动认知机制对话语内容、信息和意涵进行分析、辨识、类比和理解。但话语理解的整个过程不是静止的语言编码和解码，它更涉及受话人在其知识结构、文化背景、心理特征及具体社会情境综合作用下，对说话人话语内容的自我阐释。[③]

身边的朋友都知道我的事，小区里也有一些人知道。人际圈子里传得很快的，以前在我们这个行业里认识我的人也比较多。出了这么大的事，确实很多人都知道了。人嘛，这些都是他们茶余饭后的谈资，很正常。我觉得没什么，除了浪费了我这五年的时间，其他没太大问题。那些人看到我回来了，跟我打招呼，说我在里面受苦了，我刚开始还是不习惯，还没反应过来要怎么应对，就是本能的反应，也没什么，就回答还好还好，尴尬地一笑了之，也没什么好说的，很难去细节化地说些什么。这种东西更多的是内心感受方面的，也不太愿意去跟别人分享。后来再遇到也就没什么了。很重要的一点就是见面聊天的这种气氛是由谁主导的，当由我主导的时候，这种尴尬会很快就过去。由别人主导的话，这种尴尬可能会长一点。我一直觉得这

① 严锋：《权力的眼睛：福柯访谈录》，上海人民出版社 1997 年版，第 22—30 页。
② 王君玲：《网络社会的民间表达：样态、思潮及动因》，暨南大学出版社 2013 年版，第 123 页。
③ 洪波：《思想政治教育话语范式转换研究》，浙江大学出版社 2012 年版，第 84 页。

五年对我来说未必是坏事。从目前的感受来说，我见我一些朋友的时候，更多时候是我比他们自在一点，反而是他们中的有一些人会觉得有一点尴尬。大多数人都比较正常，还是有少数人觉得不自在，这跟他们内心有关系，我自认为我内心还是比较强大的。我一个人有自信心面对这些。出事前（五年前）我这方面的心理素质会差一点，自信心也要差一点。这一方面跟年龄有关，另一方面跟人内心的修炼有关也就是跟你对自己及周围人的认知有很大关系，跟你有多少钱或有多少人脉则关系不大（F22：男，49岁，本科学历，假释，贪污罪）

现在亲戚朋友有些是知道这个事情的，就是关系较好的亲戚都知道。这不是我自己说的，是其他亲戚说的，其实他们也不是故意说的，人家也是好心，就想劝劝我，没办法你也挡不了。不过，别人这种关心让我感觉不是很好。我觉得这个事不提还好，提了也觉得心虚。现在还好一点，刚开始说着说着眼泪就下来了，感觉心酸，几乎不想让人提这件事。即使别人是好心，我宁愿他们不要问，不问我感觉就把这事忘掉了，问了就像重新把你的伤疤揭开。别人会劝你不要这么累、想开点，刚开始我都不想给人打电话。本来想开了，聊着聊着不知道怎么就说到这事，一提就回到原位，又会痛苦一次。（F06：男，50岁，初中文化，缓刑，故意伤害罪）

指向社区服刑人员的话语作为承载关注、询问、互动等内涵的意义系统，其基本价值在于通过话语交流在相互理解的基础上实现双方的“视界融合”。在这里，话语理解可以看作是受话者在心理上重新体验说话者心理的过程，使其表达的文本意义及其结构图式得以较为完整地呈现出来。“视界融合”则是说话者的“原初视界”与受话者的“现在视界”的不断沟通、交融与丰富，消弭两者之间存在的差距以实现不断融合的过程。[1] 社区服刑人员在回归主流社会的过程中，邻居、朋友、同事、社工等不可避免地会与之展开交

① 严平：《走向解释学的真理：伽达默尔哲学述评》，东方出版社1998年版，第129—131页。

往互动，他们会询问其生活状况，认为社区服刑人员“在里面受苦了”，劝说其“不要这么累、想开点”。有的则会表现出较为明显的另一种语言，认为他们“蛮横无理”“没有教养”“罪有应得”等。社区服刑人员在接收到这些语言信号之后，则会产生出不同的个人理解。如上述案例中第一个人所认为的“这没有什么”“这五年对我来说未必是坏事”。调查显示，社区服刑人员中不理会社会对其歧视的为 32.3%，他们对此并没有太多的反应。与之相对，案例中第二个人则会在别人说起他的事情时“感觉心酸”“揭伤疤”“又痛苦一次”等。他们对这些话语的理解和阐释完全表现出积极和消极的两种路向。其背后的原因在于社区服刑人员对其违法犯罪事件、经历的认知以及对其“服刑人员”身份的理解不尽相同，从而呈现出差异化的行为反应和心理状态。

三、心理距离与社区服刑人员的群体符号边界

在社会生活中，社区服刑人员面对的区隔性对待方式不仅有指向他们的话语表达，也存在其他表达方式，如异样的目光凝视等。边沁所倡导的全景敞式建筑（panopticon）正是这种精细化权力机制的典型体现。全景敞式建筑的四周是一个被分割成许多小囚室的环形建筑，中心是一座瞭望塔。它推翻了传统监狱的封闭、剥夺光线和隐藏的原则，将囚犯置于监督者可见的、持续的目光之下。“他能被观看，但不能观看。”“从监督者的角度看，它是被一种可以计算和监视的繁复状态所取代。从被囚禁者的角度看，它被一种被隔绝和被观察的孤独状态所取代。”[①]凝视这种机制使得权力实施自动化和非个性化，它不再体现在某个人身上，而更多体现在对目光、光线的统一配置和安排上。它利用权力的不对称性、监督的可见性与社会空间构造，将外在的压制转化成被监视者自我内在的精神负担，使之将这种压制自动地施加在自己身上，逐渐成为自我监督、自我管理和自我约束的对象。[②]

① ［法］米歇尔·福柯：《规训与惩罚》，刘北成、杨远婴，译，三联书店 2003 年版，第 225 页。
② 吴兰香：“注视：规训化权力的一种技巧”，载《山西高等学校社会科学学报》2004 年第 10 期。

这使得权力效果更加稳定、持久和深入，也使得偏差、越轨行为在发生之前就得到了有效的干预。

跟社会上的人接触时，感觉总有一些不一样吧。有的时候就是他们的眼神都给人不好的感觉。我们在参加公益劳动的时候他们看我们的眼神就挺怪的，不过我也无所谓。我是从来不管别人怎么看的。也不是我自己觉得他们的眼神怪，是一起参加劳动的人说的，他们说我们在劳动的时候公园里的大叔大妈那些晨练的人看他们的眼神都挺怪的。他们知道我们的身份，他们跟公园的管理人员都是认识的，我们定期去，而且大叔大妈，你是知道的，喜欢多管闲事，没事会问的。就算他们不说，这种事总归会传出去的，这世界上没有不透风的墙。我无所谓的，他们爱看不看。（F12：女，45 岁，本科，假释，职务侵占）

以前没出事的时候，和周围邻居碰到会客气客气讲讲话。因为平时我也不打麻将，就是碰到点点头、讲讲话。以前我很忙，一年到头在家的时间三分之一都不到，就这一年多在家。出事之后，周围人对我的态度没有太大的变化，但有感觉到细微的压力。上海本地人那种眼光好像很不一样。当然说什么话的都有，不过过分的话是不会当着我的面讲的，有什么意见也不会让我知道的。但我感觉他们对我出事还是有点议论的。举个例子说，好像有时候走个路干吗的，听他们在跟别人聊天却看着你，感觉好像是在说我，看这家人怎么怎么的，我心里想，什么狂妄自大啊、不讲道理，好像在说我们哪里做得不对。这和心理有点压力有点不一样，其实我没听到。所以这件事还是让我有点敏感，总归发生了这样的事，知道的会说是他们先挑起的，不知道还是只看到我们打伤了别人，这是只从结果来看。人家会说你有道理还被判刑了，这时候心理会有压力。（F06：男，50 岁，初中文化，缓刑，故意伤害罪）

社区服刑人员经常遭遇凝视这种社会区隔机制。统计结果显示，在社区服刑初期，社区服刑人员与很多人在一起时感到不自在的比例为27.6%，担心别人用异样的眼光看待自己的占38.7%。案例中也提到“他们的眼神给人感觉不好”“眼神挺怪的”“眼光好像很不一样”等。这种异样眼光的注视，使得社区服刑人员知道自己处在注视和“监督”之中，他们会更加约束自己的言行，成为自己的监督者和管理者。同时，这些指向社区服刑人员的异样眼光，与之前的话语表达一样，也使他们感到社会的区隔化对待，造成内心的落差，在一定程度上扩大其与其他群体的心理距离。也就是说，指向社区服刑人员的话语表达、叙事逻辑和异样的目光等区隔性对待方式，不仅在客观上体现了身份、地位的差异，也可能在其自我阐释过程中扩大与社会大众的心理距离，继而建构和标识出社区服刑人员的群体符号边界，使得他们逐渐形成我群与他群的类属划分。当然，这也可以看作是他们对不同社会空间的“情境定义”，他们在不同场域及面对不同参照群体时所产生的身份认知。这会进一步影响他们的心理状态，使之表现出不同程度的希望与信心，平静与坦然，或表现出与之相反的焦虑迷茫、悲观抑郁等情绪，这也可以看作是区隔机制引发的社会融入压力在他们身上的具体呈现。

社会学家西美尔(G. Simmel)将社会距离赋以主观色彩，他认为距离是人与人及人与物之间存在的一种“自我”与“他物”的关系状态。[①] 西美尔对随着现代性增长，人与人之间心理距离逐渐增大进行了具体论述。社区服刑人员与其他人群心理距离的增加，使他们在认同、归属上差异更加显著。更重要的是，这也建构了社区服刑人员的群体符号边界。而边界意味着差异或界限，符号边界是行动者对人和物进行的概念区分，群体符号边界则是“社会实在中有关群际差异的共识性的概念区分”[②]。这里所说的社区服刑人员的群体符号边界更多的是从社会心理、认知系统的角度来说的。在社会互动中，他们通过与自己具有类似特征的其他社会成员的互动，逐渐形成

① [德] 格奥尔格·西美尔：《货币哲学》，陈戎女，等译，华夏出版社2007年版，第387页。
② 方文：“群体符号边界如何形成？——以北京基督新教群体为例”，载《社会学研究》2005年第1期。

"我们是同一类人"的观念及情感，反之则会形成"我跟他们不一样"的类型划分，或者是"我群"与"他群"的区分。社区服刑人员群体符号边界的生成，既受到社区矫正及相关制度安排所形成的身份类别化机制的影响，也源于社区服刑人员通过社会认知、比较对客观类别化机制的自我内化，也和指向社区服刑人员的话语谱系、叙事逻辑和凝视机制等进一步强化其群体符号边界有关。[①]

第二节　自我与他者：社区服刑人员的身份认同困惑

社区服刑人员在面对群体符号边界清晰化的同时，也容易产生身份认同困惑。认同最早由弗洛伊德提出，主要指个人与他人、群体在情感和心理上逐渐趋同的过程。身份认同由类化、认同和比较等部分组成。其中，类化是人们将自己归入某类群体，认同是认为自己具有该群体成员的明显特征，比较则是对自己认同的社群与其他社群优劣的评价。[②] "我是谁""我身在何处"是身份认同关注的焦点。早期的身份认同建立在这种理解的基础上，认为人是被赋予理性、意识和行动能力且以自我为中心的统一个体。[③] 马克思将人放在社会关系的相互作用中加以考察，认为"人的本质不是单个人所固有的抽象物，在其现实性上，它是一切社会关系的总和。"[④]主体行动与社会环境之间存在相互影响。这使得身份认同的建构由单独的个体因素的探讨

① 潘泽泉：《社会、主体性与秩序：农民工研究的空间转向》，社会科学文献出版社 2007 年版，第 348—352 页。

② 赵志裕、温静、谭俭邦："社会认同的基本心理历程——香港回归中国的研究范例"，载《社会学研究》2005 年第 5 期。

③ Hall Stuart. The Question of Culture Identity, in Modernity and Its Future. S Hall D held and T McCrew. Cambridge: Policy Press, 1991, 275.

④ 马克思、恩格斯：《马克思恩格斯全集》(第三卷)，中共中央马克思恩格斯列宁斯大林著作编译局编译，人民出版社 2002 年版，第 6—8 页。

转向了复杂的社会性因素的探讨。吉登斯认为自我认同是个体根据其经历，反思性地理解自我的过程。在“晚期现代性”阶段，社会生活与个体选择所面对的“转换的每一个片段都倾向于变成一种认同危机”，但由于“与客体世界的建构性的特征相关的自我觉知变得模糊不清，正在发展的焦虑会威胁自我认同的觉知”[①]，使得身份焦虑伴随身份认同危机而出现。对于社区服刑人员而言，他们的身份认同困惑主要体现在场域差异、比较情境和规训空间的开放性等三个层面。

一、场域差异与社区服刑人员的身份凸显或消弭

场域差异关注的是社会空间的不同导致社区服刑人员对其身份的不同认知。布迪厄认为：“一个场域可以被定义为在各种位置之间存在的客观关系的一个网络或一个构型。”[②]也就是说，场域既是社会行动得以展开的具体情境，也是置身于其中的行动者构成的社会关系网络及空间架构。他们根据在网络中占据的不同位置及镶嵌的社会资源和权力关系，在场域内部及客观环境之间不断发生相互作用，并可能反作用于场域以改变其原有的关系状态，形成新的关系网络架构。但场域有其自身的运作逻辑，它可以通过重新构造进入其中的各种关系和力量，使得自身获得特定的结构与秩序。[③]不同场域之间既相互交叉和渗透，也存在各自的边界，场域效果停止作用的地方即是其边界所在之处。总体上看，场域如同涂尔干所说的“社会事实”，它离不开个人及其行动而存在，但又不能还原为个人及其行动，反而制约着个人的行动逻辑及认知结构。这和格兰诺维特的“嵌入”也较为类似，对行动者日常活动的考察必须从其嵌入的具体而复杂的社会结构和社会情境中来进行。

---

① [英]安东尼·吉登斯：《现代性与自我认同》，赵旭东、方文，译，三联书店 1998 年版，第 174 页。
② [法]皮埃尔·布迪厄：《实践与反思》，中央编译出版社 1998 年版，第 134 页。
③ 刘少杰：《后现代西方社会学理论》，社会科学文献出版社 2002 年版，第 201 页。

我常常觉得自己的身份很模糊。比如说，在家里跟家人一起看电视、陪孩子做作业、玩耍之类的，我觉得还好，自己和过去没什么不一样，我也不会觉得有这个“帽子”戴着（自己是服刑人员）。家里人嘛，他们也都知道我不想提这件事，一般没事不会提起，毕竟都过去了，还提它干吗，提了大家反而都不好受。所以我一般没事也都愿意在家待着，自己看看电视或去接送孩子，很少出门，除非要到社工老师这里来。我们每个月都要来学习，除了学习，他们也会提醒提醒你，在矫正期哪些不能做，哪些做之前要先跟他们汇报。总之，每次从他们这里出去我都知道自己还是跟普通人不一样的，心里还是有点不舒服的。（F07：男，40 岁，初中文化，缓刑，非法经营罪）

我没事的时候喜欢到没人认识的公园里逛逛，看看那些老人玩象棋，打桥牌。反正他们都不认识我，有时候还能跟他们玩一玩，一直待在家里也蛮无聊的。现在像我们这种情况工作不好找，好的单位不会要我们的，我之前去找过，不是说我年纪大就是说我没工作经验，你说做个配货员要啥工作经验，说到底还是歧视我们。（F09：男，53 岁，初中文化，缓刑，走私物品罪）

对社区服刑人员而言，其所面对的场域差异引起了他们的身份困惑。一方面，在家庭空间中，密切的情感交流、物质互动和强烈的包容性环境，使得他们认为“自己和过去没什么不一样”。在陌生人空间中，由于身份符号的“隐匿化”，其社会交往对象一般不容易察觉他们的特殊身份及产生相应的区隔性对待，社区服刑人员会认为自己与普通社会成员是一致的。因而，社区服刑人员更愿意在家庭空间或陌生人空间中进行活动。如案例中所反映的“我一般没事也都愿意待在家里”“没事的时候喜欢到没人认识的公园逛逛”。在这两种空间中，社区服刑人员能够感受到关爱、平等和尊重。与之不同，社区服刑人员从监狱出来之后或进入社区矫正初期，往往不太愿意在朋友、邻居等熟人空间中进行更多的社会交往互动。或者说，他们一般会选择性地与其中的部分成员进行深入交流，对其他大部分成员则会避而远之。其中很重要的一点就是熟人空间会使其特殊身份进一步被凸显，使之感受到明显的压力，会觉得很紧张。在社区矫正场所，矫正社会工作者的监督管理及矫正活动的开展，会不断提醒这一群体社区服刑人员的身份。在市场空间中，他们在求职及职业发展中遇到的“前科歧视”，也会强化其对特殊身份的空间体验和心理认知。差异化场域内身份在凸显和模糊中的交替转换，必然使社区服刑人员对其身份认同更加迷茫和矛盾。

二、比较情境与社区服刑人员的身份焦虑

社区服刑人员在与其他社会成员的共时性比较、与过往自我的历时性比较中，容易产生身份焦虑和身份紧张，身份是社会个人存在的符号和象征。身份“像灵魂或本质一样一出生就存在，虽然最终会有不同发展趋向，但在人的一生中基本保持不变，由此生发出连续感和自我认知”①。身份焦虑则是因为对自己当下或未来角色定位的迷茫而呈现出一定的心理紧张状态。身份焦虑也是人们对自己在社会生活中地位、价值的担忧。② 其实，这种身份焦虑不仅仅存在于社区服刑人员之中，而是当下大多数社会成员面临的普遍性问题。这和改革开放以来社会结构的快速变化与人们辨识、认知能力的钝化之间的张力密切相关，也是与文化价值的多元化导致人们自我定位、自我理解和自我反思不足有关。③ 对社区服刑人员而言，他们在与自我或他人比较后产生的身份焦虑，是指对空间实践中不同群体符号边界形成的心理感知和类属评判。

我觉得社区服刑人员跟社会上的普通人还是有很大差别的，自己会觉得有压力。举个很简单的例子，我的腿上次摔了一下。骑车子时别人碰到我，我不能报警，对方报警了。因为我骑的车子没牌照，本来应该扣分的，警

---

① ［英］乔治·拉伦：《意识形态与文化身份：现代性和第三世界的在场》，戴从容，译，上海教育出版社 2005 年版，第 196 页。

② ［英］阿兰·德波顿：《身份的焦虑》，陈广兴、南治国，译，上海译文出版社 2007 年版，第 1 页。

③ 郝宇青、陈凤：“身份焦虑：当前中国社会焦虑的一种重要表现”，载《上海商学院学报》2012 年第 5 期。

察看了也同情我，说不扣分，给我个单子说，你愿意处理并要求对方赔偿就要被扣分，不处理自己去医院看，就不扣分。我就自己到医院缝了几针，在床上躺了一个礼拜。因为是服刑人员不敢报警。就算别人打我、骂我，我也是不能还的，怕惹上麻烦。万一有什么事，别人没事我有事，所以我有压力。社区服刑还是有压力的，就像开车子，以前是不闯红灯，现在我连黄灯都不闯。万一有事，我就完了。（F14：男，45 岁，小学文化，缓刑，交通肇事）

社区服刑人员的身份还是不一样的，在矫正期和解除矫正以后也不一样，自由度还是不一样的。现在做事之前我都会考虑一下，有些事我宁可不做，明明是一个很好的机会我也会选择放弃，就是为了防止出事。有些事的做法可能会比较激进一点、效率高一点，跟常规的做法比，也谈不上犯法。但是我还是会选择常规的、效率低下的做法，稳妥一点。哪怕接受这种效率低下的做法是不对的，我也会接受。如果解矫了我应该也不会去做，跟社会大环境相悖的这种冒险精神我可能越来越少了，创新精神也会越来越少了。因为家庭还是蛮重要的，如果我是一个人我也愿意去试一试，但考虑整体的幸福我基本上都会放弃。（F10：男，37 岁，本科文化，假释，虚开增值税发票）

社区服刑人员的身份焦虑呈现两种状态。一方面是由于社区矫正的制度规定性，社区服刑人员的自由、迁徙等权利都受到一定程度的限制，他们必须定期参与监督管理、教育矫正活动，他们的身份在不断凸显中更加明确。这会显著影响他们的自我认知和行为方式，他们会在与犯罪前、入矫前自己的比较中感受到更多的落差。另一方面则是缓刑、管制等社区服刑人员并没有感受到显著的身份变化，因为他们没有经历监狱矫正时期，因此其正常社会联结并没有中断。因而，社区服刑人员表现出两种身份认同，他们会认为他们自己“和普通人还是有很大差别的”“身份还是不一样”。如上述案例中所反映的，囿于自己的特殊身份，他们通常不会采取主动的行动策略，即便自身利益受损。同时，部分社区服刑人员也会觉得“没有什么不一样的”“生活还是这样过”，这种心态下，他们则会更加主动和积极地参与社会生活。从上述访谈可以发现，这种身份焦虑也可以看作是社区服刑人员存在的角色冲突。作为社区服刑人员，他们应当遵纪守法，不断化解自己面临的纠纷、矛盾和风险，使其负面影响降到最低，避免被重新收监。作为普通公民，他们又具有相应的权利和义务，应当在自己权益受损时及时维护其正当权益。作为商人他们更应具有冒险精神以把握时机，获取最大化利益。但在具体社会情境中，这些角色的内在要求在社区服刑人员身上则会体现出冲突和矛盾，使其时常面临两难的选择，加剧其身份紧张和焦虑程度。

三、规训空间的开放性与社区服刑人员的身份感知弱化

社区服刑人员所处的社区空间和实施监狱矫正的监狱空间具有本质的差别。在福柯看来，与以肉刑和生命刑为主的传统刑罚相比，监禁刑具有明显的人道主义色彩和进步意义。但监禁刑实际代表了一种权力、知识和身体等要素结合得更加紧密的新规训机制，它通过实践安排、空间配置、活动编码和力量组合等机制达到权力效应的最大化，也依靠层级监视、规范化裁决和检查等手段形成全方位的规训与控制网络。[①] 监狱空间的规训手段和具体活动也具有一种威严感和仪式感，使得监狱服刑人员的身份感知更加强烈，身份边界更加明晰。实施社区矫正的社区空间则是开放、自由和生活化的。社区矫正虽然也倡导运用司法行政机关的力量加强对社区服刑人员的监督管理和教育矫正，但更强调调动社会力量参与矫正社区服刑人员偏差心理和违法犯罪行为的矫正过程中，使他们在不中断社会生活的前提下进行改造以尽快实现社会融入。这虽然有利于减少社区服刑人员在出狱后的社会适应不良，提高刑罚执行的效果，但规训空间的开放性也容易导致社区服刑人员的在刑意识薄弱，使之对服刑人员的身份感知弱化，进而对社区矫正的效果产生不利影响。

---

① ［法］米歇尔·福柯：《规训与惩罚》，刘北成、杨远婴，译，三联书店 2003 年版，第 225 页。

（问：你觉得缓刑人员有的没有被拘留的经历，会不会比假释人员更难管理？）以前确实是这样的，我刚开始做社工不久，那时候不配合的社区服刑人员还是很多的，他们认为自己犯的罪很轻，所以既然法院都判我们不用进监狱了，你们也不要对我们管太多。甚至还有一个对象，他自己本身是律师，对法律方面比较了解，直接跟我说这些做法没有法律依据。后来我把一些相关的规定给他看，他才稍微好一点。我想他认为的没有法律依据大概是指没有专门的社区矫正法吧。不过，现在社区矫正制度上是越来越规范的。应该说那时候社区矫正还没有执行得这么严格，警告三次就立马收监。以前公益劳动也还是在对象自己居住的小区里由治保主任负责监督完成，没有很好地落实，其实也就是去签个名、报个到。现在统一起来集中劳动，效果会好一点。（S03：女，35岁，本科，7年社工工龄）

我觉得社区服刑人员的这种身份，与普通社会成员在生活中或内心其实也没有什么不一样的，日子还是这样过啊。因为服刑和不服刑都是在外面，生活没有太大变化，顶多不用交报告了。因为我的生活还是这样。我心态一直挺好的，比较乐观。我以前是有不少朋友的，现在慢慢都不联系了。（F16：男，26岁，初中文化，缓刑，寻衅滋事罪）

在开放性的社区环境中服刑，缺少如监狱矫正那样的严格规训氛围和系统规训机制，也可能导致社区服刑人员对社区矫正的严肃性认识不足，规训遵从性差，甚至还可能再次表现出行为偏差，尤其是缓刑、管制等类型的社区服刑人员在这方面的问题更为严重。同时，相关研究发现缓刑人员比假释、暂予监外执行人员的精神健康状况更差。从规训空间的角度来看，这是因为缓刑人员缺少长期在监狱服刑的经历，他们没有失去自由的真切体验和内在感受，更缺少监狱与社区生活环境的对比，因而可能对社区矫正的机会更不珍惜。缓刑人员更多体会到的是对过往自由身份和缓刑后矫正身份的强烈对比，他们对此时常怀有抱怨、不满、愤怒、焦躁等情绪，导致其精神健康状况更差。而假释和暂予监外执行人员在经历监狱矫正之后，更懂得珍惜在社区服刑的机会，社区中相对宽松、自由的氛围使他们看问题更为乐观，自我改造的主动性、积极性更高，从而呈现出良好的精神健康状态。[①]总体上看，无论是场域差异、比较情境还是规训空间的开放性，呈现的都是社区服刑人员在身份认同困惑上的不同表现。他们在不断地参照、比较过程中，形成了“自我”与“他者”的类属划分和空间体验。

第三节　社会与自我联结的均衡与失衡：社区服刑人员的融入分化

指向社区服刑人员的社会区隔机制建构了他们的群体符号边界，并影响了其在多维空间秩序中的心理体验和身份认同，使得他们在社会融入过程中表现出不同的行动选择。这其实反映出，社会联结与自我联结的均衡有利于社区服刑人员的自我重塑和社会融入，社会联结与自我联结部分或同时的断裂、失衡则容易导致社区服刑人员的认知失调与行为偏差。从意涵上看，社会联结指社会化个体与其所处的社会系统、社会环境及社会关系对象之间的联结状态。自我联结则是社会个体自身的心理、思维、认同等方面呈现的状态。作为社会的存在，社区服刑人员与制度、市场、社会等环境之间存在广泛的联系，这形成了他们的社会联结。一般而言，这种社会联结提供满足个体需求的社会资源，支持着他们的正常社会生活。但当这种社会联结机制发生“偏离”“断裂”“失衡”等现象时，个体生活与行为表现容易出现偏差。同时，个体是由身心要素联结而成的整体，这种联结支撑了他们的正常生活。但当他们的自我联结也发生“偏离”“断裂”“失衡”时，其生活及行为也可能会产生偏差与失衡[②]，这进一步影响了他们的社会融入状态。

---

① 杨彩云：“社区服刑人员的社会融入与精神健康”，载《华东理工大学学报》（社会科学版）2014 年第 4 期。

② 张昱、费梅苹：《社区矫正实务过程分析》（第二版），华东理工大学出版社 2008 年版，第 5—6 页。

一、完全融入

社会联结与自我联结的均衡发展，使得部分社区服刑人员在完全融入中逐渐回归主流社会。当因自身违法犯罪行为而受到社区矫正的惩罚之后，部分社区服刑人员逐渐开始认真反思自己过往的生活状态和行为方式，他们开始意识到寻求改变的现实需要并积极付诸行动。面对社区矫正的制度约束，部分社区服刑人员不仅在态度上认同监督管理、教育矫正等规定的价值和意义，更在行动上积极配合并按要求完成社区矫正的各项要求，表现出“遵从守法逻辑”。他们以更加理性和平和的态度审视自身的优缺点，正视乃至“感激”社区矫正、监狱矫正等经历对其自我发展、自我提升的显著作用。有的社区服刑人员认为，这段特殊的经历反而会使其自身变得更加“强大”“自信”和“坚韧”。他们珍惜来之不易的工作机会，就业状态相对持续和稳定，也在社会支持下进行自主创业，部分社区服刑人员则选择继续未完成的学业，通过职业教育、网络教育等方式学习一技之长，提升在劳动力市场的就业能力。他们与家人、矫正社会工作者的关系更加融洽，与之前偏差交往网络、对象的联系也基本断绝，但也延续或建构了与部分朋友、同事的交往互动关系，从而在就业、发展等方面除了获得制度的正式支持之外，也会从更多的非正式支持中获得相应的信息、资源和帮助。

我回来以后跟自己社会上的朋友吃饭聊天的时候，从内心还是感谢政府和国家的，不是因为政府把我判了七年跟社会脱节了几年，而是这件事早点发生，我可以早点终止继续做这种违法的事情。不然的话，人在没有出事之前侥幸心理永远存在，认为社会大环境如此，别人也在做就没事。那时候我一直没觉得这件事是多大的事，所以我还是蛮感谢政府的。如果这件事没有发生，说不定我会胆子越来越大，到时候被发现可能就不是被判这几年了。我以过来人的角度去看，首先与法律对抗的事情都不要去做。我想这一辈子我再也不会做违法乱纪的事了，做事也会更加谨慎。虽然对我而言监狱的经历更多的是一种伤害性的影响，但是自己内心认识的提升也算是失去自由的这几年自己给自己的礼物吧。在里面能够静下心来想东西，写很多东西，会理出很多东西来，会重新知道自己需要什么。现在我已经基本上正常工作两个多月快三个月了，一天工作 10 个小时，差不多是我的上限了。以前把工作当成命一样，现在只是把工作当作生活的一部分。现在做的工作还是涉及具体操作层面的事务多一点，但这只是我擅长的、最快上手的，并不是我爱好的。但我想要先适应社会，以后转型的话还会更偏向自己的兴趣方面。(F05：男，55 岁，硕士研究生，剥夺政治权利，贪污罪)

在本次访谈的 30 名受访者中，表现出完全融入状态的社区服刑人员有 11 人，占到了 36.7%。他们在社区矫正过程中的改变是更为积极和明显的。他们大多已经从之前犯罪事件的阴影中走出来，以一种新的精神面貌面对社会区隔和筹划自己未来的发展。其认知系统得到调试和改善，自我认知由相对模糊转为逐渐清晰，负向评价转为正向评价，自我定位更加客观和准确，自我意识更加明确。在符号互动论者米德看来："自我意识的产生主要是基于两种图景，一种是在社会互动过程中作为交流媒介的符号对人的自我引起它在其他个体上的反应……另一种图景是儿童在游戏和竞赛中获得某种成员身份，并遵守相应的规则。"[①]社区服刑人员正是在反复的自我认知和社会比较中，形成了相应的自我意识。他们在日常生活中行为表现的随意性、情绪性减少，规划性、反思性增多。这也可以看作是他们自我管理、自我约束、自我发展的能力在不断增强，使之在再社会化之路上不断重塑自身的认知、态度和行为。可见，这部分社区服刑人员的社会联结和自我联结均已得到恢复和发展，他们有融入的积极意愿，也获得了相应的社会支持和保障，使其回归正常社会之路较为畅通。

① ［美］乔治·H. 米德：《心灵、自我与社会》，赵月瑟，译，上海译文出版社 2005 年版，第 192 页。

二、边缘融入

在社会联结发生偏移、断裂或失衡的前提下，即便自我联结正常，但这些社区服刑人员仍然呈现出边缘融入的状态。他们有融入社会的主动性，接受人民法院依法做出的判决、裁定或者决定，认可社区矫正制度的合理性和正当性，遵守社区矫正制度的规定和要求，配合司法行政机关对其的监督管理，并积极参与教育学习、公益劳动、社区服务等活动中去。他们和呈现出完全融入状态的社区服刑人员一样，也表现出“遵从性守法逻辑”。同时，他们也主动进入劳动力市场寻找与之相匹配的工作机会，或进行自主创业活动。但由于其年龄普遍偏大，文化程度偏低，工作技能缺乏及目前就业市场中存在的“前科歧视”，使之就业质量较差。他们大多从事保安、保洁、家政、服务等行业的工作，因而就业收入偏低，社会保障不健全，职业发展受限，职业稳定性差。这些社区服刑人员因其违法犯罪行为而受到刑事处罚之后，往往都会带来其社会经济地位的变化。经济状况的限制，一定程度上影响了他们的社会交往网络和生活方式。部分社区服刑人员主动断绝了与原有交往体系中大部分成员的社会关系。他们选择花费更多的时间陪伴家人，用以弥补其刑事处罚给家人带来的损害和亏欠。这也使得他们的社会网络出现断裂或萎缩，即便在工作过程中能建构一些新的社会关系，但其从中获得的社会支持呈现不同程度的减少，加之正式资源的支持效度又相对有限，这部分社区服刑人员不得不在艰难中前行。

出事以后，为了能判轻一点，家里哪怕东拼西借甚至贷款也要满足对方，赔偿了对方医疗费加误工费二十一万多。被拘留5个多月出来以后，生活质量跟我过去已经不能相比了，过去的话收入还过得去，吃穿肯定不愁，出来以后一分钱收入都没有。这种心理感受是不能用言语来表达的。前三个月有三分之一的时间在这里跑，要到市里、镇上学习，还有定位手机，24小时要开机，你走到哪都要开机。那一段时间没有上班，断了一段时间，大概有五个月。贷款出来以后是要还的。每个月要还两千多，要还五六年。当刚出来还没工作的时候，晚上我是眼睛不睁在抽烟，发愁，非常痛苦。后来实在没办法，找了一份协管员的工作做，只拿最低工资，当然还有街道的一点补贴，除去还贷，说实话我现在的生活资金来源跟低保差不多。我个人觉得对于想工作的，想重新开始生活的，政府要非常及时地给人家介绍工作，因为人要吃饭。多关心一点，及时一点。但是政府如果做到了，有些人因为自己的原因不工作的，政府就没有责任管他们了。如果把我们介绍到企业去工作，现在经济效益不怎么好，是不是对接收我们的企业也多关心支持一点。如果说一个人每天拼命地干，但生活依然没有好起来，长久以往，这个人就没动力，信心就没有了。（F26：男，47岁，职高，缓刑，故意伤害罪）

也就是说，在边缘融入状态下，社区服刑人员虽有社会融入的主动性，但囿于客观条件的限制及支持性资源的不足，他们更多只能实现一些较低层次、较弱程度的融入。这种融入状态在社区服刑人员中不是个案的存在，而具有一定的普遍性。在本次调查的30名受访者中，符合边缘融入状态的有11人，占到了36.7％。这无疑应当引起我们足够的重视。这些社区服刑人员的一只脚已经踏进融入之门，另一只脚则还停留在门外，他们身处社会的边缘和底层。因为他们在制度约束下不能享受完整的公民权利，很少能进入主流社会，更多地存在于社会生活的边缘地带，其与普通社区居民之间也存在一定的隔离。这和农民工的“半城市化”状态非常相似。即农村流动人口中除了少数能顺利实现城市化之外，绝大多数则处于回归农村和彻底城市化之间的状态，表现为就业非正规化、发展能力弱化、居住边缘化、生活孤岛化、声望污名化、认同内卷化等状态，这些维度还相互影响和相互强化。[1] 边缘融入不仅给社区服刑人员的现实生活带来不便，也使其心理压力增大，精神健康不佳。相关研究表明，社区服刑人员的精神健康总体上优于

① 王春光：“农村流动人口的‘半城市化’问题研究”，载《社会学研究》2006年第5期。

监狱服刑人员，却低于一般人群。[①] 他们存在不同程度的焦虑、迷茫、烦躁、易怒、抑郁等状态。社会融入压力越大，社区服刑人员的精神健康状况越不好。当然，这两者之间也通过社会支持、矫正态度的中介作用而发生间接影响。[②]

三、滞缓融入

社会联结恢复正常，但自我联结存在断裂或失衡，使得这部分社区服刑人员呈现出滞缓融入状态。在社区矫正的实施过程中，除了制度规制之外，司法行政机关及矫正社会工作者往往会协调相关部门和单位，为社区服刑人员提供职业技能培训和就业指导，或组织专门针对社区服刑人员的专场招聘会，以促进这一群体的就业。或帮助他们落实社会保障政策，申请低保、廉租房和临时补助等，以恢复其正常生活与社会功能。社区服刑人员的关系网络虽然在其犯罪及进入社区矫正后有所变动，但他们仍然能从中获得一定的物质、精神支持。家人和部分朋友在对其遭遇表示理解和同情之余，也会力所能及地为其社会融入提供帮助，这有利于社区服刑人员社会联结逐渐的恢复和发展。与之相反，社区服刑人员自身却可能出现一定的抗拒和自我排斥。他们因害怕受到严厉惩处而不得不遵守社区矫正的制度规定，但内心并不一定认同，表现出“畏惧性守法逻辑”。而且，这部分社区服刑人员缺乏社会融入的主动性，其就业意愿不强，他们因害怕吃苦或违反社区矫正的相关规定而不愿工作，就业观念存在定位偏差，眼高手低，有的甚至宁愿领取低保也不愿意到劳动力市场上就业。他们的社会交往活动相对较少，关系网络出现收缩乃至断裂状态，更多的时间是和家人在一起。

我能够出来，我家人还是很高兴的，我出事以后，他们为我花了很多钱，

---

① 刘素珍，等：“社区服刑人员心理健康状况调查”，载《心理科学》2006 年第 6 期。

② 杨彩云：“社区服刑人员的社会融入与精神健康”，载《华东理工大学学报》(社会科学版)2014 年第 4 期。

也找了不少关系。我现在身体不好，年纪也大了，还能做什么呢？就在家里待着。我们住的是老小区，街坊邻居都认识，除了去司法所报到、参加他们的劳动和教育，一般我很少出门，也不想出门。人嘛，都有点自尊，是吧，过去我怎么说也是自己做老板，有自己的车子，现在什么都不是了，也什么都没有了，看着别人越过越好，我现在这个样子，心里也不舒服啊。与其出去让人家指指点点，还不如自己在家里看看电视、休息休息，虽然有时候也有点烦闷。过去生意上的朋友也基本不来往了，你又不做这一行了，谁还跟你来往，社会是很现实的。现在家里的确经济比较紧张，我每天还要吃各种药，我们也没有办法，后来社工帮我申请了低保，还有一点街道的补助，勉强过吧，我也不求什么品质。我弟有时候也劝我到他店里帮帮忙，在家里待着心情也不好。我现在自己还没想好今后的打算，等过了矫正期再说吧。（F24：男，61岁，高中文化，暂予监外执行，诈骗罪）

由此可见，呈现滞缓融入状态的社区服刑人员面临的主要障碍在于，社会联结逐步恢复而自我联结却没有得到同步发展。本次访谈中有6名社区服刑人员具有这类特征，占总样本的20%。如上述案例所反映的，他们大多对进入社区矫正后的生活缺乏长期的规划性和实施的主动性，没有找到今后生活的目标和方向，"过了矫正期再说"成为他们的普遍心理，更多的时间是被动地在家中休息或在社会上闲逛，或认为自己是"政府的人"，"政府应该负责自己的生活"。这可能与他们在社会比较中的自我类别化有一定的关联。这一方面来源于社会的结构性安排和资源配置结果，形成了人们视为"理所当然"的"背景知识"；另一方面则是在社会互动实践中形成的自我认知和类别强化。[①] 这些社区服刑人员或惧于制度威慑，不敢再产生偏差或过错行为，或怕上当受骗而不愿与之前的交往对象往来，或对自己的特殊身份缺乏足够的信心而自闭，或在尝试融入中不断遭遇"前科歧视"和挫折，以

① 潘泽泉：《社会、主体性与秩序：农民工研究的空间转向》，社会科学文献出版社2007年版，第357页。

至于他们的自我联结发展不足。他们处于焦虑之中，不仅与家人关系紧张，自我反思、自我定位和自我认知能力也较为缺乏。他们想突破这种混沌的状态，但又不能依靠自己的行动能力在社会生活中找到合适的位置。[①] 因而，其社会融入呈现滞缓状态。

四、负向融入

社会联结与自我联结同时失衡，使得这些社区服刑人员呈现出负向的融入状态。他们游走在制度、政策边缘，面临更多的重犯风险。这类社区服刑人员面临的首要问题是其矫正态度即认罪服法意识差，认知偏差严重。这里所说的矫正态度，既包括他们对社区矫正制度的认可，对法律、规范的遵守，也包括他们在进入社区矫正之后适当的自我定位，积极改过自新的决心，勇于承担家庭及社会责任的意识，从而尽快恢复正常的生活状态。处于负向融入状态的社区服刑人员大多不能清楚认识自身问题之所在，怀有较为强烈的冤屈和社会不满情绪，他们认为自己的思想、行为并没有显著的过错，只是因为"运气不好"才遭受刑事处罚。面对社区矫正制度的强制约束性与规定性，这些社区服刑人员为了避免受到警告、记过、撤销缓刑、假释或重新收监等惩罚，更多采用之前所说的畏惧性守法逻辑或弱者的反抗等方式加以应对。他们在价值观念、生活方式等方面已经习惯了之前的模式，因而在工作、社会交往上均没有太大的变化，大多还是从事之前的职业，甚至有的从事的仍然是违法犯罪行为，只是形式更为隐蔽，或游走在制度边缘、钻法律的空子而已。他们很难建构新的交往关系，更多还是延续和维持了既有的关系网络。这无疑存在一定的潜在越轨及重犯风险。

我是因为虚开增值税发票而被判刑的，我觉得很冤。现在外面很多公司都虚开增值税发票，是很常态的事情。在电脑城卖电脑的，几乎家家户户

① 费梅苹：《次生社会化：偏差青少年边缘化的社会互动过程研究》，上海人民出版社 2010 年版，第 198—202 页。

都做，到了年底买点发票把账做了。你知道的，一般去电脑城买电脑，卖家都会说这个电脑不要发票多少钱，要发票多少钱。这个社会现象很普遍，但是国家想打击的时候打一下，不想管的时候就放任。我觉得这很不好。实际上抓进去也没事的，托关系给钱就好了，说大可大说小可小。现在电脑城那些人还在明着做，他们都不知道这是违法的。我现在也还在那里做，不这样做价格就卖不过人家，生意就做不下去。现在就做得隐蔽一点，走法律的边缘，可以算违法也可以不算。假如你现在要虚开增值税发票，就要做合同。比如你要100万元发票，你把100万元钱打给我，我把100万元的货品给你，并做供销合同。这些货你可以不卖，我会帮你消化掉，货品钱也就出来了，等于说是货票分离，这些货你是不交税的方式卖掉的。（F20：男，35岁，职高，缓刑，虚开增值税发票）

我在上海读到小学，初中回安徽老家读的，读了几个星期就不想读了。后来回上海我爸就帮我找了份工作，在厂里打工，做那些很油很脏的东西，就是那种套筒，做了一两个月我直接走了。那时候他跟老板说好，发工资直接打到我爸卡里。我干了也没钱花，又累，我不想做。后来不干了就在家里看电视、睡觉、上网，他们也不给我零花钱，没钱就没法出去玩。这次是因为偷摩托车被抓的。（问：如果你上班，工资能够自己支配，你是不是也愿意上班？）对。但是我跟他们这么说，他们不听，他们就觉得我有钱了就会去外面到处玩。一提到钱，就要吵起来，他们把钱看得太重了。现在他们说让我去找工作，挣的钱我自己花，我也不愿意去工作。像我这种，上班工资才多少，也没钱，自己要生活费，上班工资都不够我自己的生活费。现在我随便搞搞一个月也有几千块，还不累。（问：你有没有担心这件事可能会在你个人档案上有记录？）担心什么，记就记呗。我已经被警告过一次了，说我没有交思想汇报，还说警告三次就会被抓进去。进去就进去，进去待几个月就是了，有什么好担心的。（问：你对将来有何打算？）没有，走一步算一步，从来没想过未来会怎么样。（F02：男，18岁，初中肄业，缓刑，偷盗）

进入社区矫正之后，这部分社区服刑人员并没有更好地融入主流社会生活，而是以较为隐匿化的方式延续着犯罪前的生活、行为模式。他们实现的不是正向融入，而是负向融入。他们混迹于原有轨道上继续发展，不愿意也不想回头。[①] 总体来看，呈现负向融入状态的社区服刑人员所占比例较小，在 30 名受访者中只有 2 人，占 6.7%。宏观的统计数据显示，社区服刑人员在矫正期间的重新犯罪率一直处于 0.2%的较低水平。[②] 但他们面临的重犯风险仍然应当引起我们的关注。从发生机制上看，这可能与他们在社会融入过程中遭遇的社会排斥和自我排斥密切相关。社区服刑人员由于身份的特殊性往往在社会生活中面临被区隔和边缘化的境况。部分成员通过积极调整自己的认知和行为以改变被排挤的状况，也有部分成员用“相对自我排斥”“绝对自我排斥”等行动表征实现另类“融合”。[③] 这正如符号互动论者库利的“镜中我”所强调的，个体的自我观念是在与他人互动过程中根据他人的反映而形成的。托马斯的“情境定义”认为人们对他人行动等情境因素的解释或理解影响到其后续反应。米德在对“自我”“社会”进行研究时认为社会行动是受各种象征符号中介所影响的。布鲁默也认为人们之间的互动是根据自己对对方行为意义的理解而做出的。对于处于负向融入的社区服刑人员来说，很重要的一点在于，在改变其社会支持的同时也要探索多种手段重塑其认罪服法意识和矫正态度[④]，两者形成合力共同促进这一群体的社会融入。

从整体上看，社区服刑人员的社会融入可称为限制性分层融入。他们在制度、就业、交往等空间里都会受到相应的规制与约束，其社会联结与自我联结的均衡有利于社区服刑人员的自我重塑和社会融入，社会隔离与自

---

① 费梅苹：《次生社会化：偏差青少年边缘化的社会互动过程研究》，上海人民出版社 2010 年版，第 203 页。

② 周斌：“社区矫正：建立完善中国特色非监禁刑罚执行制度”，载《法制日报》2014 年 5 月 27 日。

③ 金碧华：《支持的“过程”：社区矫正假释犯的社会支持网络研究》，上海大学 2007 年博士学位论文，第 208—213 页。

④ 杨彩云、高梅书、张昱：“动态需求取向：小组工作介入社区矫正的探索性研究”，载《中国人民公安大学学报》(社会科学版) 2014 年第 1 期。

我隔离的双重效应则可能导致这一群体的认知失调与行为偏差。当然，在这两种极端情境之间，在社区服刑人员的主体性作用与这些约束性力量的交织、互动中，也还存在其他社会融入状态，从而呈现出完全融入、边缘融入、滞缓融入、负向融入等分层融入格局。这如同马克斯·韦伯所说的“理想类型”(idea type)，是在抽离具体时间、空间要素时，对经验事实进行高度概括的基础上所建构的分类模式。“这种理想的、客观化的概念有助于我们在研究中增长推断(因果归属)的技巧；它不是‘假设’，但它提供了构想假设的方向；它不是对实在的描述，但它的目的却为这种描述提供了一个明晰的表达手段。”[①]社区服刑人员社会联结与自我联结的改变，也会导致其不同融入状态之间的动态转化。相关研究也表明，违法犯罪人员在社会融入过程中大多会经历“蜜月”期、失落与觉醒期、反思与再定位期、回归普通生活或重犯终结期等不同阶段和状态。[②] 因而，社区服刑人员的社会融入不是静态的结果，而是动态的、渐进的、多维的、互动的过程。

① 苏国勋：《理性化及其限制：韦伯思想引论》，上海人民出版社 1988 年版，第 285 页。

② Breese J R，Ra'el K & Grant G K. No Place like Home：A Qualitative Investigation of Social Support and Its Effects on Recidivism，A Journal of Clinical and Applied Research，2000.

第八章　结论与讨论

第一节　结　　论

研究发现，多维空间中的规训机制及其推拉作用，以及社区服刑人员的身份认知分化及其主体性回应，这两种力量的相互交织和相互作用，共同影响了社区服刑人员的社会联结和自我联结，其社会联结与自我联结的均衡与失衡则进一步形塑了他们的社会融入，使之呈现出由完全融入、边缘融入、滞缓融入和负向融入构成的限制性分层融入格局。

一、多维空间中的规训机制及其推拉效应

社区服刑人员的身份具有二重性：相对于普通民众而言，他们是权利和义务被限定的特殊群体，是受到刑事处罚的“服刑人员”；相对于监狱服刑人员而言，他们又是生活在相对开放环境中的社区成员。这使得他们的社会融入既要面临社区矫正制度空间的规制，也要应对市场空间、社会交往空间

的约束。首先，制度空间既具有惩罚性也具有福利性。社区矫正制度主要从日常监督管理、参与公益劳动和提供社会服务等方面来实施对社区服刑人员的约束和惩戒，也通过教育矫正、帮困扶助来改造其偏差心理和行为恶习，并对他们在日常生活中遇到的现实困难提供有针对性的干预和服务，促使其更好地回归正常社会生活。其次，在市场空间中，我国现存的劳动就业制度及相关法律法规形成的制度区隔，使得社区服刑人员等特殊群体在一定行业的就业资格受到限制。同时，“服刑人员”的特殊身份所带来的标签化效应也导致他们在就业中不断遭遇“前科歧视”和社会排斥，这显著影响了他们的就业收入、就业稳定性和职业发展。虽然国家力量也通过就业促进、财税优惠等方面的政策嵌入就业市场中，以促进社区服刑人员的就业，但总体上看其作用有限。最后，在社会交往空间中，面对社区矫正制度对其交往对象、活动场所的常态化监管，以及其自身社会经济地位、生活方式的变革，社区服刑人员容易在社会交往中遭受污名化和边缘化，造成其交往网络有所萎缩乃至断裂，从而他们从中获得的社会支持也存在一定的弱化。

社区服刑人员在多维空间中面临的规训机制对其社会融入具有显著的推拉效应。因为社区矫正制度的核心理念在于将罪行轻微、主观恶性不大、人身危险性小、认罪悔改意识明显和易于改造的罪犯，从监狱或拘留所等封闭空间转置到相对开放的社区空间，通过广泛调动司法机关、社会组织和民间力量以形成监管合力，共同改造社区服刑人员的犯罪心理和行为恶习。社区矫正制度及相关制度还对社区服刑人员在就业、就学、社会保障等方面的需求提供了相应帮扶和支持，以促使他们顺利回归社会并拥有更为美好的生活。但制度实践又在一定程度上不断强化了社区服刑人员的特殊身份和弱势地位。社区服刑人员需要定期向社区矫正机构汇报其接受监督管理、教育矫正及参与公益劳动的情况，汇报自己的思想状况及行为动向，尤其是其发生居所变动、工作变动、家庭重大变故及接触对其矫正产生不利影响人员时，社区服刑人员更需要及时报告，若违反这些规定则会受到警告、记过、撤销缓刑、假释或重新收监等惩罚。他们在劳动就业、社会交往中也面临更多的制度区隔和社会排斥。这使得社区服刑人员既要逐渐淡化自己的特殊身份并选择积极融入策略，又要在工作、交往和日常生活中被不断标识、凸显和区别对待以强化其身份意识，他们与普通社会成员的符号边界既在不断消融却又更加清晰。社区矫正制度及相关制度在促进社区服刑人员社会融入的同时，也建构了他们的社会区隔和类别分化。这反映出制度本身存在一定的形式合理性与实质合理性的矛盾与冲突。

二、身份认知分化与社区服刑人员的主体性回应

身份认知是对个人与他人、我群与他群在情感及心理上的比较、辨识和类化。对社区服刑人员而言，其身份认知既有“我是谁”“我能否得到社会认可”等心理疑虑，也包括“我该怎么做”“如何改变当下生活”的行动选择。换言之，社区服刑人员的身份认知主要涉及其如何看待自身“服刑人员”的特殊身份，如何反思性地理解自我。如他们接纳这种身份或自我评价、自我效能感较高，则会具有良好的认罪服法意识，并积极开展就业、交往等日常生活；如他们排斥这种身份或自我效能感较低，则会对社区矫正的规定性产生抵触情绪与拒斥行为，其在就业和交往中也多处于被动、边缘状态。社区服刑人员的身份认知分化，主要体现在如下三个层面。首先，从场域差异上看，在家庭环境和陌生人环境中，社区服刑人员会认为自己与普通社会成员没有显著差别，熟人空间和社区矫正场所则会使其特殊身份进一步被凸显。其次，在与其他社会成员的共时性比较或与过往自我的历时性比较中，社区服刑人员容易产生“身份有很大差别”的感知，也可能形成“没有什么不一样”的差异化认识。最后，社区空间的开放性，在一定程度上可能导致社区服刑人员在刑意识薄弱、身份感知弱化和规范遵从性差，当然也可能提高其中部分成员自我改造的积极性和主动性。

社区服刑人员身份认知的二元化状态，导致了他们主体性回应的差异化表现。第一，在制度空间中，在制度规定性和现实选择性之间，社区服刑

人员主要通过遵从性守法逻辑（认同社区矫正制度，并较好地完成其各项规定）、畏惧性守法逻辑（不认同社区矫正制度，但仍采取表面化遵从的策略）及弱者的反抗（不认同社区矫正制度，并表现为不同程度和形式的抗拒）等方式回应社区矫正制度的强制规定性。第二，在市场空间，面对市场排斥和“前科歧视”，部分受教育程度较高、社会地位也较高的社区服刑人员更倾向于通过劳动力市场实现就业进而成为受雇佣者，拥有一定经济基础、社会资本且有过自雇佣经历的缓刑人员更有可能成为自雇佣者。他们通过积极的行动策略促进职业维持和职业发展，达到其经济水平的提升及自我效能感和心理认同的显著改善。也有部分社区服刑人员因定位偏差、社会地位贬损、信任资本匮乏、社会关系网络弱化等原因而难以获得与之相匹配的工作，从而呈现出“弱势的镜像”。第三，在社会交往空间中，面对交往网络的动态变化，社区服刑人员通过情感回馈实现家人关系的维续，通过关系链接及资源共享实现对邻居、熟人和部分朋友关系网络的维持，通过隐瞒身份和顺从等方式实现与同事、客户关系的延伸。他们也通过配合监管、寻求帮助、政策咨询等方式实现与矫正社会工作者、街道、居委的交往关系建构，通过就业与同事、客户或陌生人的互动等实现社会网络的拓展，并从这些交往体系中进行资源动员或支持获得。反之，那些没有得到延续和强化的交往网络则会不断萎缩与弱化。

三、社会联结、自我联结与社区服刑人员的限制性分层融入

多维空间的规训效应及社区服刑人员的主体性回应相互作用，共同影响了这一群体的社会联结和自我联结。从意涵上看，社会联结指社会化个体与其所处的社会系统、社会环境及社会关系对象之间的联结状态；自我联结则是社会个体自身的心理、思维、认同等方面呈现的状态。社区服刑人员是社会的存在，他们在制度、就业、社会交往等空间面临的现实境况，影响了他们社会联结机制与自我联结的恢复与发展。社区服刑人员在这些空间中的主观内在体验，也影响其社会联结与自我联结的形成与发展。社会联结

与自我联结两者的共同作用，是这一群体社会融入的重要作用机制。也可以说，对社区服刑人员而言，其社会联结与自我联结的均衡与失衡进一步形塑了他们的社会融入格局。当他们的社会联结链条出现损坏或断裂，或其自我联结链条出现障碍时，会使其“社会功能”受损，进而产生认知失调和行为偏差。当他们社会联结链条有了一定的恢复与发展，或其自我联结链条恢复到正常状态时，其受损的社会功能也会得到相应的恢复和发展，社区服刑人员则会更多地表现出认知调适和回归正常社会生活。因此，社会联结和自我联结是认识和剖析这一群体社会融入的重要基点，而空间的规训作用及社区服刑人员的主体性回应则是决定其社会联结与自我联结的深层机制。

从融入状态上看，由于社会联结与自我联结发展程度的差异，使得社区服刑人员存在四种融入形态（见图 8 - 1）：一是完全融入，由于社会联结与自我联结的均衡，使得部分社区服刑人员既有融入的积极意愿，也获得了相应的社会支持和保障，其回归正常社会之路较为畅通。二是边缘融入，在社会联结发生偏移、断裂或失衡的前提下，即便自我联结正常，他们仍然无法获得有效的社会支持，社会融入意愿难以实现。这不仅给社区服刑人员的现实生活带来不便，也使其心理压力增大，精神健康不佳。三是滞缓融入，社会联结恢复正常，但自我联结存在断裂或失衡，导致其社会融入较为缓慢和被动。他们想突破这种混沌状态，但又不能依靠自己的行动能力在社会生活中找到合适的位置。四是负向融入，社会联结与自我联结同时失衡，使得这些社区服刑人员游走在制度、政策边缘，他们以较为隐匿化的方式延续着犯罪前的生活、行为模式，他们混迹于原有轨道上继续发展，不愿意也不想回头，面临更多的重犯风险。当然，这种划分只是一种“理想类型”。在社会实践中，以上四种融入状态在社区服刑人员身上均有体现。而且，社区服刑人员的社会融入不是静止的结果，而是动态的、渐进的、多维度的、互动的过程。他们社会联结与自我联结的发展，则会导致其社会融入状态之间的动态转化，如图 8 - 2 所示。

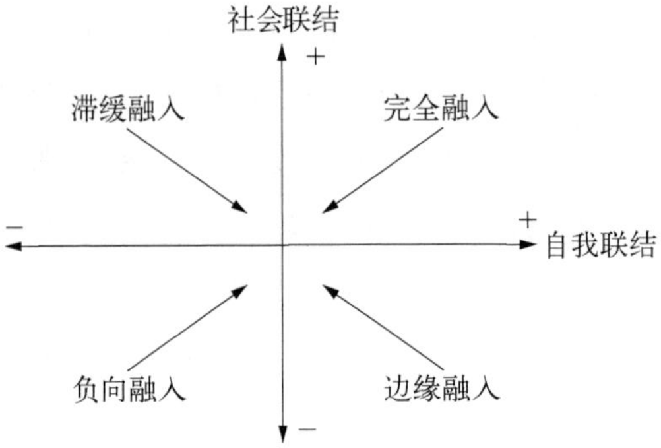

图 8-1　社区服刑人员社会融入状态的类别划分

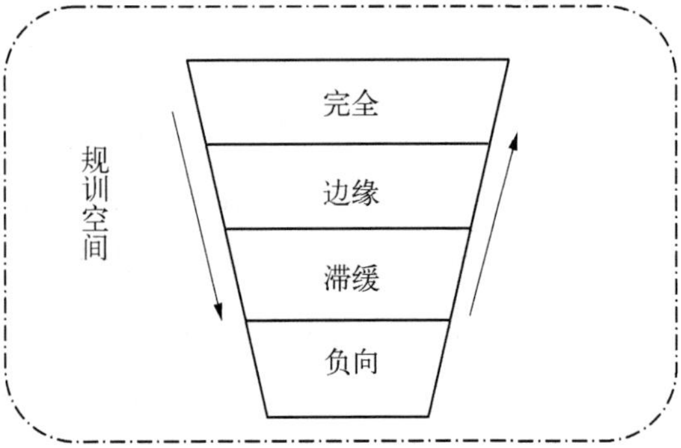

图 8-2　社区服刑人员的限制性分层融入及动态转化

第二节　讨　　论

在多维空间中的规训机制及社区服刑人员主体性回应的共同作用下，他们的社会融入呈现限制性分层融入格局。要实现社区矫正制度根本目标——改造社区服刑人员的犯罪心理和行为恶习，促进其顺利回归社会，显然应当促进他们从负向融入、滞缓融入、边缘融入向完全融入的动态转化。这就需要加强对社区服刑人员自我发展的引导，健全其所处的社会生态，发展和完善社区矫正制度，以形成促进社区服刑人员社会融入的长效保障机制和持续动力。

一、自我增能与社区服刑人员抗逆力的培育

如前所述，自我联结的恢复与发展，尤其是社区服刑人员自我认知、自我约束、自我管理、自我调适、自我发展能力的塑造和培育，是其社会融入的关键性因素。这主要涉及这一群体的自我增能。早在19世纪，增能（Empowerment）理念已经存在。20世纪70年代以来，随着所罗门（Barbara Solomon）的著作《黑人增能：压制性社区的社会工作》一书的出版，增能视角及其实践框架更是获得了长足的发展。增能理论强调增加行动者尤其是弱势群体的权能，激发其所具有的潜能，促使其自我意识的觉醒，使之能对所面临的问题做出判断并采取相应行动，实现"助人自助"的目的。对社区服刑人员这一特殊群体而言，他们在社会融入的过程中既可能遭遇社会排斥，也可能产生自我排斥，甚至形成社会和自我的双重排斥，使其在制度、就业、交往等场域面临诸多问题，难以顺利回归正常社会生活。因而，社区服刑人员的自我增能主要包括如下三个维度：一是改变认知，促进其更具积极意义的自我效能感的发展；二是建构相应的知识框架和能力结构，使其反思性地理解所处的环境及面对的问题；三是调动资源和形成策略，尤其是在人际互动中增进与其他社会成员之间的交流与协作，获取相应的社会资源，形成行动策略，以改变其所面临的现实困境，建构与外部环境之间的良性互动关系。

从一定程度上讲，社区服刑人员的自我增能，也涉及对其抗逆力的培育与发展。首先，社区矫正机构及社会大众需要实现对社区服刑人员从"问题视角"到"优势视角"的理念转变。即不能简单地将社区服刑人员定位为行为暴力者、思想偏差者和规范越轨者，要看到其自身对生活理想的追求及相应的学习和行动能力，进一步挖掘其应对社会融入压力的潜力，激发和培育他们在应对就业、交往、家庭、心理等方面困境的能力。其次，在方法上，矫正社会工作者可以充分利用个案工作方法来降低社区服刑人员面对融入压

力时的负面情绪，增强其心理成熟度和健康度。可以利用小组工作方法改变社区服刑人员的沟通模式和表达方式，进行情感宣泄和压力释放，并获取家庭及小组成员的支持。也可以在社区及社会资源的发掘、动员中，构建物质、技术、政策、心理等多层次的社会资源支持网络及整合性的服务传递系统，为社区服刑人员抗逆力的成长提供路径、资源保障。最后，在策略上，需要关注这一群体的内部差异性，尤其是要针对年龄、性别、认知、犯罪类型不同的社区服刑人员，建构个性化、差异化的抗逆力培育介入方案，并评估他们的教育程度、经济收入、自我认知、家庭关系、社会网络等多种因素的综合影响，促进其抗逆力的培育与发展，以实现其顺利回归社会的根本目标。[①]

二、社会赋权与社区服刑人员的社会生态建设

从社会联结的角度来看，以社区服刑人员需求为本，建构相应的社会支持系统，将其已经偏离、失衡或断裂的社会联结恢复到正常状态，恢复其社会资本与社会功能，是他们社会融入的重要保障。这表明，在对社区服刑人员的自我增能及抗逆力的培育之外，也要注重对其所处的宏观社会生态环境的建设和改造。这可以从观念转变和行动选择两个方面加以考虑。从观念上看，司法行政机关及基层社区应当加强对社区矫正的宣传，转变社区民众存在的传统重刑主义观念，使之认识到现代刑罚制度的刑罚轻缓化、处罚轻刑化、管理人性化的发展趋向，使之更加了解社区矫正的含义、功能及相应的政策法规，增强社区居民对社区矫正制度的知晓度、认可度和参与度。更重要的是，在这个过程中，社区服刑人员也应当通过积极参与公益劳动、提供社会服务等方式，逐渐消除社会公众对这一特殊群体所存在的社会偏见、污名乃至歧视性的态度和行为。这是因为社区是社区矫正制度运作实施的主要场所，社区参与性是社区矫正制度的主要特点，社区居民及其他社会力量是配合矫正机构矫正社区服刑人员的中坚力量。显然，社区居民对

---

① 杨彩云："社区服刑人员抗逆力的结构、机制与培育"，载《理论月刊》2014 年第 12 期。

社区服刑人员的接受及对社区矫正活动的认可和参与，是关系到社区矫正的根本目标能否顺利实现的关键性问题。

从行动上看，则应当建构更加包容性的政策体系和社会环境。社区服刑人员在社会融入过程中，经常因其特殊身份而遭遇制度区隔和社会排斥，使其社会联结和自我联结均有可能出现不同程度的偏离、断裂和失衡。因而，很重要的一点在于在经济社会发展的过程中，建构包容性的社会政策体系，尤其是要逐渐消除社区服刑人员在劳动就业、社会保障等方面面临的权利贫困和弱势地位，使之平等地享有法律所赋予的各项政治、经济及社会权利。[①] 同时，社区矫正的根基在于社区。这无疑需要更多地利用社区资源开展社区矫正，即在充分挖掘和利用社区的组织资源、设施资源、经费资源和技术资源[②]的同时，鼓励和吸引更多的社区单位、社会组织、社区志愿者参与到社区矫正的活动中来。使得他们在参与对社区服刑人员的监督管理和教育矫正的同时，要为社区服刑人员提供更多的劳动就业、社会交往、社会参与的机会与资源，以协助解决这一群体在制度适应、社会生活、心理认知等方面的现实问题，形成其社会联结、自我联结不断发展和完善的深厚社会基础，促进社区服刑人员社会融入的社会生态建设。

三、社区矫正制度的完善与社会治理创新

如前所述，对于社区服刑人员而言，其身份具有显著的二重性：与普通社会民众不同，他们是受过刑事处罚的“服刑人员”，其相应的权利和义务都会受到一定的限定；与监狱服刑人员不同，他们在相对开放的社区环境中服刑，是社区生活中的一员。这使得社区服刑人员的社会融入与其他社会群体的社会融入存在明显的区别。田凯、杨菊华等认为城乡流动人口的社会融合主要是经济整合、文化接纳、行为适应与身份认同等四方面。与之相比，因身份的特殊性，社区服刑人员在社会融入过程中首先要面临的就是社

① 文军：“个体化社会的来临与包容性社会政策的建构”，载《社会科学》2012 年第 1 期。
② 张昱：《矫正社会工作》，高等教育出版社 2008 年，第 130 页。

区矫正制度的规制和约束，这是他们在社会融入过程中首先要面对和适应的，其次才是和其他群体一样在经济、交往、心理等方面的融入。与田凯、杨菊华等学者的观点类似的是，社区服刑人员的不同融入维度之间也是相互联系、相互依存、逐层递进的。制度适应是社区服刑人员首先必须解决的，而后在遵守制度规定的前提下实现就业、经济融入，这是他们能够相对平等、积极地参与其他社会交往活动的基础。对这一群体而言，心理融入是最难的，他们比流动人口面临更多的制度区隔、身份歧视及不平等对待。甚至可以说，社区服刑人员的认知偏差乃至自我区隔也更为突出。无疑，这在一定程度上丰富和发展了传统的社会融入理论，即增加了制度融入的维度。

这显然对社区矫正制度的发展和完善提出了更有针对性的要求。一方面，社区矫正制度要在制度上加以调整，改变其在制度实践中存在的形式合理性和实质合理性的冲突与矛盾，以更好地促进社区服刑人员的制度融入及在经济、交往、心理方面的融入。首先，在刑罚执行上，应当针对思想汇报的形式化、公益劳动的时间限制、心理矫治的不足等现实问题采取有针对性的改进措施，注重形式合理性与实质合理性的统一，以切实回应社区服刑人员的现实需求。同时，动员和组织更多志愿者参与社区矫正服务，以缓解矫正领域专业人才短缺与社区服刑人员多样化、个性化需求之间的张力，并加强对志愿者的组织和培训，使其更好地为矫正社区服刑人员服务。其次，在就业上，促进发展性社会服务的开发与供给。加强对社区服刑人员的就业指导和技能培训，提升其就业能力；适当拉开最低工资与低保待遇之间的差距，提升其就业积极性；对自主创业的服刑人员提供资金、技术支持与政策扶持，促进其经济条件的改善及更高层次的社会融入。最后，在社会交往上，促进矫正社会工作者角色的回归。传统的通过思想汇报、日常监管等方式控制社区服刑人员不良交往体系的做法效果并不理想，应进一步强化矫正社会工作者与社区服刑人员之间的专业关系，弱化其管理职能，使之在取得社区服刑人员的信任并了解其社会交往状况的基础上，采取有针对性的干预策略。同时，矫正社会工作者也可以在服务过程中为社区服刑人员传授应对歧视、同事关系、家庭关系、心理调适等问题的处理技巧,促进其社会交往能力和自我认知能力的发展。

促进社区矫正制度完善的另一方面则在于加强对社区资源的建设及动员。从总体上看,当前我国社区矫正在一定程度上偏重矫正而忽视社区,即注重对社区服刑人员的监督管理和教育矫正,但对社区资源建设及动员不足。社区居民对社区矫正的认可度、参与度不高,社区矫正志愿者提供服务的针对性、专业性和规范性不强,社会组织的社会服务功能还没有得到完全释放和发挥,这都影响了社区矫正效力的发挥。社区矫正及犯罪问题的治理是国家的责任,但这一问题的有效解决不仅关涉国家,更需要市场、社会的共同努力。发端于20世纪90年代的治理理论(governance theory)认为传统的以政府为单一权力中心的治理模式已不符合现代社会的发展方向,政府之外的公共机构、社会组织、民间团体和公民个人都可以成为社会治理的主体,他们通过协商、对话与合作机制共同解决社会问题,增进社会福利。因而,在当前我国推进社会体制改革、加强社会治理创新的社会背景下,社区矫正的实践运作在提高制度性资源的供给度、匹配性与利用效率的同时,更需要加强和动员社会力量,整合利用社区资源,形成由矫正社会工作者、社区志愿者、社区居民和社会组织等组成的多元化参与主体及监督管理、教育矫正和帮困扶助的合力,促进社区服刑人员的社会融入。这既是社区矫正制度发展和完善的路径,也是推进社会治理创新的显著体现。

参考文献

一、中文著作

[1] [法] 米歇尔·福柯. 权力的眼睛：福柯访谈录[M]. 严锋，译. 上海：上海人民出版社，1997.

[2] 边燕杰. 社会网络与地位获得[M]. 北京：社会科学文献出版社，2012.

[3] 陈向明. 质的研究方法与社会科学研究[M]. 北京：教育科学出版社，2000.

[4] 但未丽. 社区矫正：立论基础与制度建构[M]. 北京：中国人民公安大学出版社，2008.

[5] 费梅苹. 次生社会化：偏差青少年边缘化的社会互动过程研究[M]. 上海：上海人民出版社，2010.

[6] 费孝通. 乡土中国·生育制度[M]. 北京：北京大学出版社，1998.

[7] 高和荣. 经济社会学[M]. 北京：高等教育出版社，2008.

[8] 高伟. 刑事执行制度适用[M]. 北京：中国人民公安大学出版

社,2012.

[9] 郭建安,郑霞泽. 社区矫正通论[M]. 北京：法律出版社,2004.

[10] 郭星华. 当代中国社会转型与犯罪研究[M]. 北京：文物出版社,1999.

[11] 国务院发展研究中心课题组. 农民工市民：制度创新与顶层政策设计[M]. 北京：中国经济时报,2011.

[12] 洪波. 思想政治教育话语范式转换研究[M]. 杭州：浙江大学出版社,2012.

[13] 侯国云. 刑罚执行问题研究[M]. 北京：中国人民公安大学出版社,2005.

[14] 侯钧生. 西方社会学理论教程[M]. 2 版. 天津：南开大学出版社,2006.

[15] 侯钧生. 西方社会学理论教程[M]. 3 版. 天津：南开大学出版社,2010.

[16] 胡艳辉. “问题少年”矫治体系论[M]. 长沙：湖南人民出版社,2005.

[17] 黄光国. 儒家关系主义：文化反思与典范重建[M]. 北京：北京大学出版社,2006.

[18] 黄京平,席小华. 社区矫正工作者手册[M]. 北京：中国法制出版社,2007.

[19] 贾春增. 外国社会学史[M]. 北京：中国人民大学出版社,2008.

[20] 柯兰君. 都市里的村民：中国大城市的流动人口[M]. 北京：中央编译出版社,2001.

[21] 李培林. 农民工：中国进城农民工的经济社会分析[M]. 北京：社会科学文献出版社,2003.

[22] 李强. 农民工与中国社会分层[M]. 北京：社会科学文献出版社,2004.

[23] 梁根林. 刑事制裁：方式与选择[M]. 北京：法律出版社,2006.

[24] 梁簌溟. 中国文化要义[M]. 上海：上海人民出版社，2011.
[25] 刘爱玉. 选择：国企变革与工人生存行动[M]. 北京：社会科学文献出版社，2005.
[26] 刘军. 社会网络分析导论[M]. 北京：社会科学文献出版社，2004.
[27] 刘强. 美国社区矫正演变史研究[M]. 北京：法律出版社，2009.
[28] 刘强. 社区矫正评论——第一卷[M]. 北京：中国法制出版社，2011.
[29] 刘强. 社区矫正制度研究[M]. 北京：法律出版社，2007.
[30] 刘强. 社区矫正组织管理模式比较研究[M]. 北京：中国法制出版社，2010.
[31] 刘强. 英国社区刑罚执行制度研究[M]. 北京：中国法制出版社，2011.
[32] 刘强. 社区矫正理论与实务研究文集[M]. 北京：中国人民公安大学出版社，2009.
[33] 刘少杰. 后现代西方社会学理论[M]. 北京：社会科学文献出版社，2002.
[34] 刘宪权. 刑法学研究——第八卷[M]. 上海：上海人民出版社，2011.
[35] 罗遐. 流动与定居：定居农民工城市适应研究[M]. 北京：社会科学文献出版社，2011.
[36] 吕辉峰，李玫. 解开心结：服刑人员心理卫生知识 260 问[M]. 北京：群众出版社，2007.
[37] 马克思，恩格斯. 马克思恩格斯全集——第三卷[M]. 中共中央编译局，译. 北京：人民出版社，2002.
[38] 马克思，恩格斯. 马克思恩格斯选集——第一卷[M]. 中共中央编译局，编译. 北京：人民出版社，1995.
[39] 倪晓峰. 从精英主导型社区整合到半契约型社区整合：基于皖北 F 村的实地考察[M]. 广州：中山大学出版社，2011.
[40] 潘泽泉. 社会、主体性与秩序：农民工研究的空间转向[M]. 北京：社

会科学文献出版社,2007.
[41] 彭华民. 西方社会福利理论前沿[M]. 北京:中国社会出版社,2009.
[42] 任慧颖. 当代中国非营利组织的社会行动研究[M]. 济南:济南出版社,2007.
[43] 荣容,肖君拥. 社区矫正的理论与制度[M]. 北京:中国民主法制出版社,2007.
[44] 马灵喜. 社区矫正理论与实务[M]. 济南:山东画报出版社,2007.
[45] 苏国勋. 理性化及其限制:韦伯思想引论[M]. 上海:上海人民出版社,1998.
[46] 汤林弟. 中国式管理的文化性格[M]. 北京:知识产权出版社,2011.
[47] 王珏,王平,杨诚. 中加社区矫正概览[M]. 北京:法律出版社,2008.
[48] 王君玲. 网络社会的民间表达:样态、思潮及动因[M]. 广州:暨南大学出版社,2013.
[49] 王牧. 犯罪学论丛——第三卷[C]. 北京:中国检察出版社,2005.
[50] 王平. 社区矫正制度研究[M]. 北京:中国政法大学出版社,2012.
[51] 王顺安. 刑事执行法学通论[M]. 北京:群众出版社,2005.
[52] 王晓东. 日常交往与非日常交往[M]. 北京:人民出版社,2005.
[53] 王越平. 乡民闲暇与日常生活:一个白马藏族村落的民族志研究[M]. 北京:民族出版社,2011.
[54] 王志亮. 外国刑罚执行制度研究[M]. 桂林:广西师范大学出版,2009.
[55] 文继承. 法治一角:关于基层司法行政工作的观察与思考[M]. 昆明:云南大学出版社,2011.
[56] 吴宗宪,蔡雅奇,彭玉伟. 社区矫正制度适用与执行[M]. 北京:中国人民公安大学出版社,2012.
[57] 吴宗宪. 社区矫正导论[M]. 北京:中国人民大学出版社,2011.
[58] 吴宗宪. 未成年犯矫正研究[M]. 北京:北京师范大学出版社,2012.

[59] 吴宗宪. 刑事执行法学[M]. 北京：中国人民大学出版社，2007.
[60] 徐永祥. 社区发展论[M]. 上海：华东理工大学出版社，2000.
[61] 项飚. 跨越边界的社区：北京"浙江村"的生活史[M]. 北京：三联书店，2000.
[62] 严励. 刑事司法与犯罪控制的新发展[M]. 北京：中国法制出版社，2007.
[63] 严平. 走向解释学的真理：伽达默尔哲学述评[M]. 上海：东方出版社，1998.
[64] 悦中山，李树卓，[美] 费尔德曼. 农民工的社会融合研究：现状、影响因素与后果[M]. 北京：社会科学文献出版社，2012.
[65] 翟学伟. 人情、面子与权力的再生产[M]. 北京：北京大学出版社，2005.
[66] 张峰，连春亮. 行刑与罪犯矫治社会化研究[M]. 北京：群众出版社，2007.
[67] 张继焦. 城市的适应：迁移者的就业与创业[M]. 北京：商务印书馆，2004.
[68] 张建明. 社区矫正实务[M]. 北京：中国政法大学出版社，2010.
[69] 张雯. 未成年人犯罪与司法制度研究[M]. 贵阳：贵州人民出版社，2005.
[70] 张昱，费梅苹. 社区矫正实务过程分析[M]. 上海：华东理工大学出版社，2008.
[71] 张昱. 矫正社会工作[M]. 北京：高等教育出版社，2008.
[72] 周国强. 社区矫正制度研究[M]. 北京：中国检察出版社，2006.
[73] 周敏. 唐人街：深具社会经济潜质的华人社区[M]. 北京：商务印书馆，1995.
[74] [澳] 马尔科姆·沃特斯. 现代社会学理论[M]. 杨善华，译. 北京：华夏出版社，2000.

[75] [德] 格奥尔格·西美尔. 货币哲学[M]. 陈戎女,等译. 北京: 华夏出版社,2007.
[76] 周晓虹. 现代社会心理学名著菁华[C]. 北京: 社会科学文献出版社,2007.
[77] [德] 马克斯·韦伯. 经济与社会——上卷[M]. 林荣远,译. 北京: 商务印书馆,1997.
[78] [德] 马克斯·韦伯. 新教伦理与资本主义精神[M]. 于晓,陈维纲,译. 北京: 三联书店,1987.
[79] [德] 尤尔根·哈贝马斯. 交往行为理论——第一卷[M]. 曹卫东,译. 上海: 上海人民出版社,2004.
[80] [法] 埃米尔·涂尔干,等. 社会分工论[M]. 渠东,译. 北京: 三联书店,2013.
[81] [法] 埃米尔·迪尔凯姆. 自杀论[M]. 冯韵文,译. 北京: 商务印书馆,1996.
[82] [法] 安塞尔. 新刑法理论[M]. 卢建平,译. 香港: 天地图书公司,1990.
[83] [法] 米歇尔·福柯. 规训与惩罚[M]. 刘北成,杨远婴,译. 北京: 三联书店,2003.
[84] [法] 米歇尔·福柯. 知识考古学[M]. 谢强,马月,译. 北京: 三联书店,2003.
[85] [法] 皮埃尔·布迪厄,[美]华康德. 实践与反思[M]. 李猛,李康,译. 北京: 中央编译出版社,1998.
[86] [法] 皮埃尔·布迪厄. 资本的形式[M]//薛晓源,曹荣湘. 全球化与文化资本. 北京: 社会科学文献出版社,2005.
[87] [法] 卢梭. 社会契约论[M]. 何兆武,译. 北京: 商务印书馆,1980.
[88] [美] 罗伯特·桑兹. 精神健康: 临床社会工作实践[M]. 何雪松,花菊香,译. 上海: 华东理工大学出版社,2003.

[89] [美] 彼得·F. 德鲁克. 后资本主义社会[M]. 傅振焜，译. 北京：东方出版社，2009.

[90] [美] 道格拉斯·诺思. 制度、制度变迁与经济绩效[M]. 杭行，译. 上海：格致出版社，2008.

[91] [法] 佩鲁. 新发展观[M]. 张宁，丰子义，译. 北京：华夏出版社，1987.

[92] [美] 西蒙. 现代决策理论的基石[M]. 杨砾，徐立，译. 北京：北京经济学院出版社，1989.

[93] [美] 加里·S. 贝克尔. 人类行为的经济分析[M]. 王业宇，陈琪，译. 上海：三联书店上海分店，1995.

[94] [美] 波斯纳. 法理学问题[M]. 苏力，译. 北京：中国政法大学出版社，1994.

[95] [美] 林南. 社会资本：关于社会结构与行动的理论[M]. 张磊，译. 上海：上海人民出版社，2005.

[96] [美] 迈克尔·沃尔泽. 正义诸领域：为多元主义与平等一辩[M]. 诸松燕，译. 南京：译林出版社，2009.

[97] [美] 乔纳森·H. 特纳. 社会学理论的结构[M]. 邱泽奇，等译. 北京：华夏出版社，2006.

[98] [美] 乔治·H. 米德. 心灵、自我与社会[M]. 赵月瑟，译. 上海：上海译文出版社，2005.

[99] [美] 约翰·W. 克雷斯威尔. 研究设计与写作指导：定性、定量与混合研究的路径[M]. 崔延强，译. 重庆：重庆大学出版社，2007.

[100] [美] 詹姆斯·C. 斯科特. 弱者的武器[M]. 郑广怀，等译. 南京：译林出版社，2011.

[101] [美] 詹姆斯·S. 科尔曼. 社会理论的基础[M]. 邓方，译. 北京：社会科学文献出版社，1999.

[102] [瑞典] 理查德·斯威德伯格. 经济学与社会学[M]. 安佳，译. 北京：

商务印书馆，2003.

[103] [印] 阿马蒂亚·森. 以自由看待发展[M]. 任赜，于真，译. 北京：中国人民大学出版社，2002.

[104] [英] 阿兰·德波顿. 身份的焦虑[M]. 陈广兴，南治国，译. 上海：上海译文出版社，2007.

[105] [英] 阿雷恩·鲍尔德温. 文化研究导论[M]. 陶东风，等译. 北京：高等教育出版社，2004.

[106] [英] 安东尼·吉登斯. 社会的构成：结构化理论大纲[M]. 李康，李猛，译. 北京：三联书店，1998.

[107] [英] 安东尼·吉登斯. 现代性与自我认同[M]. 赵旭东，方文，译. 北京：三联书店，1998.

[108] [英] 培根. 培根论人生[M]. 张毅，译. 上海：上海人民出版社，2011.

[109] [英] 齐格蒙特·鲍曼. 现代性与大屠杀[M]. 杨渝东，等译. 北京：译林出版社，2011.

[110] [英] 乔治·拉伦. 意识形态与文化身份：现代性和第三世界的在场[M]. 戴从容，译. 上海：上海教育出版社，2005.

二、中文期刊

[1] 北京市社区矫正办. 北京市制定并实施社区服刑人员分类管理分阶段教育实施方案[J]. 人民调解，2005(12).

[2] 边燕杰，刘翠霞，林聚任. 中国城市中的关系资本与饮食社交：理论模型与经验分析[J]. 开放时代，2004(2).

[3] 边燕杰，王文彬，等. 跨体制社会资本及其收入回报[J]. 中国社会科学，2012(2).

[4] 蔡禾，王进. "农民工"永久迁移意愿研究[J]. 社会学研究，2007(6).

[5] 曹子玮. 农民工的再建构社会网与网内资源流向[J]. 社会学研究，

2003(3).
[6] 曾旭晖．非正式劳动力市场人力资本研究：以成都市进城农民工为个案[J]．中国农村经济，2004(3).
[7] 查庆九，陈志海．中国社区矫正的发展趋势[J]．犯罪与改造研究，2010(10).
[8] 陈成文，孙嘉悦．社会融入：一个概念的社会学意义[J]．湖南师范大学社会科学学报，2012(6).
[9] 陈晓毅，马建钊．粤北山区瑶族移民的文化适应[J]．民族研究，2006(4).
[10] 陈晓毅．城市外来少数民族文化适应的三层面分析模式[J]．贵州民族研究，2005(5).
[11] 陈晓毅．都市流动穆斯林文化适应问题及其解决之道[J]．青海民族研究，2010(7).
[12] 陈映芳．"农民工"：制度安排与身份认同[J]．社会学研究，2005(3).
[13] 陈月．"边缘社区"的犯罪问题及其社会控制[J]．郑州大学学报(哲学社会科学版)，1997(1).
[14] 程应需．社区矫正的概念及其性质新论[J]．郑州大学学报(哲学社会科学版)，2006(4).
[15] 储琰．躲不开的符号：指向刑释人员的话语规训——基于福柯的谱系学理论[J]．华东理工大学学报(社会科学版)，2014(3).
[16] 党晓慧．构建和谐社会中社区矫正的构想[J]．武汉公安干部学院学报，2008(1).
[17] 方文．群体符号边界如何形成——以北京基督新教群体为例[J]．社会学研究，2005(1).
[18] 风笑天，王小璐．我国三峡移民研究的现状与趋势[J]．社会科学研究，2004(1).
[19] 风笑天．落地生根——三峡农村移民的社会适应[J]．社会学研究，

2004(5).

[20] 郭健. 我国社区矫正工作试点进程梳理与展望[J]. 犯罪与改造研究，2010(9).

[21] 郭星华，胡文嵩. 闲暇生活与农民工的市民化[J]. 人口研究，2006(5).

[22] 郭子宏，刘绍书. 昆明市五华区社区流动人口疾病谱分析[J]. 中国社区医学，2001(3).

[23] 郝敬团，李爱芹. 青少年偏差行为及其预防对策[J]. 山西青年管理干部学院学报，2003(2).

[24] 郝宇青，陈凤. 身份焦虑：当前中国社会焦虑的一种重要表现[J]. 上海商学院学报，2012(5).

[25] 何雪松. 社会网络的动态过程及理论探索[J]. 上海行政学院学报，2005(3).

[26] 何雪松，黄富强，曾守锤. 城乡迁移与精神健康：基于上海的实证研究[J]. 社会学研究，2010(1).

[27] 和学新. 主体性的内涵、结构及其存在形态与主体性教育[J]. 西南师范大学学报(人文社会科学版)，2005(1).

[28] 侯东民，等. 从"民工荒"到"返乡潮"：中国的刘易斯拐点到来了吗?[J]. 人口研究，2009(2).

[29] 胡承浩，万志前. 理念、制度、技术：三维视角下我国社区矫正的完善[J]. 江汉论坛，2009(8).

[30] 胡凤霞. 农民工自雇佣就业选择研究[J]. 宁夏社会科学，2014(2).

[31] 胡陆生. 社区矫正的比较研究[J]. 河北法学，2005(4).

[32] 黄洁琼. 社工在社区矫正中的角色定位和功能分析[J]. 佳木斯教育学院学报，2012(7).

[33] 黄匡时，嘎日达. 社会融合理论研究综述[J]. 新视野，2010(6).

[34] 黄起烈，陈伟，张兴树. 深圳市外来人口肺结核病防治效果及影响因素研究[J]. 中国防痨杂志，2001(6).

[35] 姬莉平．社区服刑人员的精神支持网络探析[J]．山西师大学报(社会科学版)，2008(2).

[36] 贾晓文．当前社区矫正工作中的热点难点问题研究[J]．行政与法，2008(9).

[37] 蒋善，张璐，王卫红．重庆市农民工心理健康状况调查[J]．心理科学，2007(1).

[38] 金碧华．对社区矫正假释犯对象在社会保障方面的社会排斥问题研究[J]．社会科学，2009(5).

[39] 金碧华．社区矫正风险评估机制的分析与思考[J]．南通大学学报(社会科学版)，2009(2).

[40] 李超海，唐斌．城市认同、制度性障碍与民工荒现象——长三角、珠三角和中西部地区实地调查[J]．青年研究，2006(7).

[41] 李光勇．社区矫正人员帮扶现状、困境与对策调查研究[J]．中国刑事法杂志，2013(4).

[42] 李光勇．社区矫正人员重新犯罪风险评估与预防——基于上海市三个区的问卷调查[J]．中国人民公安大学学报(社会科学版)，2013(5).

[43] 李明．国外主要社区矫正模式考察及其借鉴[J]．广州大学学报(社会科学版)，2007(9).

[44] 李培林．流动民工的社会网络和社会地位[J]．社会学研究，1996(4).

[45] 李强．关于城市农民工的情绪倾向及社会冲突问题[J]．社会学研究，1995(4).

[46] 李树茁，任义科，靳小怡，等．中国农民工的社会融合及其影响因素研究——基于社会支持网络的分析[J]．人口与经济，2008(2).

[47] 林振林，马皑．从规则到行为：试论我们为何守法[J]．政法学刊，2010(4).

[48] 刘传江，程建林．第二代农民工市民化：现状分析与进程测度[J]．人口研究，2008(5).

[49] 刘东根. 公安机关与社区矫正：兼论社区矫正执行机构的构建[J]. 中国人民公安大学学报(社会科学版),2006(3).

[50] 刘强. 试论我国社区矫正在面上推进的前提条件[J]. 中国监狱学刊,2005(6).

[51] 刘强. 我国社区矫正试点中的管理体制弊大于利[J]. 法学,2005(9).

[52] 刘素珍,等. 社区服刑人员心理健康状况调查[J]. 心理科学,2006(6).

[53] 骆群. 社区矫正对象社会网络排斥的成因探析——以上海为例[J]. 内蒙古社会科学(汉文版),2010(3).

[54] 吕青. 新市民的社会融入与城市的和谐发展[J]. 江南论坛,2005(5).

[55] 马西恒,童星. 敦睦他者：城市新移民的社会融合之路——对上海市Y社区的个案考察[J]. 学海,2008(2).

[56] 牛海彬,曲铁华. 基于福柯教师话语观的师生对话特征解读[J]. 外国教育研究,2010(1).

[57] 潘泽泉. 中国城市流动人口的发展困境与社会风险——社会排斥与边缘化的生产和再生产[J]. 战略与管理,2004(1).

[58] 钱福永. 当代罪犯心理健康状况的调查研究[J]. 健康心理学杂志,2001(5).

[59] 邱培媛,等. 国内外流动人口心理健康研究进展及启示(综述)[J]. 中国心理卫生杂志,2010(1).

[60] 屈耀伦. 关于我国社区矫正制度的若干思考[J]. 法学,2006(10).

[61] 任远,戴星翼. 外来人口长期居留倾向的LOGIT模型分析[J]. 南方人口,2003(12).

[62] 任远. "逐步沉淀"与"居留决定居留"——上海市外来人口居留模式分析[J]. 中国人口科学,2006(6).

[63] 阮传胜. 我国社区矫正制度：缘起、问题与完善[J]. 北京行政学院学报,2011(2).

[64] 沈海英. 农村社区服刑人员心理健康状况的调查研究[J]. 中国司法,

2011(6).

[65] 施国庆,陈阿江. 工程移民中的社会学问题探讨[J]. 河海大学学报(社会科学版),1999(3).

[66] 史柏年. 刑罚执行与社会福利：社区矫正性质定位思辨[J]. 华东理工大学学报(社会科学版),2009(3).

[67] 宋红伟. 宽严相济刑事政策视野下的假释适用实证研究[J]. 刑事法学,2007(4).

[68] 孙承松,王晶,我国社区矫正立法问题探索[J]. 现代经济信息,2009(11).

[69] 田凯. 关于农民工的城市适应性的调查分析与思考[J]. 社会科学研究,1995(5).

[70] 佟新. 社会变迁与工人社会身份的重构——“失业危机”对工人的意义[J]. 社会学研究,2002(6).

[71] 童星,马西恒. “敦睦他者”与“化整为零”——城市新移民的社区融合[J]. 社会科学研究,2008(1).

[72] 王春光,Jean Philippe BEJA. 温州人在巴黎：一种独特的社会融入模式[J]. 中国社会科学,1999(6).

[73] 王春光. 农村流动人口的“半城市化”问题研究[J]. 社会学研究,2006(5).

[74] 王春光. 农民工的国民待遇与社会公正问题[J]. 郑州大学学报(哲学社会科学版),2004(1).

[75] 王春光. 新生代农村流动人口的社会认同与城乡融合的关系[J]. 社会学研究,2001(3).

[76] 王春光. 中国职业流动中的社会不平等问题研究[J]. 中国人口科学,2003(2).

[77] 王桂新,沈建法,刘建波. 中国城市农民工市民化研究——以上海为例[J]. 人口与发展,2008(1).

[78] 王珏. 关于社区矫正试点工作的几点思考[J]. 人民调整,2004(5).

[79] 王美艳. 城市劳动力市场上的就业机会与工资差异——外来劳动力就业与报酬研究[J]. 中国社会科学,2005(9).
[80] 王琼,邵云伟,等. 行刑社会化(社区矫正)问题之探讨(上)[J]. 中国司法,2004(5).
[81] 王昺,梁晓. 温哥华华人新移民的社会融合[J]. 世界民族,2003(8).
[82] 王思斌. 中国社会的求-助关系:制度与文化的视角[J]. 社会学研究,2001(7).
[83] 王文彬,赵延东. 自雇过程的社会网络分析[J]. 社会,2012(5).
[84] 王毅杰,童星. 流动农民社会支持网探析[J]. 社会学研究,2004(3).
[85] 文军. 从季节性流动到劳动力移民[J]. 探索与争鸣,2006(1).
[86] 文军. 从生存理性到社会理性的选择:当代中国农民外出就业动因的社会学分析[J]. 社会学研究,2001(11).
[87] 文军. 个体化社会的来临与包容性社会政策的建构[J]. 社会科学,2012(1).
[88] 瓮里. 中美“社区矫正”理论与实务比较研究[J]. 浙江大学学报(人文社会科学版),2007(11).
[89] 吴敦. 社区矫正刑:法院的司法定位及法律构建[J]. 法律适用,2005(12).
[90] 吴兰香. 注视——规训化权力的一种技巧[J]. 山西高等学校社会科学学报,2004(10).
[91] 吴强军. 关于社区矫正立法的几点建议[J]. 中国司法,2005(11).
[92] 吴晓刚. “下海”:中国城乡劳动力市场转型中的自雇活动与社会分层(1978—1996)[J]. 社会学研究,2006(11).
[93] 吴宗宪. 利用社会资源开展社区矫正的模式探讨[J]. 中国司法,2007(1).
[94] 吴宗宪. 论社区矫正官[J]. 中国司法,2011(11).
[95] 吴宗宪. 论社区矫正立法与刑法修正案[J]. 中国司法,2009(3).

[96] 吴宗宪. 论中国社区服刑人员的处遇措施及其完善[J]. 杭州师范学院学报(社会科学版),2007(9).
[97] 吴宗宪. 社区矫正的问题与前景[J]. 法治论丛(上海政法学院学报),2007(1).
[98] 武玉红. 对我国社区矫正管理模式的检讨[J]. 山东社会科学,2010(6).
[99] 武玉红. 论社区矫正工作队伍的职责定位[J]. 中国监狱学刊,2007(5).
[100] 徐丽敏. "社会融入"概念辨析[J]. 学术界,2014(7).
[101] 许传新. 新生代农民工城市生活中的社会心态[J]. 社会心理科学,2007(1).
[102] 杨彩云,高梅书,张昱. 动态需求取向：小组工作介入社区矫正的探索性研究[J]. 中国人民公安大学学报(社会科学版),2014(1).
[103] 杨彩云. 社区服刑人员的社会融入与精神健康：基于上海的实证研究[J]. 华东理工大学学报(社会科学版),2014(7).
[104] 杨彩云. 社区服刑人员抗逆力的结构、机制与培育[J]. 理论月刊,2014(12).
[105] 杨菊华. 从隔离、选择融入到融合：流动人口社会融入问题的理论思考[J]. 人口研究,2009(1).
[106] 杨黎源. 外来人群社会融合进程中的八大问题探讨——基于对宁波市1053位居民社会调查的分析[J]. 宁波大学学报(人文科学版),2007(11).
[107] 杨晓烁,凌捷. 社区矫正社会工作者职业认同现状与危机——以福州市为例[J]. 福建商业高等专科学校学报,2014(10).
[108] 杨征军,李萍. 社区服刑人员的帮扶[J]. 北京政法职业学院学报,2007(4).
[109] 杨征军,马清文. 社区矫正的主体建构[J]. 北京政法职业学院学报,

2009(12).

[110] 叶继红. 城市新移民的文化适应：以失地农民为例[J]. 天津社会科学,2010(3).

[111] 叶静怡,王琼. 农民工的自雇佣选择及其收入[J]. 财经研究,2013(1).

[112] 迎春亮. 社区矫正的基本任务之我见[J]. 四川警察学院学报,2009(4).

[113] 袁贵仁. 主体性与人的主体性[J]. 河北学刊,1988(3).

[114] 张传伟. 我国社区矫正京沪模式的比较分析与选择[J]. 北京社会科学,2009(1).

[115] 张德军,邢占军. 恢复与惩罚：社区矫正功能的双重定位及实现路径[J]. 理论学刊,2013(12).

[116] 张继焦. 差序格局：从"乡村版"到"城市版"——以迁移者的城市就业为例[J]. 民族研究,2004(6).

[117] 张金武. 价值观的重建与社会关系的恢复——浅谈社区矫正工作中对未成年社区矫正对象的再社会化[J]. 法治论坛,2008(1).

[118] 张明林,喻林,傅春. 金融危机和产业转移背景下农民工返乡创业对策研究[J]. 求实,2009(5).

[119] 张绍彦. 社区矫正在中国——基础分析、前景与困境[J]. 环球法律评论,2006(3).

[120] 张文宏,雷开春. 城市新移民社会融合的结构、现状与影响因素分析[J]. 社会学研究,2008(5).

[121] 张文宏,李沛良,阮丹青. 城市居民社会网络的阶层构成[J]. 社会学研究,2004(6).

[122] 张艳. 从认知失调的角度看未成年人的社区矫正[J]. 江西公安专科学校学报,2006(2).

[123] 张玉利,杨俊,任兵. 社会资本、先前经验与创业机会——一个交互效

应模型及其启示[J]. 管理世界,2008(7).
[124] 张昱,费梅苹. 社区矫正制度的社会学视野[J]. 广东社会科学,2005(2).
[125] 张昱. 论社区矫正中刑罚执行和社会工作的统一性[J]. 社会工作,2004(5).
[126] 章恩友,刘恒志. 开展中国特色社区矫正工作的思考[J]. 中国监狱学刊,2005(1).
[127] 赵延东,罗家德. 如何测量社会资本：一个经验研究综述[J]. 国外社会科学,2005(2).
[128] 赵延东,王奋宇. 城乡流动人口的经济地位获得及决定因素[J]. 中国人口科学,2002(4).
[129] 赵志裕,温静,谭俭邦. 社会认同的基本心理历程——香港回归中国的研究范例[J]. 社会学研究,2005(5).
[130] 周大鸣. 珠江三角洲外来劳动人口研究[J]. 社会学研究,1992(5).
[131] 周皓. 流动人口社会融合的测量及理论思考[J]. 人口研究,2012(5).
[132] 周敏,林闽钢. 族裔资本与美国华人移民社区的转型[J]. 社会学研究,2004(3).
[133] 朱迪. 混合研究方法的方法论、研究策略及应用——以消费模式研究为例[J]. 社会学研究,2012(4).
[134] 朱力. 论农民工阶层的城市适应[J]. 江海学刊,2002(6).
[135] 朱力. 群体性偏见与歧视——农民工与市民的摩擦性互动[J]. 江海学刊,2001(12).
[136] 朱力. 准市民的身份定位[J]. 南京大学学报(哲学人文科学. 社会科学版),2000(11).
[137] 邹宇春,敖丹. 自雇者与受雇者的社会资本差异研究[J]. 社会学研究,2011(9).
[138] 陈庆升. 社会矫正对象的偏差行为研究[D]. 上海：华东理工大

学，2008.
[139] 成娟．社区矫正的福利性和惩罚性及其关系研究[D]．上海：华东理工大学，2010.
[140] 郝丽琼．社区矫正对象就业问题研究[D]．上海：华东理工大学，2008.
[141] 金碧华．支持的"过程"：社区矫正假释犯的社会支持网络研究[D]．上海：上海大学，2007.
[142] 靳利飞．矫正对象社会支持网的重构[D]．北京：中国青年政治学院，2010.
[143] 骆群．弱势的镜像：上海市社区矫正对象的社会排斥研究[D]．上海：上海大学，2008.
[144] 邵锋．社区矫正工作中社会资源的配置[D]．上海：上海交通大学，2012.
[145] 孙若梅．主体性思想政治教育及其实现路径[D]．沈阳：辽宁大学，2014.
[146] 王彬．就业中的前科歧视研究[D]．上海：上海交通大学，2009.
[147] 王维．社区矫正制度研究[D]．重庆：西南政法大学，2006.
[148] 杨旭．社区矫正对象的家庭问题研究[D]．上海：华东理工大学，2008.
[149] 张红．社区矫正对象就业问题实证研究[D]．上海：华东理工大学，2010.
[150] 张瑶．我国社区矫正中司法所工作人员身份的界定[D]．南昌：南昌大学，2014.
[151] 钟云伟．社区矫正问题研究——以杭州社区矫正试点为例[D]．杭州：浙江大学，2005.

三、外文著作

[1] Bergman Manfred Max. Advances in Mixed Methods Research:

Theories and Applications [M]. Los Angeles, London, New Delhi, Singapore: SAGE, 2008.

[2] Blau P M, Duncan O D. The American Occupational Structure [M]. New York: Wiley, 1967.

[3] Dasen P R, Berry J W, Sartorius N. Health and Cross-Cultural Psychology: Towards Applications [M]. Newbury Park. CA: Sage, 1988.

[4] DiMatteo M, Hays R. Social support and serious illness [M]//B H Gottlieb (Ed.). Social networks and socialsupport. Beverly Hills. CA: Sage, 1981.

[5] Gordon Milton M. Assimilation in American life [M]. New York: Oxford University press, 1964.

[6] Gottlieb B H. Social networks and social support [M]. Beverly Hills. CA: Sage, 1981.

[7] Hall Stuart. The Question of Culture Identity [M]//Hall S, Held Modernity and Its Future, D, McCrew T, ed. Cambridge: Policy Press, 1991.

[8] Holzer H J. What employers want: Job prospects for less-educated workers [M]. New York: Russell Sage, 1996.

[9] Lin N. Social Capital: A Theory of Social Structure and Action [M]. New York: Cambridge University Press, 2001.

[10] Miles Matthew B. Huberman A Michael. Qualitative Data Analysis: An Expanded Sourcebook (2nd Ed) [M]. Thousand Oaks. CA: Sage publications, 1994.

[11] Park R E. Assimilation [M]. Encyclopedia of Social Sciences. Macmillan: New York, 1930.

[12] Sampson R J, Laub J H. Crime in the making: Pathways and turning

points through life [M]. MA：Harvard University Press，1993.

[13] Stover L E. The Cultural Ecology of Chinese Civilization [M]. New York：Mentor，1974.

[14] Visher C，LaVigne N，Travis J. Returning home：Understanding the challenges of prisoner reentry [M]. Washington，DC：Urban Institute，2004.

[15] Walker A. The Strategy of Inequality [M]. //Walker A，Walker C. Britain Divided，The Growth of Social Exclusion in 1980s and 1990s. London：CPAG，1997.

四、外文期刊

[1] Albrecht T L，Adelman M B. Social Support and Life Stress：New Directions for Communication Research [J]. Human Communication Research，1984，11(1).

[2] Allen David. Social Networks and Self-Employment [J]. Journal of Socio-Economics，2000，29(5).

[3] Allender D M. Offender reentry：A returning or reformed criminal [J]. FBI Law Enforcement Bulletin，2004，(73).

[4] Austin J，Hardyman P. The risks and needs of the returning prisoner population [J]. Review of Policy Research，2004，(21).

[5] Bloom J R，Ross R D，Burnell G. The effect of social support on patient adjustment after breast surgery [J]. Patient Counseling and Health Education，1978，(1).

[6] Bolger N，Zuckerman A，Kessler R C. Invisible Support and Adjustment to Stress [J]. Journal of Personality and Social Psychology，2000，79(6).

[7] Bonta J，Law M，Hanson R K. Prediction of criminal and violent

recidivism among mentally disordered offenders: A meta-analysis [J]. Psychological Bulletin, 1998, (123).

[8] Breese J R, Ra'el K, Grant G K. No Place like Home: A Qualitative Investigation of Social Support and Its Effects on Recidivism [J]. A Journal of Clinical and Applied Research, 2000, 2(1).

[9] Burchatdt T, Le Grand J, Piachaud D. Social exclusion in Britain 1991－1995[J]. Social Policy and Administration, 1999, 33(3).

[10] Burton V, Dunaway G, Kopache R. To Punish or Rehabilitate: A Research Note Assessing the Purposes of State Correctional Departments as Defined by State Legal Codes[J]. Journal of Crime & Justice, 1993, (16).

[11] Castillo E D, Alarid L F. Factors Associated With Recidivism among Offenders with Mental Illness[J]. International Journal of Offender Therapy and Comparative Criminology, 2011, 55(1).

[12] Coleman J S. Social Capital in the Creation of Human Capital [J]. American Journal of Sociology, 1988(94).

[13] Dindia Kathryn, Daniel J. Definitions and Theoretical Perspectives on Maintaining Relationships [J]. Journal of Social and Personal Relationships, 1993(10).

[14] Duffy K. The Human Dignity and Social Exclusion Project-research Opportunity and Risk: Trends of Social Exclusion in Europe [J]. Council of Europe, 1998(3).

[15] Dunaway R G, Cullen F T. Explaining Crime Ideology: An Exploration of the Parental Socialization Perspective [J]. Journal of Crime & Delinquency, 1991(37).

[16] Elbogen E B, Johnson S C. The intricate link between violence and mental disorder [J]. Archives of General Psychiatry, 2009(66).

[17] Goldlust John, Richmond Anthony H. A Multivariate Model of Immigrant Adaptation [J]. International Migration Review, 1974(2).

[18] Grannovetter M. The Strength of Weak Ties [J]. American Journal of Sociology, 1973, 78(6).

[19] Gunnison E, Helfgott J B. Factors That Hinder Offender Reentry Success: A View from Community Corrections Officers [J]. International Journal of Offender Therapy and Comparative Criminology, 2011 (55).

[20] Helfgott J. Ex-offender needs versus criminal opportunity in Seattle, Washington [J]. Federal Probation, 1997(61).

[21] Hsu F L K. Psychosocial homestasis and jen: Conceptual tools for advancing psychological anthropology [J]. American Anthropologist, 1971(73).

[22] Hundley G. Why and When Are the Self Employed More Satisfied with Their Work [J]. Industrial Relations: A Journal of Economy and Society, 2001, 40(2).

[23] Kaplan G, et al. Mortality among the Elderly in the Alameda County Study: Behavioral and Demographic Risk Factors [J]. American Journal of Public Health, 1987(3).

[24] Levenson J S, Hern A L. Sex offender residence restrictions: Unintended consequences and community reentry [J]. Ustice Research and Policy, 2007(9).

[25] Lucken K, Ponte L M. A just measure of forgiveness: Reforming occupational licensing regulations for ex-offenders using BFOQ analysis [J]. Law & Policy, 2008(30).

[26] Moog Petra, Uschi Backes-Gellner. Social Capital and the Willingness to Become Self-Employed: Is there a Difference between Women and

Men [J]. International Studies of Management and Organization, 2009,39(2).

[27] Muehlberger U. Dependent Self-employment: Workers on the Border between Employment and Self-employment [J]. Theory and Society, 2001,20(2).

[28] Panuccioa E A, Christiana J, Martinezb D J, et al. Social support, motivation, and the process of juvenile reentry: An exploratory analysis of desistance[J]. Journal of Offender Rehabilitation, 2012, 51(3).

[29] Paternoster R, Bushway S. Desistance and the"feared self ": Toward an identity theory of criminal desistance [J]. Journal of Criminal Law & Criminology, 2009, 99(4).

[30] Portes A, Zhou M. The New 2nd-Generation-Segmented Assimilation and Its Variants [J]. Annals of American Academy of Political and Social Science, 1999(530).

[31] Seaerle W, Ward C. The prediction of psychological and sociocultural adjustment during cross-cultural transition [J]. International Journal of Intercultural Relations, 1990, 14(4).

[32] Solomon Amy L, Johnson Kelly D, Travis J Mcbride, et al. From Prison to Work: The Employment Dimensions of Prison Reentry [J]. Urban Institute, 2005(10).

[33] Steiner B, Wada J, Hemmens C, et al. The correctional orientation of community corrections: Legislative changes in the legally prescribed functions of community corrections 1992 - 2002 [J]. American Journal of Criminal Justice, 2005, 29(2).

[34] Steinmetz George, Wright Erik Olin. The Fall and Rise of the Petty Bourgeoisie: Changing Patterns of Self-Employment in the Postwar

United States [J]. American Journal of Sociology, 1989, 94(5).
[35] Wodahl Eric J, Garland Brett. The Evolution of Community Corrections: The Enduring Influence of the Prison [J]. The Prison Journal, 2009(89).
[36] Yueh L. Self-employment in urban China: Networking in transition economy [J]. China Economic Review, 2009(20).

五、其他文献

[1] 王培安，等. 中国流动人口发展报告[M]. 北京：中国人口出版社，2011.
[2] 国家卫生和计划生育委员会流动人口司. 中国流动人口发展报告[M]. 北京：中国人口出版社，2013.
[3] 国家卫生和计划生育委员会流动人口司. 中国流动人口发展报告[M]. 北京：中国人口出版社，2014.
[4] 高铭暄. 社区矫正写入刑法的重大意义[N]. 法制日报，2011-01-05(9).
[5] 周斌. 社区矫正：建立完善中国特色非监禁刑罚执行制度[N]. 人民日报，2014-05-27(1).
[6] World Bank. Integration of National Product and Factor Markets: Economic Benefits and Policy Recommendations [R]. World Bank Report NO. 31973, CHA, 2005.

附录1 访 谈 提 纲

一、访谈社区服刑人员

1. 社区服刑人员的基本情况(性别、年龄、文化程度、矫正类型、犯罪类型、进入社区矫正的时长)。

2. 社区服刑人员的日常生活(日常生活内容有哪些？请描述一天的日常生活)。闲暇时候主要做什么？

3. 拘留或入监对你目前生活影响最大的是什么？出来以后你都做了些什么？有没有感到不适应？有哪些方面不适应？与家人的关系怎么样？出来多久开始工作的？

4. 司法所工作人员或社工平时要求你们做些什么？你是如何看待这些要求的(是否有用、是否影响工作、生活)？你平时具体是怎么完成的？配合是怎么做的,不配合又是怎么做的？为什么？你觉得在社区服刑与在监狱或拘留所有什么不一样？

5. 司法所工作人员或社工给你提供过哪些帮助(经济、情感、就业、社保等)？有没有解决你的问题？你还有哪些问题没有得到解决？

6. 社区服刑人员的就业过程(有无工作、工作类型、工作内容与时间、收入、怎样获取就业信息、怎样找到工作、工作是否满意、与之前的求职意向是否相符、求职意向有无变化)。

7. 在找工作或工作过程中你有没有过被质疑、不信任、排斥或歧视的情况?当时的情况是怎么样的?他们在语言、态度上有什么表现?面对这些情况你是怎么想、怎么做的?

8. 你目前主要的经济来源是什么?这些能不能满足你日常的开支?你日常开支主要有哪些?你的家人及朋友有没有给你提供帮助?

9. 你现在经常跟谁来往?家人、亲戚、朋友有哪些?是谁主动的?为什么是与这些人来往?他们给你提供了哪些帮助?这些人有哪些是你新认识的?你们是怎么认识的?你们平时在一起都做些什么?如何维持你们的关系?出狱/矫正前后你的交往对象有没有变化(交往对象、交往规模、交往内容、实质作用)?当你有困难的时候,你最先会向谁求助?求助的顺序是什么?为什么?

10. 出狱/矫正后在与他人交往的过程中是否遭遇歧视、排斥或其他不顺利的情况?当时的情况是怎么样的?他们在语言、态度上有什么表现?遇到这种情况你当时是怎么想的?有没有采取什么行动?

11. 日常生活中周边的人是否知道你的身份?集中教育或公益劳动时周边的人是否知道你的身份?他们有没有戴着“有色眼镜”看你(走开、不和你说话、异样的眼光)?举个例子,谈谈你当时的反应。

12. 你怎么看待你目前是“社区服刑人员”这一身份的?它对你有什么影响?

13. 你觉得社工和社区矫正制度的优点是什么?缺点是什么?应该如何改进?

二、访谈社工

1. 社工的基本情况(年龄、文化程度、有无相关证书、工作年限、负责多少对象、收入)。

2. 社区服刑人员面临的主要问题或困难有哪些？他们一般是怎么解决的？你们有提供哪些帮助？效果如何？

3. 你们平时对社区服刑人员的要求是什么？他们的完成情况如何？配不配合？具体怎么做的？你觉得从他们的思想汇报和电话汇报中能否真正了解他们的思想动态和生活情况？平时他们是否愿意与你们分享他们的日常生活情况？

4. 在社区矫正制度的执行过程中你们有遇到哪些困难？是怎么解决的？

5. 除了社区矫正实施办法规定的内容，你们还有哪些其他活动？为什么会办这些活动？在这些活动中社区服刑人员参与状况如何？效果怎么样？

6. 社区服刑人员的就业状况总体怎么样？他们一般是怎么找工作的？工作类型主要是什么？你们有没有给他们提供什么帮助？他们有没有主动向你们求助？他们在就业过程中有没有遭遇歧视？举例阐释。

7. 你对他们平时的社会交往情况了解吗？他们主要跟谁交往？入矫前后他们的交往对象有何变化？犯事以后他们的性格有没有变化？社会交往有没有更加封闭？

社区服刑人员的家人在其矫正过程中有哪些参与？比如提供信息、了解情况、与你们经常沟通等。

8. 在参加集中教育、公益劳动时他们是否愿意让别人知道他们的身份？他们是怎么做的？

9. 你觉得在社区开放的环境服刑会不会使他们更不严格遵守相关规定(更不严肃对待)？

10. 介绍几个典型的社区服刑人员的社区矫正案例(不同矫正类型、不同年龄、不同犯罪类型、不同社会融入状况：努力实现融入的案例、重新犯罪的案例)。

11. 你认为那些重犯对象重犯的原因主要是什么?

12. 你觉得社工和社区矫正制度的优点分别是什么?不足又是什么?应该如何改进?

附录 2　访谈对象基本情况一览表

A. 社区服刑人员访谈对象基本情况

编号	性别	年龄	文化程度	矫正类型	犯罪类型
F01	男	43 岁	小学	缓刑	故意伤害
F02	男	18 岁	初中肄业	缓刑	盗窃
F03	男	47 岁	职高	缓刑	偷税漏税
F04	男	42 岁	本科	假释	虚开增值税发票
F05	男	55 岁	硕士	剥夺政治权利	贪污
F06	男	50 岁	初中	缓刑	故意伤害
F07	男	40 岁	初中	缓刑	非法经营
F08	女	33 岁	职高	缓刑	盗窃
F09	男	53 岁	初中	缓刑	走私物品
F10	男	37 岁	本科	假释	虚开增值税发票
F11	男	51 岁	高中	缓刑	合同诈骗
F12	女	45 岁	本科	假释	职务侵占

续　表

编号	性别	年龄	文化程度	矫正类型	犯罪类型
F13	男	41 岁	初中	缓刑	信用卡诈骗
F14	男	45 岁	小学	缓刑	交通肇事
F15	女	30 岁	中专	缓刑	贩毒中介
F16	男	26 岁	初中	缓刑	寻衅滋事
F17	男	51 岁	本科	假释	受贿
F18	男	46 岁	初中	缓刑	非法经营
F19	男	44 岁	中专	缓刑	虚开增值税发票
F20	男	35 岁	职高	缓刑	虚开增值税发票
F21	男	34 岁	大专	缓刑	挪用公款
F22	男	49 岁	本科	假释	贪污
F23	男	53 岁	高中	缓刑	偷税漏税
F24	男	61 岁	高中	暂予监外执行	诈骗
F25	男	40 岁	大专	假释	信用卡诈骗
F26	男	47 岁	职高	缓刑	故意伤害
F27	男	29 岁	初中	缓刑	交通肇事
F28	男	56 岁	初中肄业	缓刑	诈骗
F29	男	35 岁	大专	缓刑	诈骗
F30	男	59 岁	大专	假释	故意杀人

B. 矫正社会工作者访谈对象基本情况

编　号	性　别	年　龄	文化程度	社工工作年限
S01	男	34 岁	本科	9 年
S02	男	50 岁	中专	10 年
S03	女	35 岁	本科	7 年
S04	女	52 岁	中专	2 年
S05	女	28 岁	大专	5 年
S06	女	31 岁	本科	8 年

附录3　社区服刑人员调查问卷①

问卷编号__________

亲爱的朋友：

您好！

我们目前在开展“政府购买矫正社会工作服务”的课题研究，本次问卷调查的目的是通过进一步了解社区服刑人员的相关情况，为政府给社区服刑人员购买社会工作服务提供指导。您的回答仅供研究之用，将严格保密，不会泄露给其他人，请您如实回答。

非常感谢您的配合与支持！

政府购买矫正社会工作服务研究课题组

① 需要说明的是，这份调查问卷是研究者本人在读博期间参与“上海市政府购买矫正社会工作服务实践研究”课题时负责设计的，其中的内容主要是为课题研究服务的，但当时本人的博士论文选题已基本确定，因而在课题组的同意下，研究者本人也有意识地在问卷中设计了一些与博士论文主题相关的问题，以便收集到的数据能够同时为博士论文研究所用。在此，附录中仅呈现本博士论文用到的数据对应的问题部分。

访员信息：

访员姓名：________　　　　　　　访员性别：(1) 男　　(2) 女

访问地点：________区__________街道　访问时间：________________

填写说明：请仔细阅读题目，并按照题目要求在横线处填上与您实际情况相符的内容或在对应选项上打"√"。

第一部分

1. **您的年龄：________ 周岁**
2. 您的性别：(1) 男　　(2) 女
3. 您的文化程度：

   (1) 小学及以下　(2) 初中　(3) 高中、中专　(4) 大专　(5) 本科及以上
4. 您是否是党员：(1) 是　(2) 不是
5. 您的婚姻状况：

   (1) 未婚　(2) 已婚　(3) 离婚未再婚　(4) 离婚后再婚　(5) 丧偶未再婚　(6) 丧偶后再婚　(7) 其他____________(请注明)
6. 您现在的工作类型是：

   (1) 城乡无业、失业、半失业者　(2) 农业劳动者　(3) 产业工人　(4) 商业服务业员工　(5) 个体工商户　(6) 办事人员　(7) 专业技术人员　(8) 私营企业主　(9) 经理人员　(10) 国家与社会管理者
7. 如有工作，您现在工作单位的类型是：

   (1) 党政机关　(2) 国有企业　(3) 国有事业　(4) 集体企业　(5) 个体经营　(6) 私营企业　(7)（外资、合资、台资）三资企业　(8) 股份制企业
8. 您目前个人平均月收入大概是：

(1) 无经济收入 (2) 1 000 元以下 (3) 1 001 元到 2 000 元 (4) 2 001 元到 3 000 元 (5) 3 001 元到 4 000 元 (6) 4 001 元到 5 000 元 (7) 5 000 元以上

9. 您是因什么出事的？**(可多选)**

(1) 受贿 (2) 贪污 (3) 诈骗 (4) 强奸 (5) 盗窃 (6) 抢劫 (7) 偷税漏税 (8) 交通肇事 (9) 开设赌场 (10) 故意伤害 (11) 虚开增值税发票 (12) 非法经营 (13) 故意杀人 (14) 其他__________(请注明)

10. 您的社区矫正类型是：

(1) 缓刑 (2) 假释 (3) 管制 (4) 暂予监外执行 (5) 剥夺政治权利

第二部分

1. 您父亲或母亲(选择两者中对您影响较大的一个人)的文化程度：

(1) 小学及以下 (2) 初中 (3) 高中、中专 (4) 大专 (5) 本科及以上

2. 您父亲或母亲(选择两者中对您影响较大的一个人)的工作类型是(父母退休或年老的请填曾经的工作)：

(1) 城乡无业、失业、半失业者 (2) 农业劳动者 (3) 产业工人 (4) 商业服务业员工 (5) 个体工商户 (6) 办事人员 (7) 专业技术人员 (8) 私营企业主 (9) 经理人员 (10) 国家与社会管理者

3. 上题中，您父亲或母亲的工作单位类型是：

(1) 党政机关 (2) 国有企业 (3) 国有事业 (4) 集体企业 (5) 个体经营 (6) 私营企业 (7) (外资、合资、台资)三资企业 (8) 股份制企业

4. 小时候您认为您家的综合社会经济地位在本市大体属于哪个层次：

(1) 下层 (2) 中下层 (3) 中间层 (4) 中上层 (5) 上层

5. 出事之前，您的工作是：

(1) 城乡无业、失业、半失业者　(2) 农业劳动者　(3) 产业工人　(4) 商业服务业员工　(5) 个体工商户　(6) 办事人员　(7) 专业技术人员　(8) 私营企业主　(9) 经理人员　(10) 国家与社会管理者

6. 出事前，如有工作，您的工作单位类型是：

(1) 党政机关　(2) 国有企业　(3) 国有事业　(4) 集体企业　(5) 个体经营　(6) 私营企业　(7) (外资、合资、台资)三资企业　(8) 股份制企业

7. 出事之前，您的个人平均月收入大概是：

(1) 无经济收入　(2) 1 000 元以下　(3) 1 001 元到 2 000 元　(4) 2 001元到 3 000 元　(5) 3 001 元到 4 000 元　(6) 4 001 元到 5 000 元　(7) 5 000 元以上

8. 出事之前，当您在个人生活中遇到某些问题(例如工作、家庭、情感等方面的问题)，需要找人商量时，您首先考虑的五个人是谁？他们的情况怎样？

(教育程度编码：1=小学及以下；2=初中；3=高中、中专；4=大专；5=本科及以上。

职业类别编码：1=城乡无业、失业、半失业者；2=农业劳动者；3=产业工人；4=商业服务业员工；5=个体工商户；6=办事人员；7=专业技术人员；8=私营企业主；9=经理人员；10=国家与社会管理者)

	他/她的各种特征					
	是否亲属	性　别	年龄(周岁)	教育程度	是否党员	职业类别
第一人：	1是　2否	1男　2女			1是　2否	
第二人：	1是　2否	1男　2女			1是　2否	
第三人：	1是　2否	1男　2女			1是　2否	
第四人：	1是　2否	1男　2女			1是　2否	
第五人：	1是　2否	1男　2女			1是　2否	

9. 以上五人之间的相识程度如何？

（编码：1＝不认识；2＝不太熟；3＝比较熟；4＝非常熟；5＝不清楚）**注：阴影部分不填**

	第二人	第三人	第四人	第五人
第一人				
第二人				
第三人				
第四人				

10. 出事之前，与您在春节期间以各种方式（如登门拜年和电话拜年）互相拜年的人中亲属的人数有______人；好朋友的人数有____个，一般朋友/相识的人数有______个。

11. 在以上拜年的这些人中，请估计一下：

同性别的比例：(1) 几乎全部 (2) 大部分 (3) 一半左右 (4) 小部分 (5) 几乎没有

从事相似工作的比例：(1) 几乎全部 (2) 大部分 (3) 一半左右 (4) 小部分 (5) 几乎没有

12. 出事前，您的拜年对象中是否有从事以下职业的？（若有，请在对应的选项上打"√"，**可多选**）

(1) 无业人员 (2) 农民 (3) 保姆计时工 (4) 餐饮服务员 (5) 产业工人 (6) 厨师、炊事员 (7) 司机 (8) 护士 (9) 民警 (10) 个体户 (11) 行政办事人员 (12) 会计 (13) 经济业务人员 (14) 企事业单位负责人 (15) 党群组织负责人 (16) 中小学教师 (17) 政府机关负责人员 (18) 医生 (19) 法律工作人员 (20) 工程技术人员 (21) 大学教师 (22) 科学研究人员

13. 出事前，您的拜年对象中是否有在以下类型的单位里工作的？（若有，请在对应的选项上打"√"，**可多选**）

(1) 党政机关 (2) 国有企业 (3) 国有事业 (4) 集体企业 (5) 个体经营 (6) 私营企业 (7) (外资、合资、台资)三资企业 (8) 股份制企业

14. 出事前三个月,您在外就餐情况:

工作日在外晚餐吗?(1) 从不 (2) 很少 (3) 有时 (4) 较多 (5) 经常

休息日在外晚餐吗?(1) 从不 (2) 很少 (3) 有时 (4) 较多 (5) 经常

您请人在外就餐过吗?(1) 从不 (2) 很少 (3) 有时 (4) 较多 (5) 经常

您被请在外就餐过吗?(1) 从不 (2) 很少 (3) 有时 (4) 较多 (5) 经常

您陪朋友在外就餐过吗?(1) 从不 (2) 很少 (3) 有时 (4) 较多 (5) 经常

15. 出事以前,在您认识的人里面大约有多少正在做违法的事情或曾经有过违法行为的人?

(1) 非常多(10 个及以上) (2) 比较多(7~9 个) (3) 一般(4~6 个) (4) 比较少(1~3 个) (5) 没有(跳过第 16 题)

16. 出事以前,您与上题中这些人的关系如何?

(1) 很好 (2) 较好 (3) 一般 (4) 不好 (5) 很不好

第三部分

1. 您目前的生活来源主要有?(**可多选**)

(1) 自己的工作收入 (2) 依赖于父母/子女的收入 (3) 最低生活保障金 (4) 亲戚或朋友的资助 (5) 其他来源__________(请注明) (6) 没有任何生活来源

2. 您目前是否有工作?

(1) 是，受雇佣者

(2) 是，自雇佣者

(3) 否(请跳过这部分的 3～8 题，从第 9 题答起)

3. 您目前的工作是通过哪种渠道获得的？

(1) 家人帮助 (2) 亲戚朋友帮助 (3) 自己直接应聘 (4) 自己创业 (5) 社工的帮助 (6) 街道/居委会工作人员 (7) 其他途径________(请注明)

4. 当时都从哪些渠道收集就业或创业信息？(可多选)

(1) 报纸、电台、电视台等媒体 (2) 就业广告(街上张贴的) (3) 职业介绍机构 (4) 招工单位/公司/部门 (5) 学校或街道等组织 (6) 政府劳动部门 (7) 亲朋好友及其他个人关系 (8) 互联网 (9) 其他________(请注明)

5. 在您找工作或创业过程中，给您提供过帮助的人与您都有哪些关系？(可多选)

(1) 家人 (2) 亲属 (3) 亲密朋友 (4) 一般朋友 (5) 同乡 (6) 同学 (7) 战友 (8) 邻里 (9) 师生 (10) 师徒 (11) 同事 (12) 生意/项目伙伴 (13) 间接关系 (14) 其他________(请注明) (15) 没有人帮助

6. 他们帮助您做了什么？

(1) 提供就业或创业信息 (2) 告知招工单位/雇主的情况 (3) 提出具体建议，指导申请 (4) 帮助整理申请材料 (5) 亲自准备申请材料 (6) 帮助报名、递交申请 (7) 帮助推荐 (8) 帮助向有关方面打招呼 (9) 安排与有关人员见面 (10) 陪同拜访有关人员 (11) 帮助解决求职中的具体问题 (12) 对招工单位/雇主有承诺 (13) 直接提供工作 (14) 提供资金支持 (15) 其他________(请注明)

7. 您找工作/创业的过程，以下图示，哪种最符合您的情况？

(1) 本人→雇主/顾客

(2) 本人→一个中间人→雇主/顾客

(3) 本人→多个中间人→雇主/顾客

(4) 其他__________(请注明)

8. 您现在对工作满意度怎样?

(1) 非常满意 (2) 比较满意 (3) 一般 (4) 不太满意 (5) 很不满意

9. 您认为找工作最大的困难是什么?(可多选)

(1) 年纪偏大 (2) 没有技术或特长 (3) 没有文凭 (4) 没有就业信息和机会 (5) 没有熟人/朋友介绍 (6) 社区矫正人员的身份受到歧视 (7) 工资太低 (8) 工作不稳定 (9) 工作太辛苦 (10) 工作地点离家远/交通不便 (11) 其他___________(请注明)

10. 请在符合自己情况的方框内打"√"。

	非常同意	比较同意	一般	不太同意	不同意	说不清
我宁愿待在家里也不愿意做低工资的工作						
我宁愿待在家里,也不愿意做不对口的工作						
我宁愿待在家里,也不愿意做太辛苦的工作						
我要为家庭承担起一份责任,做我力所能及的工作						

第四部分

1. 您认为,您家庭里人际关系情况是:

(1) 很好 (2) 比较好 (3) 一般 (4) 不太好 (5) 很不好

2. 出事之后,家人对您的关心程度有没有变化?

(1) 更加关心和在意我 (2) 没有变化,和以前一样

(3) 不像以前那么关心，但有事还是会帮忙　(4) 完全不关心

3. 家人认为您是否需要参加集中教育等相关社区矫正活动？

(1) 非常不需要　(2) 不太需要　(3) 可要可不要　(4) 比较需要　(5) 非常需要

4. 出事之后，您对家人的关心程度如何？

(1) 没什么变化，和以前一样　(2) 更加关心和在意他们　(3) 不怎么关心了，比较自我封闭　(4) 完全不理会他们

5. 您认为您家现在的综合社会经济地位在本市大体属于哪个层次？

(1) 下层　(2) 中下层　(3) 中间层　(4) 中上层　(5) 上层

6. 您出事之后，家人在哪些方面对你提供了帮助？**(可多选)**

(1) 经常和我谈心，对我进行心理疏导　(2) 对我进行各种认知教育

(3) 陪伴并督促我顺利度过社区矫正期　(4) 主动将我送去公安局自首

(5) 在经济上资助我　(6) 帮助我一起找工作　(7) 帮我照顾孩子

(8) 其他＿＿＿＿＿＿＿＿(请注明)　(9) 没有在任何方面帮助我

第五部分

1. 您对社区矫正的规定、要求：

(1) 非常熟悉　(2) 比较熟悉　(3) 不太熟悉　(4) 不熟悉　(5) 很不熟悉

2. 您在社区矫正期间的集中教育学习情况是：

(1) 每次都按时参加　(2) 偶尔缺席，但会补上　(3) 偶尔缺席，且不会补上　(4) 经常缺席，但会补上　(5) 经常缺席，且不会补上　(6) 每次都参加，但经常迟到

3. 您在社区矫正期间的外出请销假情况是：

(1) 从来没外出过　(2) 能按规定请假并及时销假　(3) 没按规定请假，但能及时补办手续　(4) 经常不请假，事后也不主动说明　(5) 其他＿＿＿＿＿＿＿＿(请注明)

第六部分

1. 入矫初期，您对社区矫正感到：

(1) 很难接受　(2) 难以接受　(3) 无所谓　(4) 勉强接受　(5) 诚心接受

2. 在社区服刑初期，您的心情：**(可多选)**

(1) 焦虑迷茫　(2) 抑郁悲观　(3) 后悔自责　(4) 烦躁不安　(5) 平静坦然　(6) 充满希望和信心　(7) 其他________________(请注明)

3. 在社区服刑初期，您经常会有选项中的哪些情况：**(可多选)**

(1) 常感觉许多事情自己掌控不了　(2) 常感到很无助　(3) 常感觉自己一事无成　(4) 常感到有很多事情要做，但无从下手　(5) 没有以上情况　(6) 其他____________(请注明)

4. 从总体上来看，您觉得矫正期间开展的各种帮教活动：

(1) 都不需要　(2) 不太需要　(3) 可要可不要　(4) 比较需要　(5) 非常需要

5. 您对社区矫正的态度：

(1) 非常认同　(2) 比较认同　(3) 一般　(4) 不太认同　(5) 不认同

6. 请在符合自己情况的方框内打"√"。

	非常同意	比较同意	一般	不太同意	不同意
我能够认识到自己以前所犯的罪错					
我觉得被判刑是自己运气不好					
我觉得遵守法律是一种束缚					

第七部分

1. 您现在闲暇时间从事较多的活动是：**(可多选)**

(1) 在家睡觉　(2) 在家看书、看电视、上网　(3) 感觉无聊，无所事事　(4) 参加业余学习　(5) 与朋友相聚　(6) 与家人聊天、散步等　(7) 参

加健身运动 （8）加班，没有时间休息（9）其他＿＿＿＿＿＿＿（请注明）

2. 您现在空闲的时候活动的主要场所是：**（可多选）**

（1）自己家里 （2）朋友家里 （3）娱乐场所（棋牌室/舞厅/KTV酒吧/游艺厅等） （4）服务场所（美容美发院/浴室/洗脚屋等） （5）宾馆酒店 （6）公园或广场 （7）其他＿＿＿＿＿＿＿（请注明）

3. 目前，您和以下人员的关系如何？

	非常好	较 好	一 般	较 差	很 差
配偶/男、女朋友					
父母					
子女					
兄弟姐妹					
其他亲属					
朋友					
同学/同事					
邻居					
社工					
街道/居委会/司法干部					

4. 下列人员，您认为在多大程度上可以信任？

	完全可信	大多可信	大多不可信	完全不可信	说不清
配偶/男、女朋友					
父母					
子女					
兄弟姐妹					
其他亲属					
朋友					

续　表

	完全可信	大多可信	大多不可信	完全不可信	说不清
同学/同事					
邻居					
社工					
街道/居委会/司法干部					

5. 当您遇到生活(住房/经济收入/工作等)困难时,您首先会向谁寻求帮助?

(1) 家人(父母/子女/兄弟姐妹)　(2) 亲戚　(3) 朋友　(4) 同学/同事　(5) 邻居　(6) 社工　(7) 社区的街道/居委会/司法干部　(8) 其他人________(请注明)　(9) 不知道向谁寻求帮助　(10) 不想寻求别人的帮助

6. 当您遇到情绪(情感)方面的困难时,您首先会向谁寻求帮助?

(1) 家人(父母/子女/兄弟姐妹)　(2) 亲戚　(3) 朋友　(4) 同学/同事　(5) 邻居　(6) 社工　(7) 社区的街道/居委会/司法干部　(8) 其他人________(请注明)　(9) 不知道向谁寻求帮助　(10) 不想寻求别人的帮助

7. 进入社区矫正以后,当您在个人生活中遇到某些问题(例如工作、家庭、情感等方面的问题),需要找人商量时,您首先考虑的五个人是谁?他们的情况怎样?

(教育程度编码:1=小学及以下;2=初中;3=高中、中专;4=大专;5=本科及以上。

职业类别编码:1=城乡无业、失业、半失业者;2=农业劳动者;3=产业工人;4=商业服务业员工;5=个体工商户;6=办事人员;7=专业技术人员;8=私营企业主;9=经理人员;10=国家与社会管理者)

	他/她的各种特征					
	是否亲属	性　别	年龄(周岁)	教育程度	是否党员	职业类别
第一人姓：	1是 2否	1男 2女			1是 2否	
第二人姓：	1是 2否	1男 2女			1是 2否	
第三人姓：	1是 2否	1男 2女			1是 2否	
第四人姓：	1是 2否	1男 2女			1是 2否	
第五人姓：	1是 2否	1男 2女			1是 2否	

8. 以上五人之间的相识程度如何？

(编码：1＝不认识；2＝不太熟；3＝比较熟；4＝非常熟；5＝不清楚)**注：阴影部分不填**

	第二人	第三人	第四人	第五人
第一人				
第二人				
第三人				
第四人				

9. 进入社区矫正以后，与您在春节期间以各种方式(如登门拜年和电话拜年)互相拜年的人中亲属的人数有________人；好朋友的人数有________个，一般朋友/相识的人数有________个。

10. 在以上拜年的这些人中，请估计一下：

同性别的比例：(1) 几乎全部　(2) 大部分　(3) 一半左右　(4) 小部分　(5) 几乎没有

从事相似工作的比例：(1) 几乎全部　(2) 大部分　(3) 一半左右　(4) 小部分　(5) 几乎没有

11. 进入社区矫正以后，您的拜年对象中是否有从事以下职业的？(若有，请在对应的选项上打“√”，**可多选**)

(1) 无业人员　(2) 农民　(3) 保姆计时工　(4) 餐饮服务员　(5) 产

业工人 (6) 厨师、炊事员 (7) 司机 (8) 护士 (9) 民警 (10) 个体户 (11) 行政办事人员 (12) 会计 (13) 经济业务人员 (14) 企事业单位负责人 (15) 党群组织负责人 (16) 中小学教师 (17) 政府机关负责人员 (18) 医生 (19) 法律工作人员 (20) 工程技术人员 (21) 大学教师 (22) 科学研究人员

12. 进入社区矫正以后,您的拜年对象中是否有在以下类型的单位里工作的?(若有,请在对应的选项上打"√",**可多选**)

(1) 党政机关 (2) 国有企业 (3) 国有事业 (4) 集体企业 (5) 个体经营 (6) 私营企业 (7)(外资、合资、台资)三资企业 (8) 股份制企业

13. 进入社区矫正以后,您在外就餐情况:

工作日在外晚餐吗?(1) 从不 (2) 很少 (3) 有时 (4) 较多 (5) 经常

休息日在外晚餐吗?(1) 从不 (2) 很少 (3) 有时 (4) 较多 (5) 经常

您请人在外就餐过吗?(1) 从不 (2) 很少 (3) 有时 (4) 较多 (5) 经常

您被请在外就餐过吗?(1) 从不 (2) 很少 (3) 有时 (4) 较多 (5) 经常

您陪朋友在外就餐过吗?(1) 从不 (2) 很少 (3) 有时 (4) 较多 (5) 经常

14. 进入社区矫正以后,在您认识的人里面有多少正在做违法的事情或曾经有过违法行为的人?

(1) 非常多(10 个及以上) (2) 比较多(7～9 个) (3) 一般(4～6 个) (4) 比较少(1～3 个) (5) 没有(跳过第 15 题)

15. 进入社区矫正以后,您与上题中这些人的关系如何?

(1) 很好 (2) 较好 (3) 一般 (4) 不好 (5) 非常不好

16. 出事后，你的交往圈子有什么变化？

(1) 交往圈子变大了 (2) 没有变化 (3) 交往圈子变小了

第八部分

1. 您遇到烦恼时的倾诉方式：

(1) 从不向任何人倾诉 (2) 只向关系极为密切的 1～2 个人倾诉 (3) 如果朋友主动询问您会说出来 (4) 主动倾诉自己的烦恼，以获得支持和理解

2. 您遇到烦恼时的求助方式：

(1) 只靠自己，不接受别人帮助 (2) 很少请求别人帮助 (3) 有时请求别人帮助 (4) 有困难时经常向家人、亲友、组织求援

3. 您所在的街道或居委会为您提供过以下哪些帮助或服务？**(可多选)**

(1) 家庭随访 (2) 定期保持联系 (3) 申请最低生活保障 (4) 申请城镇居民医疗保险 (5) 宣传讲解廉租房或经济适用房政策 (6) 通知参加社区团体活动或主题性社区活动 (7) 动员参加家庭联谊活动 (8) 提供就业信息或就业帮助 (9) 节假日探视 (10) 法律咨询 (11) 心理辅导 (12) 其他____________(请注明)

4. 您的社工对您提供的具体帮助有：**(可多选)**

(1) 进行个别访谈 (2) 鼓励并帮助参加小组互助活动 (3) 帮助改善家庭关系 (4) 帮助联系相关部门，争取经济资助 (5) 提供心理支持 (6) 协助了解就业信息 (7) 协助获得免费的健康体检 (8) 帮助了解社区现有资源及申请方式 (9) 法律咨询 (10) 其他____________(请注明)

5. 您对社工提供服务的总体评价是：

(1) 非常不满意 (2) 不太满意 (3) 一般 (4) 基本满意 (5) 非常满意

6. 您在社区矫正期间，家人对您提供了以下哪些帮助和支持？

(1) 日常生活照料 (2) 经济支持 (3) 心理疏导 (4) 帮助找工作
(5) 其他__________ (6) 没有提供以上任何帮助

7. 您在社区矫正期间,朋友对您提供了以下哪些帮助和支持?
(1) 日常生活照料 (2) 经济支持 (3) 心理疏导 (4) 帮助找工作
(5) 其他__________ (6) 没有提供以上任何帮助

第九部分

1. 您是否愿意扩大自己的人际交往圈?
(1) 非常愿意 (2) 愿意 (3) 无所谓 (4) 不愿意 (5) 很不愿意

2. 您目前存在的困难主要有哪些?**(可多选)**
(1) 环境不适应 (2) 无固定住所 (3) 收入太低 (4) 就业困难 (5) 家庭关系不好 (6) 与邻里的关系不好 (7) 朋友太少 (8) 受到他人的歧视 (9) 心情焦虑烦躁 (10) 对未来感到迷茫 (11) 子女教育 (12) 其他__________ (13) 没有困难

3. 您目前**最希望**得到的帮助是:
(1) 就业(学)、创业政策及信息方面的指导推荐 (2) 技能培训 (3) 落实低保 (4) 家庭邻里或经营债务等矛盾纠纷调解 (5) 子女教育方面的支持 (6) 心理调适 (7) 法律咨询或诉讼帮助或法律知识的学习 (8) 工商、税务等部门的扶助 (9) 医疗救助 (10) 其他__________ (11) 不需要

4. 您在社区矫正期间有哪些不适应?遇到哪些困难?最后是如何解决的?

____

____

____

5. 您觉得社区矫正人员还应该享受哪方面的优惠政策或服务?

____

____

____

6. 您对社区矫正工作有哪些建议？

____

____

____

※※全部问卷到此结束，再次感谢您的支持与配合！※※

后　记

作为与传统监禁刑罚相对应的非监禁刑罚处置手段，社区矫正制度从2003年在我国试点、推广以来，发展迅速，覆盖面不断扩大，入矫人员不断增多，旨在通过调动和利用社会力量，使罪行较轻的罪犯能够在相对熟悉和温情的环境中接受刑罚，鼓励他们在法律允许范围内的社会参与，减少其在社会生活中的排斥与区隔，促进其社会融入，维护社会和谐稳定。然而，这一群体在回归主流社会的进程中仍然面临劳动就业、社会交往等各种问题。这些问题如何影响着他们的社会融入？他们又是如何看待、理解和应对的？最终呈现出怎样的融入状态？如何才能消除障碍，真正实现社区矫正的根本目标？对这些问题的思考和追问，促使笔者开始了这项研究。

本书稿是在笔者博士论文的基础上修改完成的。该研究从构思选题到深入开展都得益于硕博连读五年的学术训练。在此，特别感谢导师张昱教授给予我的诸多指导和帮助。导师严谨认真的治学态度和慷慨无私的言传身教，让我领悟了治学应有的境界。感谢参与论文评审和答辩的各位老师们提出的宝贵意见，使我更加明确了论文进一步完善的方向。感谢上海市新航社区服务总站的老师、矫正社工以及所有调查对象们在论文资料收集过程中给予我的帮助，没有你们的信任与支持，我的研究是不可能完成的。感谢我的同事、同学、师弟师妹们对我的支持与帮助。最后，我要感谢我的家人，如果没有你们一贯的支持、鼓励和理解，我也不可能如此坚定地做自己喜欢的事，你们是我最坚强的后盾。感谢我的丈夫，我们不仅是生活中的伴侣，也是思想的同路人，时常在生活及学术中共同探讨，共同进步。感恩女儿的到来，在我懈怠时给予我继续前进的动力。

由于水平的限制，本书肯定还有诸多不足之处，敬请读者批评指正。

作者

2018 年 1 月